伊勢神宮と、遷宮《せんぐう》の「かたち」

監修・神社本庁

扶桑社

装丁・本文デザイン　坂本浪男

はじめに　遷宮の概要

遷宮とは、ご本殿を新たにし、神様にお遷《うつ》りいただくことをいいます。
ご本殿を新たにするとは、建て替えだけではなく、修築の場合もあります。さらに遷宮というと、ご本殿以外の社殿の新築、修築を含む場合もあり、神宝や調度を新たにする場合もあります。また、ご本殿の新築や修築に際して、その間、神様にお遷りいただく仮殿《かりでん》（権殿《ごん》）を新たに造る場合もあります。

造営前に、ご本殿から仮殿にご祭神をお遷しするときのお祭りを、仮殿遷座祭または仮殿遷宮などといい、造営完成後に、仮殿からご本殿にお遷しするときのお祭りを本殿遷座祭または正《しょう》遷宮、本遷宮などといいます。遷座祭は臨時の大祭で、社殿を一新し、神威の一層の高まりを願うとても厳粛な祭儀です。

現在でもほとんどの神社は木造ですから、経年に応じて、腐朽箇所を修復したり造替したりしなければなりません。毎年、全国のどこかの神社で「遷宮」が行われています。なかでも平成二十五年五月には出雲大社で本殿遷座祭（「平成の大遷宮」）が行われ、十月には伊勢の神宮で遷御《せんぎょ》（「第六十二回神宮式年遷宮」）が斎行されました。また、平成二十七年から二十八年にかけては、賀茂御祖《かもみおや》神社（下鴨神社）、賀茂別雷《かもわけいかづち》神社（上賀茂神社）、春日大社で正遷宮や本殿遷座祭が執り行われました。

とりわけ神宮式年遷宮は神社界をあげての大規模な遷宮です。式年とは制度上定められた期間を意味していて、二十年に一度執り行われる神宮の至高の祭典です。第四十代天武天皇の宿願により、第四十一代持統天皇の御代《みよ》に第一回の遷宮が斎行されました（六九〇年）。以来、中断はあったものの現在にまで続く重儀です。

延長五年（九二七）に成立した『延喜式《えんぎしき》』には、当然ながら神宮式年遷宮の記述がありますが、次のような規定も載せられています。

「およそ諸国の神社は破るるにしたがいて修理せよ。ただし摂津国《せっつのくに》の住吉、下総国《しもうさのくに》の香取、常陸国《ひたちのくに》の鹿嶋などの神社の正殿は、二十年に一度改め造り、その料は便《たより》に神税を用いよ。もし神税なくば、すなわち正税をあてよ」

このように住吉大社や香取神宮、鹿島神宮などでも「式年遷宮」の規定が定められていました。住吉大社の「第四十九回式年遷宮」は平成二十三年に終了し、先にあげた平成二十七年から二十八年にかけて行われた三社の遷宮は、下鴨神社が「第三十四回式年遷宮」で、上賀茂神社は「第四十二回式年遷宮」、春日大社は「第六十次式年造替」でした。遷宮の「式年」は二十年とは限りません。七年目ごとに行われる諏訪大社の御柱祭《おんばしら》も式年造替にあたります。

歴史的な変遷や金銭的な問題から、式年遷宮が行われなくなったところもあります。しかし、年月を経て、必要に応じての遷宮は斎行され続けています。例えば、石清水八幡宮《いわしみずはちまんぐう》では、平成五年から境内の大規模な修復事業「平成の大修造」を開始し、平成二十一年に御本殿の改修工事を終え、廻廊など完全な修復は平成三十年に終了する予定です。

また、なにかの節目に遷宮が斎行される場合もあります。熱田《あつた》神宮では平成二十五年に創祀一九〇〇年を迎えるに先立って、ご社殿の大規模な改修工事が行われました。鹿島神宮と香取神宮では平成二十六年に、十二年に一度の式年大祭が行われましたが、それに合わせてご社殿の保存修理事業が行われています。宇佐神宮と香椎宮《かしいぐう》では平成二十七年に、十年に一度の勅祭《ちょくさい》（天皇陛下のお遣いである勅使《ちょくし》を迎えてのお祭り）が行われましたが、それに合わせて、ご社殿の改修が行われました。

遷宮の行われ方は神社によって多少の違いがあります。例えば、仮殿には拝殿が用いられる場合もあれば、摂末社が用いられる場合もあり、ご本殿に隣接して常設されている場合もあります。

本書は神社検定公式テキスト④『遷宮のつぼ』の改訂版です。『遷宮のつぼ』では、神宮と神宮式年遷宮を広く紹介し、さらに、出雲大社と上賀茂・下鴨神社のご遷宮、また、石清水八幡宮と熱田神宮の本殿遷座祭を取り上げました。しかし、平成二十五年二月に発刊したため、神宮式年遷宮に関しては、平成二十五年以降に行われた行事と祭儀については、平成五年に行われた「第六十一回神宮式年遷宮」での諸儀に基づいて紹介しています。また、出雲大社の本殿遷座祭の模様は収録されていません。上賀茂・下鴨神社に関しても、正遷宮に関しては、あくまで神事の予定を記しておりました。そこで本書は、神宮と出雲大社、上賀茂・下鴨神社に関しては最新の記事に差し替え、加えて、平成二十五年から平成二十八年に行われた勅祭社の遷宮の模様を収録しました。それにともない、神宮や出雲大社のご社殿ご造営や、神宮の「御装束神宝《おんしょうぞくしんぽう》」調製の記事は割愛しています。勅祭社とは、例祭や臨時祭で勅使が参向して幣帛《へいはく》が供えられる神社のことをいいます。また御装束神宝とは、神様の衣服や服飾品、神座や殿舎の鋪設品《ほせつ》、遷御行列の威儀具《いぎぐ》などのことで、神宮では遷宮にともなって、約一六〇〇点にのぼる品々が新たに調進されました。これらについては、『遷宮のつぼ』をご参照ください。

神社にとって最も重要な祭儀が遷座祭です。本書では、第1章で神宮と神宮式年遷宮について広く紹介し、第2章では、石清水八幡宮と熱田神宮、出雲大社、香取神宮、鹿島神宮、賀茂御祖神社、賀茂別雷神社、宇佐神宮、香椎宮、春日大社の遷座祭やそれに関する祭儀を紹介し、遷宮という重儀を理解していきます。

なお、新たに追加した記事は季刊誌『皇室』に掲載した記事を再編集したものです。

目次

カラー口絵

第1章　神宮式年遷宮

■遷宮までの道のり……122

■第2章　それぞれの遷宮

注

■神様の名前の表記は出典に従っています。また、神社のご祭神名はその神社の表記に従っています。

■修祓（しゅはつ）、奉幣（ほうへい）、絹垣（きんがい）など、神宮独自の読みや漢字を当てる用語があります。その他の神社についても、独自の用語があります。

■ルポに出てくる人物の年齢、肩書きは取材当時のものです。

■本書は神社検定公式テキスト④『遷宮のつぼ』の改訂版です。新たに追加した原稿は、季刊誌『皇室』（扶桑社）の58号（平成25年春号）から73号（平成29年冬号）に掲載された記事をもとにしています。記事の初出一覧は310ページを参照してください。

神宮のなりたちと祭り

伊勢の神宮は、皇大神宮《こうたいじんぐう》（内宮《ないくう》）と豊受大神宮《とようけだいじんぐう》（外宮《げくう》）の二つの御正宮《ごしょうぐう》のほか、別宮《べつぐう》や摂社《せっしゃ》・末社《まっしゃ》・所管社を合わせた全一二五社の総称だ。その清らかで広大な神域では、年間一五〇〇以上もの祭りが行われている。

↓90ページより詳細

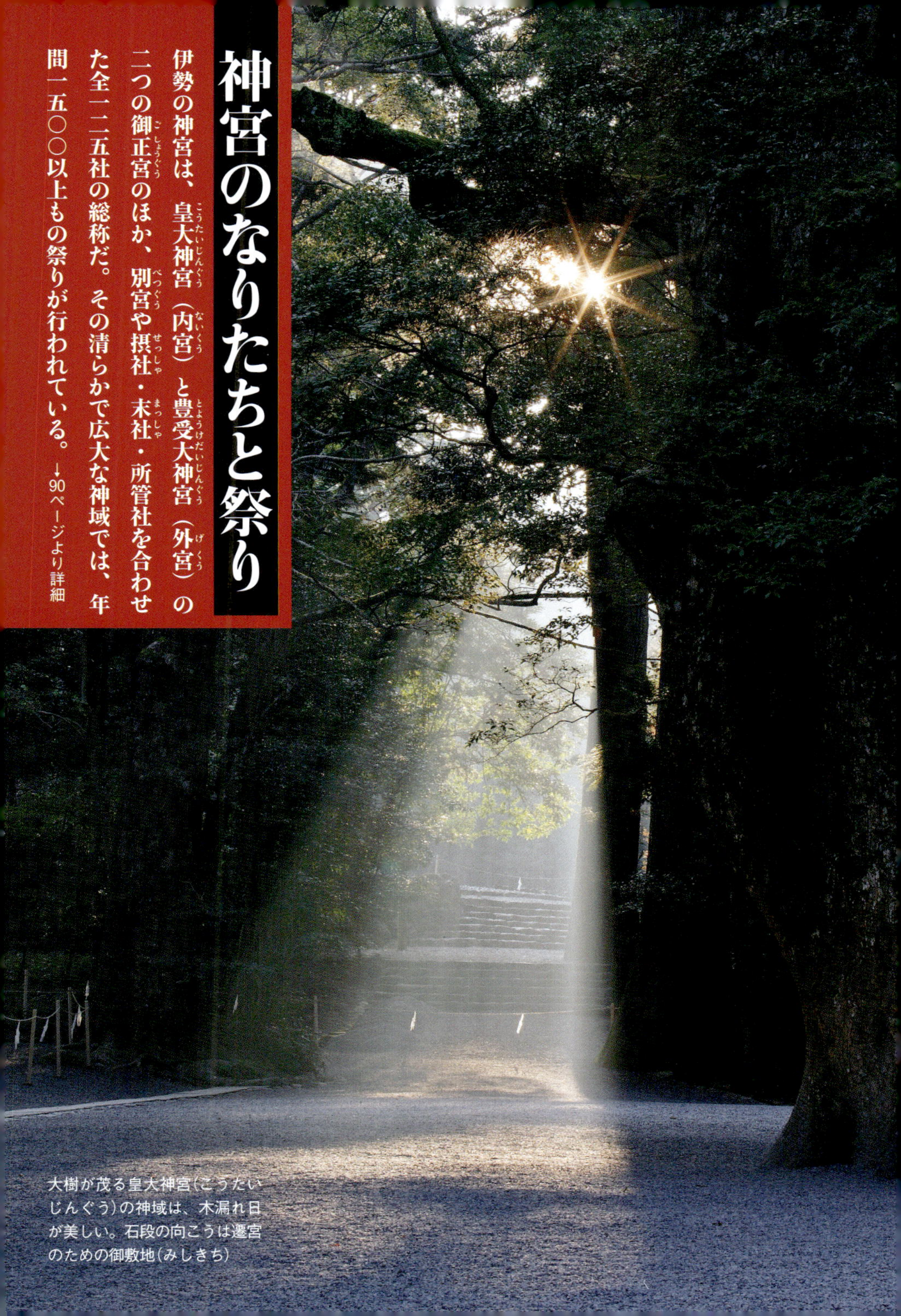

大樹が茂る皇大神宮（こうたいじんぐう）の神域は、木漏れ日が美しい。石段の向こうは遷宮のための御敷地（みしきち）

❶宮域林（きゅういきりん）に水源を発する神路川と島路川の二つの流れが、皇大神宮の神域内で合流して五十鈴川となる
❷内宮の参拝者を迎え入れる玄関口であり、聖域と俗界をつなぐ架け橋ともいわれる宇治橋
❸拝殿をもたない神宮では、御正宮（ごしょうぐう）の外玉垣（とのたまがき）南御門にかかる白い御幌（みとばり）越しに参拝する

神宮の杜（もり）から千木（ちぎ）が覗く

①
②

④

③

⑥

⑤

❶御敷地から見た皇大神宮の御正殿（ごしょうでん・右）と西宝殿（さいほうでん・左）。雨上がり、萱葺（かやぶき）屋根から靄（もや）が立ちのぼる
❷御敷地から見た豊受大神宮（とようけだいじんぐう）。御敷地に建つのは心御柱覆屋（しんのみはしらおおいや）
❸御正宮の中重（なかのえ）での祭儀
❹第一鳥居の祓所（はらえど）での大祓（おおはらい）
❺御正宮の内玉垣（うちたまがき）に並べ掛けられた御初穂とカケチカラ（懸税）
❻皇大神宮の御正宮へ参進する神職の列。白い斎服（さいふく）と雨儀（うぎ）のための和傘が清々しい

別宮

❶内宮別宮の瀧原宮（たきはらのみや）には、瀧原宮と瀧原竝宮（たきはらならびのみや）が並び建つ
❷伊勢湾に注ぐ宮川の支流・大内山川（おおうちやまがわ）沿いの山奥に鎮まる瀧原宮。清冽な流れのほとりに御手洗場（みたらし）がある
❸倉田山に鎮座する内宮別宮の倭姫宮（やまとひめのみや）
❹伊勢市街地に鎮座する外宮別宮の月夜見宮（つきよみのみや）
❺雪景色も美しい風日祈宮橋（かざひのみのみやばし）。長さ 43.6 メートル、幅 4.6 メートルのこの橋を渡れば、内宮別宮の風日祈宮に参拝できる
❻❼伊雑宮（いざわのみや）の御料田（ごりょうでん）で行われる御神田（おみた）の様子。❻早乙女（さおとめ）による御田植（おたうえ）　❼竹の先につけた大団扇（うちわ）を近郷の青年たちが奪い合う

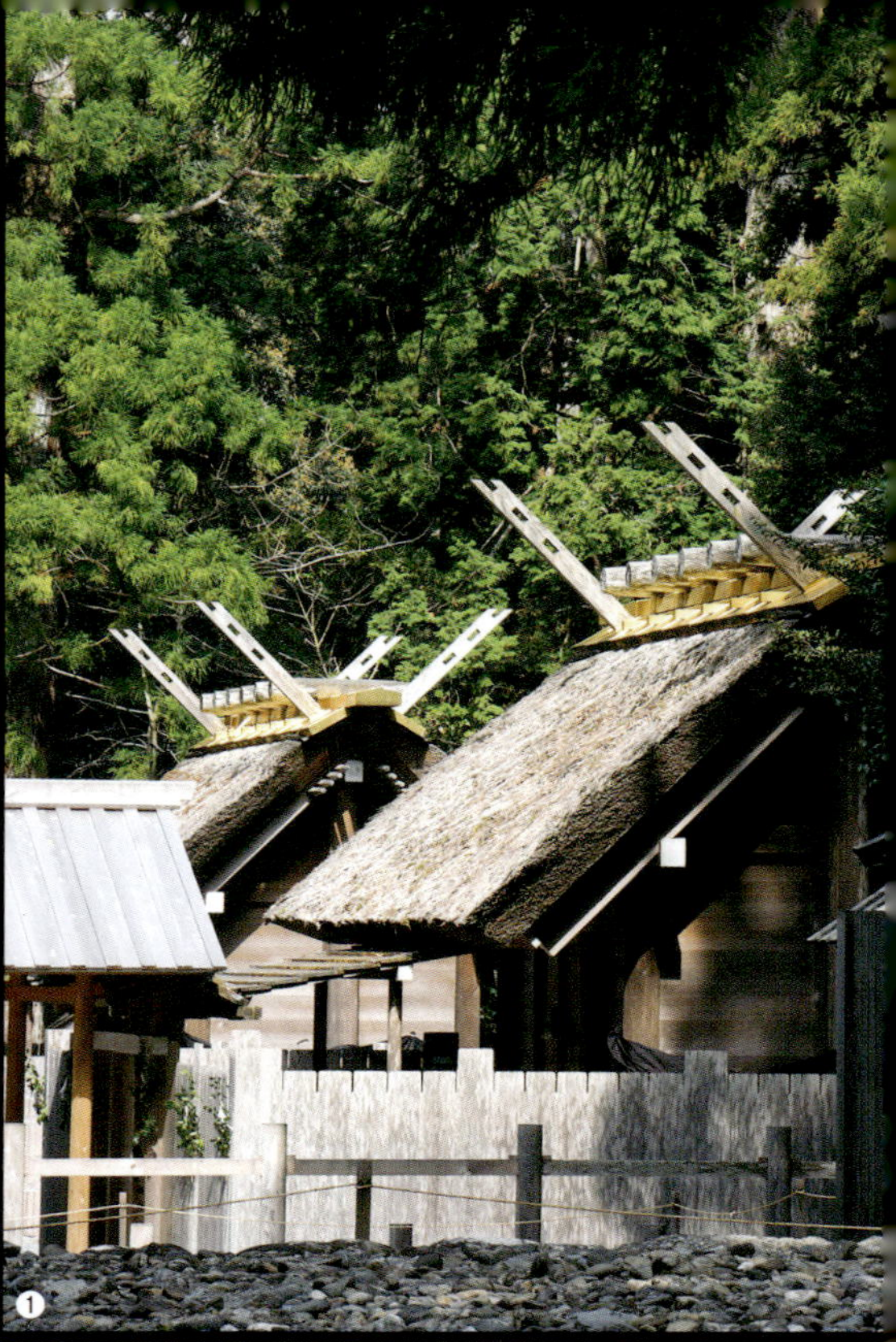
❶

❷

5

3

4

6

7

神嘗祭

神宮の一年の頂点ともいえる神嘗祭(かんなめさい)。内宮の由貴夕大御饌(ゆきのゆうべのおおみけ)の儀にあたり、忌火屋殿(いみびやでん)前庭で行われた修祓(しゅはつ)の様子

①

④ ②

❶由貴夕大御饌の儀で参進される臨時神宮祭主（撮影当時）の黒田清子様
❷御卜（みうら）の儀の参進の列。神宮祭主（撮影当時）の池田厚子様は白い小袿（こうちぎ）に緋袴（ひばかま）と緋色の浅沓（あさぐつ）をはかれ、檜扇（ひおうぎ）を手にされている
❸奉幣（ほうへい）の儀の参進の様子。幣帛（へいはく）を納めた辛櫃（からひつ）の後に黒い装束の勅使（ちょくし）、その後方に祭主、大宮司以下が続き、御正宮へと進む
❹内宮別宮の荒祭宮（あらまつりのみや）での由貴夕大御饌の儀

③

日別朝夕大御饌祭

①日別朝夕大御饌祭(ひごとあさゆうおおみけさい)で神々に供される神饌の調理には、昔ながらの火鑽(き)り具で起こした忌火(いみび)が用いられる。檜(ひのき)の板に山枇杷(やまびわ)でできた心棒を激しく摩擦させて火種を起こす

②上御井神社(かみのみいのじんじゃ)の御神体である神聖な井戸に柄杓(ひしゃく)を差し入れ、手桶に御神水(ごしんすい)を汲む。任にあたる神職は浄衣(じょうえ)を着用し、自分の影を水面に落としてはならない

③忌火屋殿前庭で辛櫃に納めた神饌と神職をお清めする。左の神職が手にしているのは御饌殿(みけでん)の御扉(みとびら)の鍵

④神饌は外宮御正宮内の御饌殿に運ばれ、神々に供される

❸神田下種祭で神田に忌種（ゆだね）と呼ばれる籾種を播く作丁（さくてい）。烏帽子（えぼし）には真佐岐蔓（まさきのかずら）をつけている

❹9月初旬、黄金色に色づいた神田で抜穂祭（ぬいぼさい）が行われる

❶4月初旬に神宮神田で行われる神田下種祭（しんでんげしゅさい）は、神田に籾種（もみだね）を播（ま）くお祭り。作長（さくちょう）が神田に忌鍬（いみくわ）を振り下ろす所作を行う

❷5月初旬の神田御田植初（おたうえはじめ）が終わった後には、全国からの奉仕団体が田植えの奉仕にいそしむ

抜穂祭で刈り取られた抜穂

神宮御園

❶伊勢市二見町の神宮御園(みその)
❷御園では神宮のお祭りで神饌に供する蔬菜(そさい)類を栽培しており、作物の種類はバリエーションに富む

❶

❷

③

④

⑤

❸伊勢市二見町の二見浦にある御塩殿(みしおどの)で堅塩(かたしお)の調製が行われる。粘土製の三角錐の土器に荒塩を詰め、竈(かまど)で焼き固める
❹御塩焼所では、御塩浜で採取した鹹水(かんすい)を炊いて荒塩を作る
❺焼き固められた堅塩は保存に向き、削って神饌や祓具(はらえぐ)として用いられる

御塩浜・御塩殿

一面に砂が敷かれた御塩浜(みしおはま)。海水を引き入れた後、「砂かき」という道具で浜をかき起こして天日で乾燥させる

❷

機殿

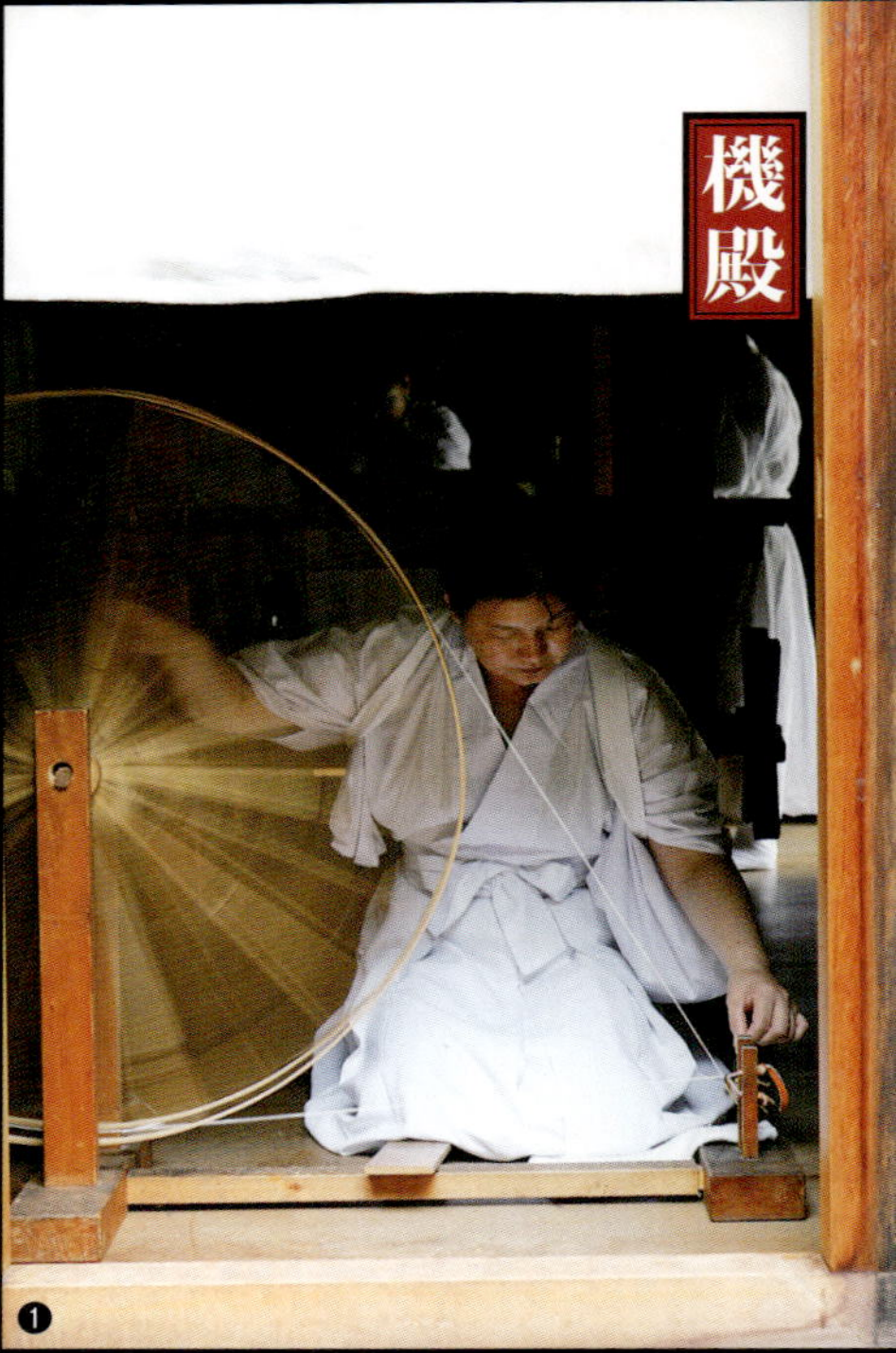

❶

御料鰒調製所

❹鳥羽市国崎（くざき）町の御料鰒（ごりょうあわび）調製所では、熨斗鰒（のしあわび）が調製されている。半月状の刃のついた熨斗刀（のしがたな）で、鰒の身を薄く細長く切り取る
❺熨斗鰒3種。左から、幅広の鰒10枚を藁紐（わらひも）で束ねた身取鰒（みとりあわび）（大）、中位の鰒5枚を束ねた身取鰒（小）、小片24枚を一連にした玉貫鰒（たまぬきあわび）

❺

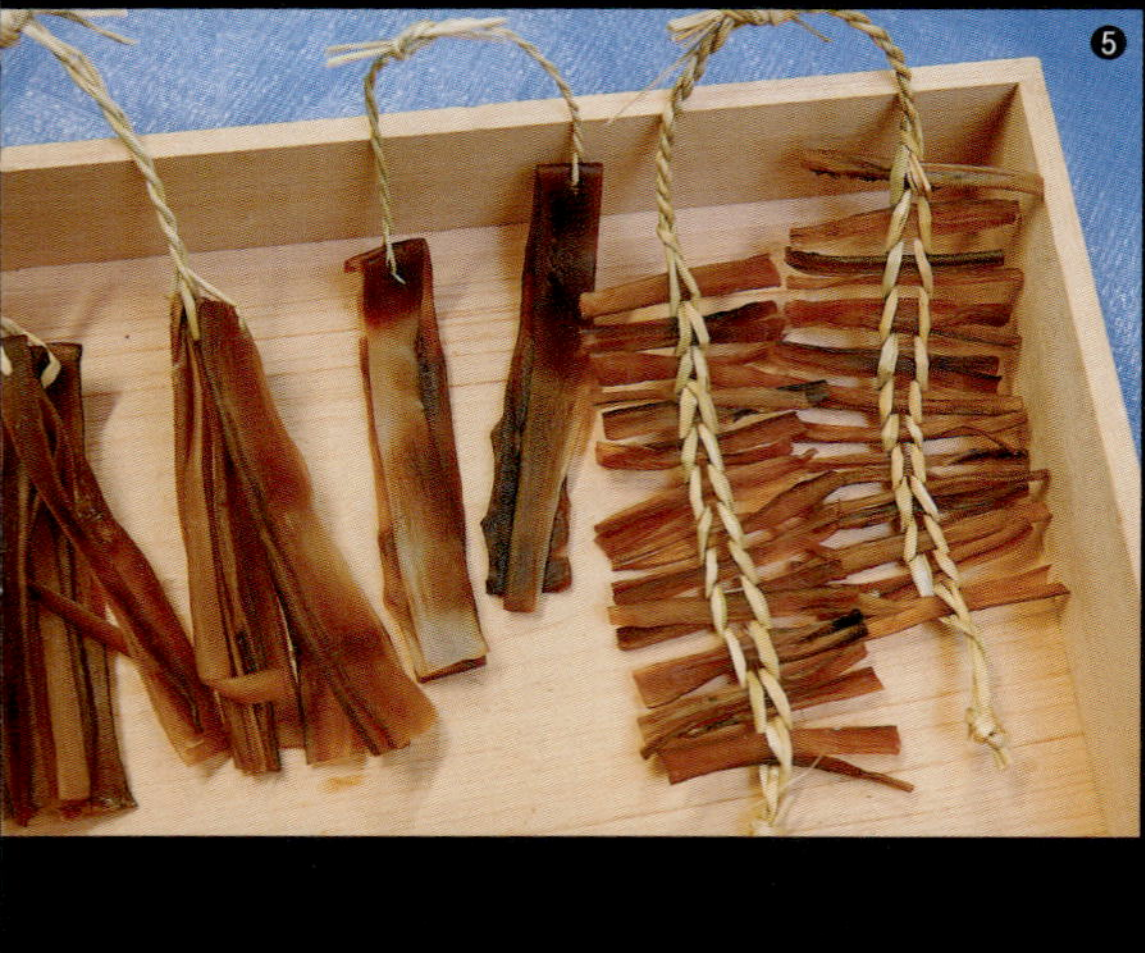

❹

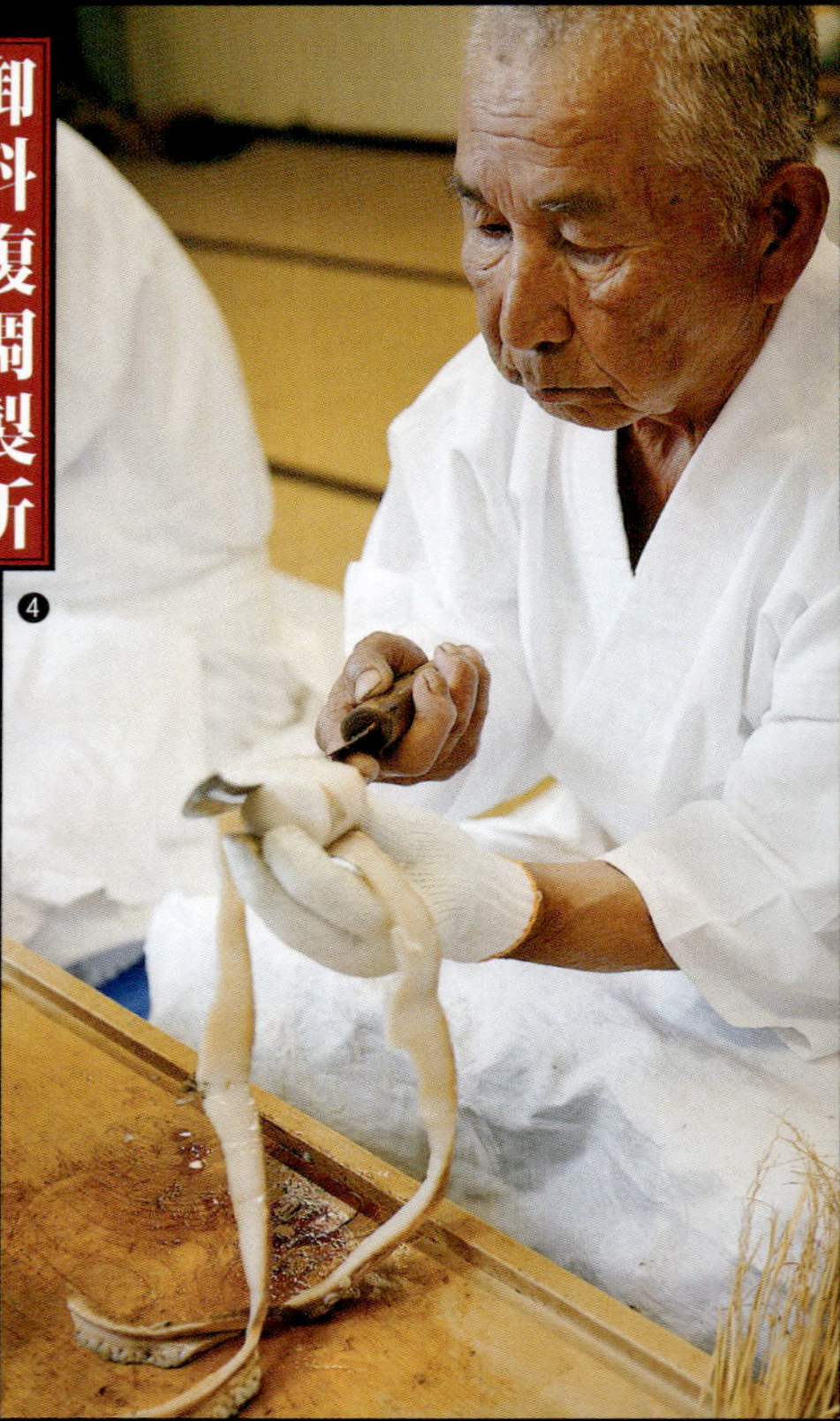

❸

❶神御衣(かんみそ)を調製する機殿(はたどの)。松阪市大垣内(おおがいと)町の神服織機殿(かんはとりはたどの)神社では、近郷の女性の織子(おりこ)により和妙(にぎたえ・絹)が織られる
❷松阪市井口中町の神麻続機殿(かんおみはたどの)神社では、近郷の男性の織子により荒妙(あらたえ・麻)が織られる
❸神御衣奉織始祭(かんみそほうしょくはじめさい)で修祓を奉仕する神職

御料干鯛調製所

伊勢湾に浮かぶ篠島の御料干鯛(ひだい)調製所では、塩漬けの鯛を天日干しにして乾鯛を調製する

御料土器調製所

❶三重県多気郡明和町にある御料土器調製所では、神饌を盛るさまざまな土器が作られている。左上から右に、御水椀(おんみずまり)、御箸台(おんはしだい)、横瓶(よこへい)、御盃台(おんさかずきだい)。下は小さいものから、三寸土器、四寸土器、六寸土器
❷土器の調製の様子。近郷で掘り出した土で作った粘土を手作業で成型する

②

①

御酒殿

④

③

❸❹神宮のお祭りで供えられる御神酒(おみき)の調進にあたり、内宮の御酒殿(みさかどの)で御酒殿祭が行われる

高取稚成『昭和四年度御遷宮絵巻』『遷御』(神宮徴古館蔵)
昭和4年の第58回神宮式年遷宮における皇大神宮の遷御(せんぎょ)の儀で、大御神が新宮(にいみや)に渡御(とぎょ)される遷御の列を描く。さまざまな威儀具の後に、道楽(みちがく)を奏する楽師、黒袍(くろほう)に赤い裾を引いた勅使(ちょくし)、その後に白い絹垣(きんがい)に秘められた御神体が進む。絹垣の後方には白い明衣(みょうえ)・黒袍に赤い裾を引いた祭主の姿がある

遷宮までの道のり

二十年に一度、新たな社殿を造って大御神にお遷りを願い、神威のより一層の高まりを願う至高の祭典「神宮式年遷宮」。平成十七年から第六十二回の遷宮が斎行され、その過程では三十三に及ぶ祭儀・行事が行われた。

↓122ページより詳細

皇大神宮の御正殿

東西に隣接した同じ広さの御敷地に、遷宮のたびに交互に御正宮が建てられる。新御敷地の中央には御正殿の御床下に奉建される特別な柱である心御柱(しんのみはしら)の覆屋(おおいや)が建つ

山口祭

❶外宮の山口祭で、五丈殿(ごじょうでん)で饗膳(きょうぜん)の儀に臨む祭員たち
❷饗膳の儀では、一人ひとりに順番に酒を注ぎ、これを三度繰り返す三献勧杯(さんこんけんぱい)が行われ、物忌(ものいみ)と呼ばれる童子も形だけの杯を受ける
❸饗膳の儀に供される檜葉机(ひばづくえ)の膳。鯛や蛸の刺身などの調理品が並ぶ
❹五色の幣を先頭に山口祭場へと向かう祭員たち。青い素襖(すおう)姿の小工(こだくみ)たちは、清浄を表す白い掛明衣(かけみょうえ)をかけている

❺内宮の物忌として奉仕した童女。翡翠(ひすい)色と紫の袙(あこめ)に紫の袴の装束姿で、檜扇を持ち、頭には清浄を表す木綿鬘(ゆうかずら)を結っている
❻内宮の物忌として奉仕した童男。紫草花模様の半尻(はんじり)と呼ばれる装束を身に着けている
❼外宮の物忌として奉仕した童女。白と紫の袙に紫の袴の装束姿で、頭には清浄を表す白練絹(しろねりぎぬ)の清冠(きよかんむり)を着けている。山口祭場で忌鍬を持って神事に臨む
❽外宮の山口祭

木本祭

内宮、忌火屋殿前で行われた
木本祭(このもとさい)の修祓の様子

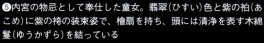

御杣始祭

❶長野県木曽郡上松町の木曽谷国有林での御杣始祭（みそまはじめさい）の様子。小工が忌斧（いみおの）を持って御木（おんき）を伐る儀を行う
❷御神体をお納めする御樋代（みひしろ）の御料木を伐採するため、斧をふるう杣夫（そまふ）たち。斧で幹の３か所から伐り進める伝統的な「三ツ緒伐り」で伐り出される（❹の裏木曽御用材伐採式での様子）
❸伐り出されたばかりの皇大神宮御料木
❹岐阜県中津川市加子母（かしも）の裏木曽国有林では、裏木曽御用材伐採式が行われた

多くの参列者が見守るなか、皇大神宮御料木が伐り倒された瞬間。その後、豊受大神宮御料木（奥）も同様に伐られ、両御料木の先端が交差するように「たすき掛け」に倒された

御樋代木奉曳式

五十鈴川の流れの中、御神木の綱を曳くのは、太一(たいち)の文字が染め抜かれた黒い法被(はっぴ)に檜笠(ひがさ)姿の男たち

❶内宮の御樋代木奉曳(みひしろぎほうえい)式では、御神木を木橇(きぞり)に載せて川曳(かわびき)で神域へ曳き入れる。伊勢神宮奉仕会約 200 人が 3 組に分かれ、1 本 1.5 ～ 2 トンの御神木 3 本を曳く
❷外宮の御樋代木奉曳式では、女性ばかりの「をみな衆」も参加して、御神木を御木曳車(おきひきぐるま)に載せて陸曳(おかびき)した
❸外宮神域に到着し、白装束姿の白張(はくちょう)たちによって五丈殿へと曳き入れられる御神木
❹大宮司以下神職たちが奉迎するなか、内宮・五丈殿前に奉曳され、木橇から下ろされる御神木
❺御木曳車に載せられた外宮の御神木は、「太一」の札と注連縄、鳥居、榊をつけられ、伊勢市内を約 2 キロにわたって陸曳される

①

❺

②

③

④

御船代祭

❶内宮９別宮の御船代祭（みふなしろさい）の様子。宮山祭場にずらりと並んだ各祭場で同時に祭儀が行われた
❷宮山祭場へ向かう前に、忌火屋殿前で忌物（いみもの）や神饌の修祓を行う

③

④

③風日祈宮橋を参進する
神職と小工たち
④外宮の御船代祭に奉仕
する物忌の童女

御木曳初式

❶外宮の御木曳初式（おきひきぞめしき）では、橇に載せた役木（やくぎ）を川から曳き上げ、「どんでん場」と呼ばれる堤防の上で揺らして水を切る所作を見せる
❷旧神領民たちで組織される奉曳団により陸曳される豊受大神宮御正宮の棟持柱（むなもちばしら）
❸外宮の神域に入ると、神職に付き添われた奉曳車は静かに曳かれる

内宮の御木曳初式では、町々の法被をまとった奉曳団により役木が五十鈴川を川曳される

①

②

❶五丈殿前庭に安置された御用材の御木。その前に大工道具が置かれている

❷ご造営の工事開始に際して作業の安全を祈る木造始祭(こづくりはじめさい)。木造始の式では、神宮式年造営庁の技師が御木に手斧(ちょうな)を入れる所作をする

❸内宮の饗膳の儀に臨む物忌の童女

❹外宮の饗膳の儀で供された素木机(しらきづくえ)の膳。山海の幸が古式のままに並ぶ

❺御木の前に置かれた手斧や鋸、かね尺、墨壺

❻技師に続いて、小工９名が３名ずつ３本の御木の前で手斧を入れる所作を行う

御木曳行事

❶特別神領民として御木曳行事に参加した愛知県一宮市・真清田(ますみだ)神社の氏子たち
❷二見興玉(ふたみおきたま)神社へ浜参宮を行い、お祓いを受ける氏子たち。神職の幣は二見の海で採れる海藻でできている
❸御木曳が始まる前、地元奉曳団が手にした采(ザイ)を振りつつ木遣(きやり)を披露
❹御木曳が終わり、外宮への正式参拝へ向かう

鎮地祭

①

②

❶皇大神宮の鎮地祭(ちんちさい)に先立ち、川原祓所(かわらのはらえど)で行われた修祓の様子。神職の前にあるのは、伏籠(ふせご)に入れたつがいの白鶏(しろきかけ)の生調(いきみつぎ)と、忌物や神饌を入れた辛櫃
❷豊受大神宮での鎮地祭。榻案(しもとあん)と呼ばれる机の上に神饌が供えられていく。神職が手にしているのは籠に入った鶏卵(かけのかいこ)

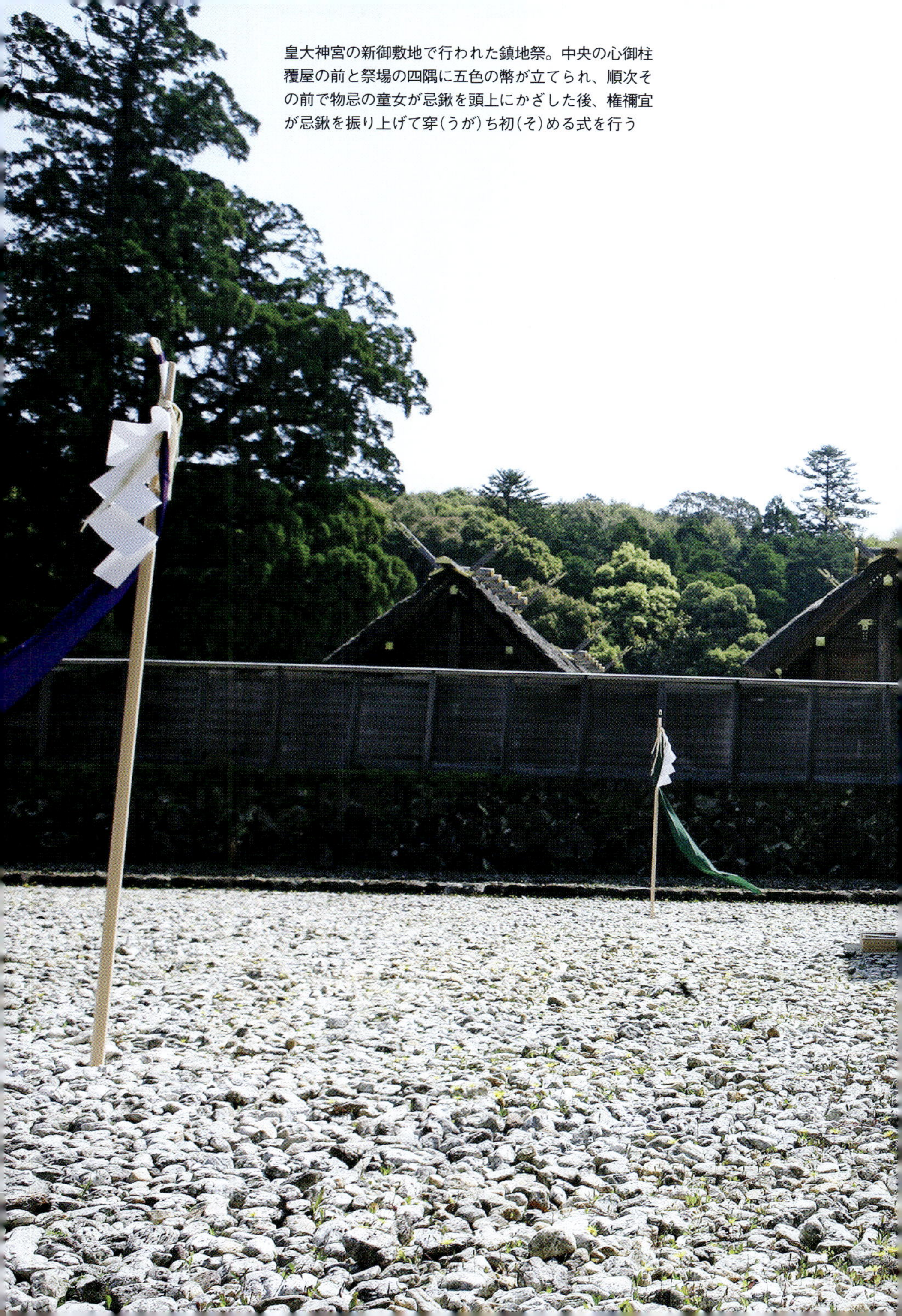

皇大神宮の新御敷地で行われた鎮地祭。中央の心御柱覆屋の前と祭場の四隅に五色の幣が立てられ、順次その前で物忌の童女が忌鍬を頭上にかざした後、権禰宜が忌鍬を振り上げて穿(うが)ち初(そ)める式を行う

宇治橋の架け替え

③

①

②

④

❶宇治橋の架け替えでは、仮橋を架けた後に宇治橋の修造が行われる。工事の安全を祈願する宇治橋修造起工式では、橋工（はしく）が木槌で仮橋の橋杭を三度打ち固める
❷宇治橋の守護神を祀る饗土橋姫（あえどはしひめ）神社で、宇治橋修造起工式の神事に臨む祭員たち
❸宇治橋の修造に先立って行われる萬度麻奉下式（まんどぬさほうげしき）では、宇治橋の擬宝珠（ぎぼし）に納められている萬度麻と呼ばれるお札が取り出される
❹新しい宇治橋が完成するころには、饗土橋姫神社も新造された

宇治橋の竣功を祝い、橋の安全を祈願する宇治橋渡始(わたりはじめ)式。白被衣(しろかずき)を被った渡女(わたりめ)と呼ばれる嫗(おうな)が侍女や従者を従えて新しい橋を渡り、技師や橋工、神職が続く

架け替えられたばかりの宇治橋が、陽の光を浴びて輝く。その左に見えるひとまわり小さな仮橋はこの後、撤去された

新正殿の御柱(みはしら)を立てるに際して行われる立柱祭(りっちゅうさい)。小工が木槌で御柱の木口を打ち固める

御正殿の東西の妻の梁上にある御形短柱(ごぎょうづか)に、御形と呼ばれる円形の穴を穿つ御形祭

上棟祭

檐付祭

甍祭

❶新宮の棟木(むなぎ)を揚げるに際して行われる上棟祭(じょうとうさい)での御棟木奉揚(おんむなぎほうよう)の儀の様子。新正殿の棟木から垂らされた2本の引き綱を持ち、神職と造営庁職員が2 列に並ぶ
❷御棟木奉揚の儀では、屋上にいる小工が木槌で棟木を打ち固める
❸新正殿の御屋根の萱を葺き始めるにあたって行われる檐付祭(のきつけさい)。屋根中央に2束の萱が安置された
❹新正殿の御屋根に御金物(おんかなもの)を飾り奉るに際して行われる甍祭(いらかさい)。新宮の階下に置かれた御金物を前に儀式を行う小工たち

御白石持行事

❶新宮の御敷地に敷く御白石を奉献する御白石持（おしらいしもち）行事。地元の旧神領民のほか、全国から集まった一日神領民も参加した。完成したばかりの御正殿が光っている（内宮）
❷外宮の御白石持行事では「風神雷神ねぷた」が登場
❸内宮へは御白石を酒樽に詰め、ソリに載せて五十鈴川を川曳で奉献する
❹完成した御正殿。今回のご造営では錺金具などがより古式に復されたという
❺新宮の御正殿の御階（みはし・階段）
❻平成25年８月に報道陣に公開された外宮・新宮の御正宮

❺

❻

❶新宮の竣工を祝い、御正殿の御柱の根元をつき固める杵築祭(こつきさい)。檜製の白杖(びゃくじょう)を手に祭儀に臨む神職たち
❷遷御に先立ち、仮御樋代・仮御船代をはじめ、御装束神宝、遷御に奉仕する祭主以下すべての奉仕員を祓い清める川原大祓(かわらおおはらい)。手前は黒田清子臨時神宮祭主(外宮)
❸川原大祓で川原祓戸(はらえど)に並べられた素木と塗りの辛櫃(内宮)

杵築祭

①

川原大祓

②

③

❹大御神が新宮へ渡御（とぎょ）される遷御。大御神を秘めた絹垣（きんがい）が移動されていく（内宮）
❺❻御正殿から新宮の御正殿に渡された雨儀廊（うぎろう）。前景は特別奉拝席（内宮）

平成25年10月２日、内宮の遷御の模様。浄闇（じょうあん）のなか、遷御の列が雨儀廊をゆっくりと進む

平成25年10月５日、外宮の遷御の模様。祭員が御装束神宝を捧持し御正宮から新宮へと渡っていく

奉幣

中重（なかのえ）での奉幣（ほうへい）の模様。遷御の翌日、新宮の大御神に天皇陛下から奉られる幣帛を奉納する（内宮）

太玉串（ふとたまぐし）を奉持し参進する❶勅使の手塚英臣掌典長、❷池田厚子祭主、❸鷹司尚武大宮司、❹髙城治延少宮司

奉幣において、天皇陛下からの幣帛が辛櫃より取り出され高案(こうあん・机)の上に置かれるところ(外宮・五丈殿前)

奉幣において、玉串行事所で太玉串を受け取る束帯姿の勅使随員(外宮・五丈殿前)

古物渡（こもつわたし）のため御正宮へ参進する大宮司・少宮司以下神職たち（内宮）。古物渡とは遷御の翌日、古殿内の神宝や幣帛などの御物（ぎょぶつ）の一部を新宮に移納する祭儀のこと

御神楽

御神楽（みかぐら）で参進してこられる黒田清子臨時神宮祭主はじめ神職たち。これから、新宮の四丈殿にて宮内庁楽部の楽師により御神楽が奉納される。写真右手にぼんやりと見えているのが楽師たち（内宮・神楽殿前）

石清水八幡宮《いわしみずはちまんぐう》

208ページより詳細

①

③

②

❶平成21年、「平成の大修造」で鮮やかに甦った石清水八幡宮のご社殿
❷同年に斎行された本殿遷座祭で、500人もの神人（じにん）と呼ばれる奉仕者のお伴により、御神霊を奉載した御鳳輦（ごほうれん）が松明と提灯の明かりだけを頼りに進む
❸遷座祭翌日の奉幣之儀（ほうべいのぎ）では、御本殿前の舞殿で、勅使随員から宮司に御幣物が渡された

熱田神宮

あつたじんぐう

215ページより詳細

①

②

③

❶創祀1900年記念造営を終え、平成21年に斎行された本殿遷座祭で、浄闇のなか雨儀廊を行く遷御の列。御神体は御羽車(おはぐるま)にお遷しされ、白い絹垣(きぬがき)に囲まれて進む
❷遷座祭翌日の臨時奉幣祭で、辛櫃に納められた天皇陛下からの幣帛(御幣物)とともに参進する勅使
❸修祓後、参進する宮内庁楽師。明治以降、熱田神宮での本殿遷座祭に際しては、宮内庁楽師が「東游」(あずまあそび)を奉納することが慣例となっている

出雲大社《いづもおおやしろ》

222ページより詳細

①

②

③

❶平成25年4月、修造を終え、新しくなった出雲大社御本殿(右端)。左は楼門、中央は神饌所
❷本殿遷座祭の前日に行われた大殿祭(おおとのほがい)で神饌と大餅を捧げる宮司。大殿祭は宮殿に災いのないことを祈る儀式
❸平成25年5月10日、本殿遷座祭で玉串を捧げられる勅使

香取神宮

かとりじんぐう

236ページより詳細

❶平成25年に修理を終えた御本殿の屋根の千木と懸魚（けぎょ）
❷平成26年に斎行された12年に一度の式年神幸祭（しんこうさい）では、神輿（しんよ）を奉戴した御座船（ござせん）の川渡御が行われた。進発水上祭で「浦安の舞」を舞う巫女
❸利根川・牛ヶ鼻沖で、鷁首（げきしゅ）を取り付けた香取神宮の御座船（左）は、鹿島神宮の船（右）に出迎えられた。２艘の船は横づけにつながれ、御迎祭が行われた
❹川渡御の後、神輿は水郷の町・佐原（さわら）に上陸、町内を巡幸した

鹿島神宮

かしまじんぐう

244ページ
より詳細

❶平成26年に修理を終えた御本殿。三間社流造、向拝(こうはい)一間で屋根は檜皮葺。柱は漆塗りで組物(くみもの)などに極彩色が施されている

❷同年に斎行された12年に一度の式年大祭「御船祭」(みふねまつり)の船渡御で、潮来(いたこ)から大船津(おおふなつ)へ還っていく船団。龍頭の御座船(ござぶね)に御神輿が奉戴されている

賀茂御祖神社

かもみおやじんじゃ

253ページより詳細

❶賀茂御祖神社(下鴨神社)では、平成27年に第34回式年遷宮を斎行。平成25年の仮遷宮を前に、東西に並び建つ2つの御本殿の斜め後ろの権地(ごんち)に、それぞれ仮殿が新築された。御本殿から仮殿までは白砂が敷かれている
❷正遷宮にあたり、南門鳥居内解除所(かいじょしょ)で修祓を終えた宮司以下神職
❸正遷宮の遷御直前、西本殿仮殿前の絹垣(きぬがき)内に神職の影が集まる

賀茂別雷神社

かもわけいかづちじんじゃ

253ページより詳細

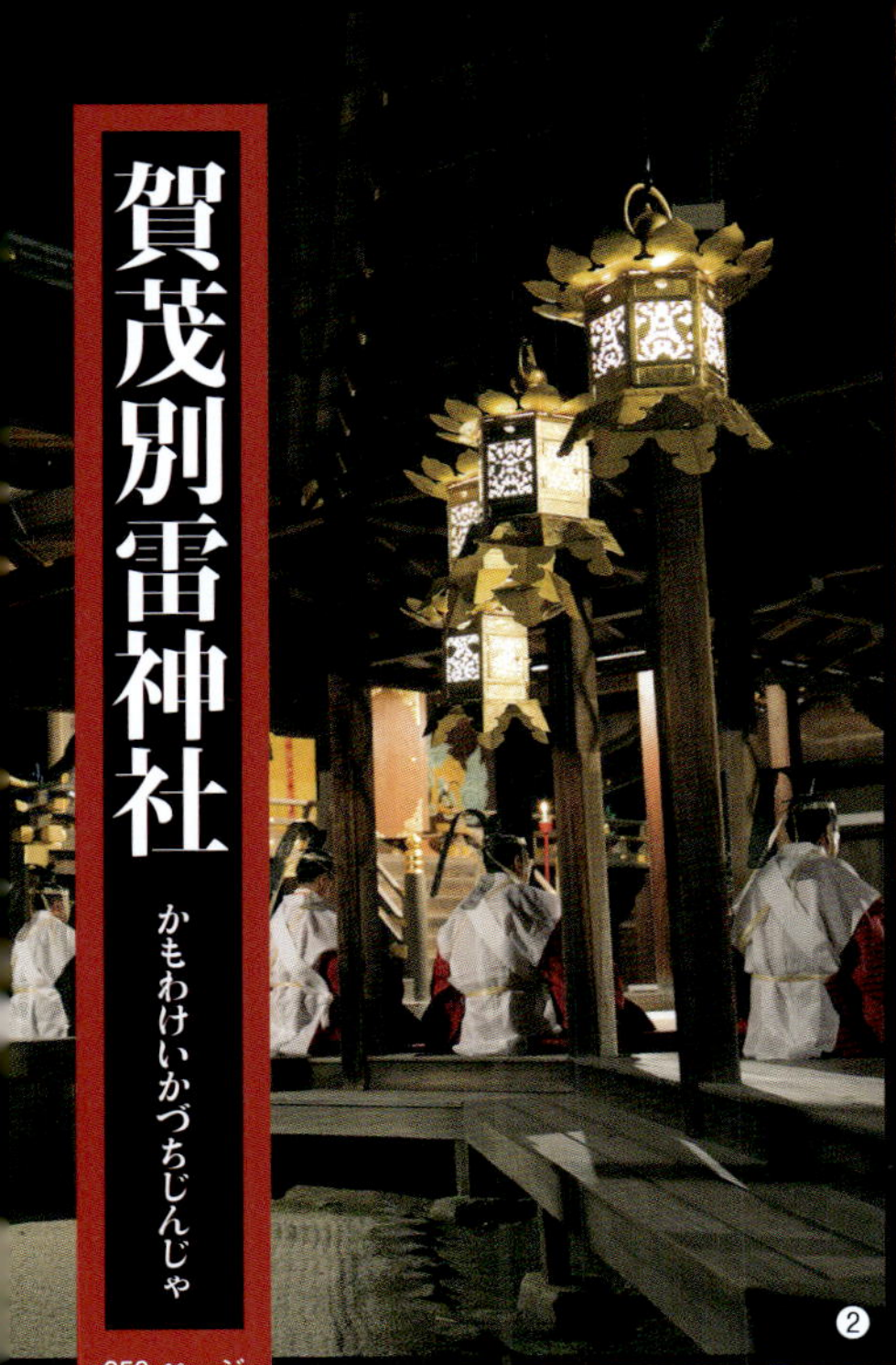

❶賀茂別雷神社（上賀茂神社）では、平成27年に第42回式年遷宮を斎行。正遷宮の遷御に先立ち、勅使が権殿の階下で紅色の鳥子紙（とりのこがみ）にしたためられた御祭文を奏上する
❷遷御の後、御本殿前の透廊（すいろう）で神事に臨む宮司以下神職
❸奉幣祭で、御幣物を納めた唐櫃を前に二の鳥居内に参進する勅使と、これを起立低頭で迎える参列者。細殿（ほそどの）前には立砂（たてずな）が２つ並ぶ

宇佐神宮《うさじんぐう》

273ページより詳細

❶平成27年5月27日に行われた本殿遷座祭「遷座の儀」の模様
❷修復された一之御殿(いちのごてん)。宇佐神宮では平成24年から境内整備が行われ、平成27年春に完成した
❸「奉幣の儀」で御祭文を奏上する勅使。御祭文がしためられた鳥子紙は黄色である

香椎宮《かしいぐう》

278ページ
より詳細

❶

❶平成27年10月９日、10年ぶりの勅祭（臨時奉幣祭）で御幣物を納めた唐櫃を前に参進する勅使と勅使随員
❷今回の勅祭斎行に際し、屋根が葺き替えられた楼門
❸勅祭では幣殿前には獅子頭が置かれ、獅子楽（ししがく）が奉納された
❹拝殿

春日大社《かすがたいしゃ》

281ページより詳細

①

❶遷御の様子。白い大幕の中を神職に奉じられた御(ぎょ)が、移殿(うつしどの)から御本殿へと進まれる。このとき、写真右の勅使幄(ちょくしあく)で勅使が拝礼を行う
❷平成28年の正遷宮を前に行われた立柱上棟祭(りっちゅうじょうとうさい)の様子。屋根に上がった大工が「陰哉棟(いんざいとう)」などと声を上げ、木槌で棟木を打つ
❸奉幣祭では、勅使が内院(ないいん)に進み、黄色の鳥子紙にしたためられた御祭文を奏上。その手前で宮司が蹲踞(そんきょ)して控える

第1章

神宮式年遷宮

神宮式年遷宮とは何か

「お伊勢さん」と親しまれる伊勢の神宮では、二十年に一度、「式年遷宮《しきねんせんぐう》」が執り行われ、平成十七年から第六十二回神宮式年遷宮が斎行されました。

式年遷宮とは、制度上定められた期間ごとに、新たな社殿を造ってご祭神にお遷りを願い、御《おん》装束神宝《しょうぞくしんぽう》までをも新たにして、神威のより一層の高まりを願う至高の祭典のことをいいます。まずは、式年遷宮の概要を解説します。

御敷地から望む皇大神宮

若々しい生命力の更新を祈る式年遷宮

あらゆる神々の中で最高位にある皇室の祖先神であり、日本国民の総氏神《そうじがみ》である天照大御《あまてらすおおみ》神《かみ》をお祀りする伊勢の神宮。「伊勢神宮」、「お伊勢さん」などの通称でよく知られていますが、その正式名称は「神宮」であることからも、他の神社とは一線を画する唯一無二の存在であることが窺えます。

その神宮にとって比類のない営みであり、かつては国にとって一番の重儀だったのが、**二十年に一度**行われる**式年遷宮**です。神宮の式年遷宮は、今から**約**一三〇〇**年前**、**第四十代天武《てんむ》天皇**のご発意により、次の**第四十一代持統《じとう》天皇**の四年（六九〇）に第一回が行われました。その後、室町期に一時中断したものの、現在に至るまで堅持されています。式年遷宮を行う神社は他にもありますが、神宮ほど大規模なかたちで古制を守り続けている例はありません。

第六十二回式年遷宮については、平成十六年一月十九日に天皇陛下から大宮司《だいぐうじ》に遷宮斎行のご下命があり、四月五日に正式に**御聴許《ごちょうきょ》**（お許しいただくこと）、翌年五月の「山口祭《やまぐちさい》」から諸祭典・行事が開始されました。皇大神宮《こうたいじんぐう》と豊受大神宮《とようけだいじんぐう》の御正宮《ごしょうぐう》に関しては、平成二十五年十月の**遷御《せんぎょ》**（神様が新殿へお遷《うつ》りになる祭儀）や**御神楽《みかぐら》**まで、三十三の祭典・行事が行われました。そのうち十二の主要な祭典については、日時などについて天皇陛下の**御治定《ごじじょう》**（お定めになること）を仰いで行われました。

神宮は、天照大御神をお祀りする「皇大神宮」（内宮《ないくう》）と豊受大御神《とようけのおおみかみ》をお祀りする「豊受大神宮」（外宮《げくう》）の二つの大神宮（御正宮）に、十四の別宮《べつぐう》と一〇九のゆかりの摂社《せっしゃ》・末社《まっしゃ》ほか所管社を合わせた全一二五社の総称です。式年遷宮では、これらの諸殿舎のほか、橋や鳥居までをも新しく造り替え、神様をお遷しして、ご神威のさらなる高まりを願います。皇大神宮と豊受大神宮の両正宮の遷宮に続いて、別宮や摂末社の遷宮が行われますが、両正宮や別宮、一部の摂末社では、式年遷宮のたびに、東西に隣接した同じ広さの**御敷地**《みしきち》に交互にご社殿が建てられます（85ページ図）。御敷地は、新社殿の敷地であり、旧社殿の敷地でもあることから、**新御敷地**、**古殿地**《こでんち》とも呼ばれます。

また、式年遷宮では神々の装束や調度品である**御装束神宝**も、付属品を合わせて約八〇〇種・一六〇〇点が古式のとおりに新調されました。

それら遷宮に関する総経費は、約五五〇億円。その六割を神宮が負担し、残りは広く国民から募った奉賛金でまかなわれました。

二十年に一度という期間については、平安時代に編纂された律令の施行細則『延喜式《えんぎしき》』で規定されていますが、なぜ二十年なのかについて明快な根拠を示す資料はありません。

ただ、式年遷宮は**大神嘗祭**《だいかんなめさい》ともいうように、秋の大祭《たいさい》である**神嘗祭**と深い関わりがあると考えられます。神宮では、年間に一五〇〇回以上ものお祭りが行われていますが、恒例祭典のなかで最も重要とされるのが十月の神嘗祭で、それに次ぐ六月と十二月に行われる**月次祭**《つきなみさい》を合わせて**三節祭**《さんせつさい》と呼びます。また、三節祭に二月の**祈年祭**《きねんさい》、十一月の**新嘗祭**《にいなめさい》を加えて五大祭《ごたいさい》ともいいます。

これらはすべて、日本人が古来営んできた稲作と関連するお祭りで、神嘗祭は、その年に収穫された新米を大御神に捧げ、それを召し上がられた大御神が新しい生命力を得られるお祭り

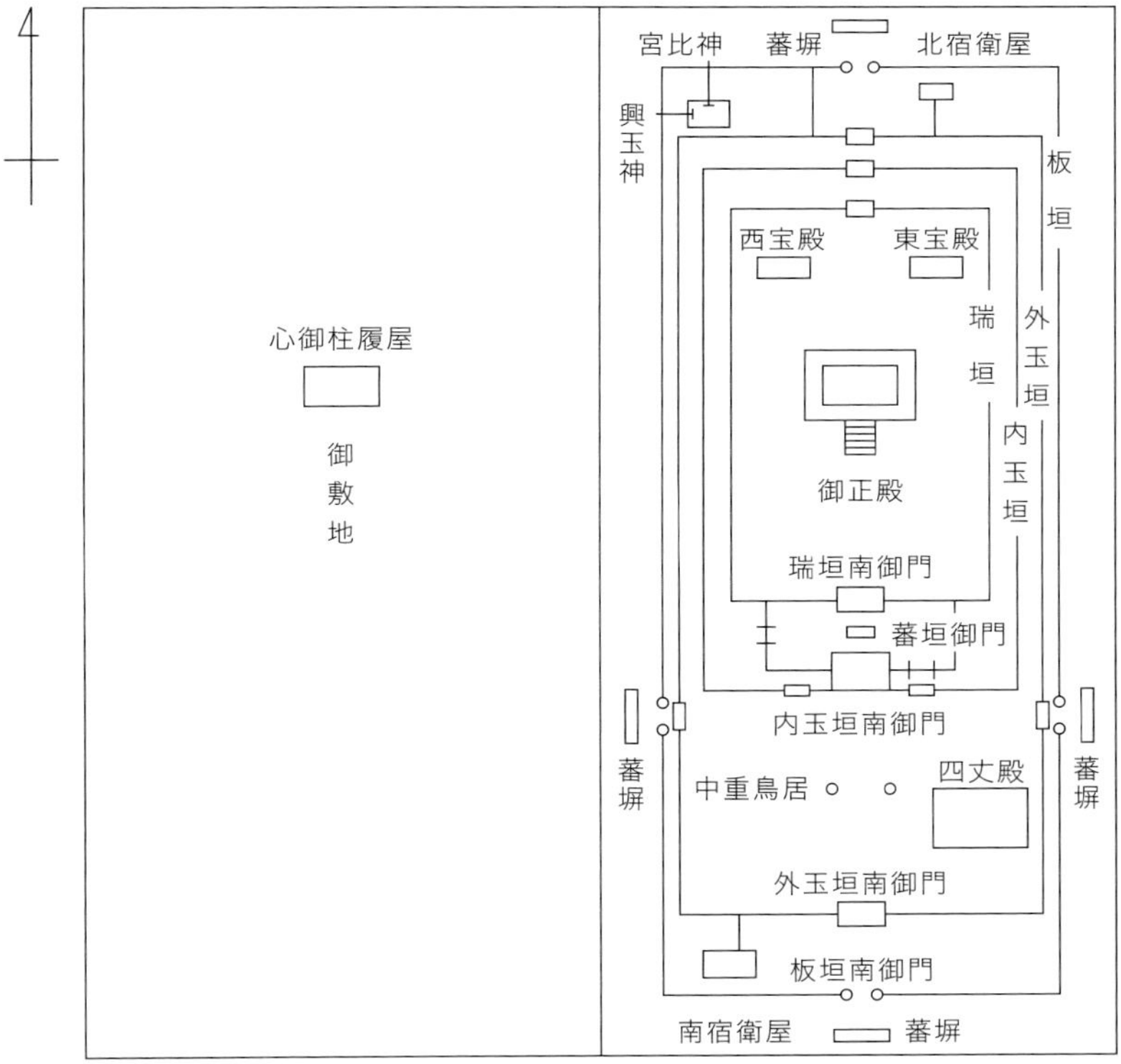

皇大神宮（内宮）平面図（第六十二回の遷宮以前）

板垣の内側は6,807平方メートルの広さがあります。御垣の一番奥の「内院《ないいん》」と呼ばれる最も清浄な聖域に、御正殿が南面して建っています。御正殿とその後方に建つ東宝殿《とうほうでん》、西宝殿《さいほうでん》の三つの社殿を囲んで、内から外へ瑞垣《みずがき》、蕃垣《ばんがき》、内玉垣《うちたまがき》、外玉垣《とのたまがき》、板垣の御垣があります。板垣の南北両御門内には宿衛屋があり、とりわけ南宿衛屋では神職が交代で一日中神様のお近くにお仕えしています。一般的な神社とは異なり、拝殿はありません。

豊受大神宮（外宮）もほぼ同じ配置・構造ですが、内宮の中重《なかのえ》鳥居の柱の左右には八重榊が飾られていること、外宮には板垣の外に御饌殿《みけでん》、外幣殿《げへいでん》があることが異なります。

内宮・外宮の両正宮はじめ別宮《べつぐう》と多くの摂末社《せつまっしゃ》には、隣り合う同じ広さの御敷地があります。この図は第六十二回の遷宮以前の平面図ですが、第六十二回の遷宮では、西の御敷地に御正殿はじめ、東宝殿、西宝殿、四丈殿、宿衛屋などの殿舎と御垣と御門すべてが造営されました。

です。式年遷宮はその極まりとして、天地のすべてを一新し、大御神と皇室、そして国家国民が永遠に若々しく溌剌とした生命力を保つよう祈念することにその本義があります。常緑樹の松も枯れ葉が落ち、新たな葉が芽吹くことの繰り返しでその緑を保つことができるように、神宮もまた、定められ伝えられたかたちを変えることなくすべてを一新することで、瑞々しいままに創建の精神を保ち続けることができるのです。このように、常に新しく若々しくあることを「**常若**《とこわか》」といいますが、式年遷宮の底流にはこの常若の思想があると考えられます。

神宮の社殿は、ほとんどの神社と同じく木造建築です。木は、石に比べて耐久年数が短く、創建当時の美しさを保つにはあまりにも朽ちやすく、火災にも弱い建築素材です。永遠を目指したヨーロッパの石造りの古代神殿が、現在は信仰が廃絶し、観光地としては知られるものの廃墟と化していることを思うと、神宮が二十年ごとの遷宮により、常に新しい変わらぬ姿を見せていることは逆説的ですらあります。式年遷宮は、日本の美意識と神への崇敬心を表すにふさわしい、先人の知恵が生んだ日本ならではの営みといえるでしょう。

また、社殿の造営や御装束神宝の制作などの技術を伝承するためにも、二十年というのは合理的な年数であると考えられます。

すべてを新たにした清々しさのなかで、大御神の大いなる力がさらに高まり、日本全体が若々しい命に輝くなか、自然への感謝を新たにする——。式年遷宮はまた、日本のこころと技を永遠に伝えていく祭典なのです。

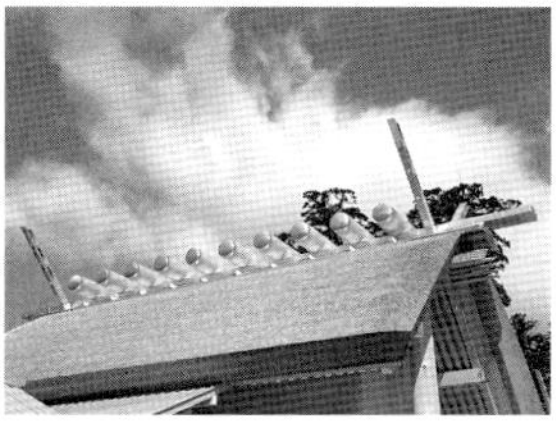

内宮の御正殿

■一三〇〇年続くエコロジーとリサイクル

遷宮で新たに造営されるのは、**両正宮の御正殿**《ごしょうでん》**、宝殿**《ほうでん》**、御垣**《みかき》**、御門、鳥居、蕃塀**《ばんぺい》**、四丈殿**《よじょうでん》**、宿衛屋**《しゅくえいや》**、御饌殿**《みけでん》**、外幣殿**《げへいでん》**に加え、両宮神域の鳥居、参道常夜燈**《じょうやとう》**、内宮の五丈殿**《ごじょうでん》**、御贄調舎**《みにえちょうしゃ》**、宇治橋、さらに十四の別宮ほか摂末社まで、計六十五棟**に及びます。両正宮と別宮については式年遷宮ごとの造営が定められていますが、摂末社についての決まりはなく、遷宮ごとに計画が立てられ、四十年に一度を目安に造替修繕を行っています。

第六十二回神宮式年遷宮で用いられた御用材《ごようざい》の檜《ひのき》は**約一万本**、総材積は約八五〇〇立方メートル。なかには直径一メートル余、樹齢四〇〇年以上の巨木も用いられました。

これだけの御用材を用意するのは、当然ながら容易なことではありません。第六十二回の遷宮に関わる祭典・行事のうち、最初に行われた平成十七年の「山口祭」から平成十九年の「第二次御木曳《おきひき》行事」までは、すべて御用材に関するもの。遷宮においては、御用材をいかに確保するかが要ともいえるのです。

神宮では、遷宮のための御用材を伐り出す山を**御杣山**《みそまやま》と呼びます。飛鳥時代の第一回遷宮から鎌倉中期に至る六〇〇年間、御杣山はそのほとんどが神宮宮域《きゅういき》内の**神路山**《かみじやま》と**高倉山**でしたが、宮域内で次第に良材が得られなくなった中世以降は他所に求められるようになりました。いくつかの場所を転々とした後、江戸時代半ば以降に木曽地方となり現在に至っています。第六十二回の遷宮でも、いずれも国有林の**長野県の木曽谷と岐阜県の裏木曽**が御杣山と定められました。

宇治橋の鳥居

宮域林での檜の植栽

神宮では、再び神宮の**宮域林**ですべての御用材をまかなえるようにするため、大正時代の終わりから約五五〇〇ヘクタールにのぼる宮域林で植栽を進め、二〇〇年後の御用材の確保を目標に檜を育成してきました。第六十二回の遷宮でも、御用材のうちの二十五パーセントは、この宮域林の檜が用いられます。遷宮で用いられる御用材の平均樹齢は二〇〇年ということなので、今から百年ほど先の第六十七回、第六十八回の遷宮では、当初に植林された檜が御用材の主体となることでしょう。

ところで、二十年に一度、社殿を新築すると聞けば、木の無駄遣いと思われる向きもあるかもしれませんが、遷宮においては、主な御用材は二十年のお役目を果たした後も、**撤下古材**《てっかこざい》と称してさまざまに活用されています。例えば、内宮と外宮の御正殿の棟持柱《むなもちばしら》は削りなおされて、内宮の参道口にある宇治橋の前と後ろに建つ大きな鳥居の柱として生まれ変わり、その後二十年にわたって参拝者を迎え入れます。そして次の遷宮では、昔の伊勢街道の入り口、関の追分《おいわけ》と桑名七里の渡し口の鳥居としてまた二十年間、再々利用されます。さらにその後も、例えば関の追分の鳥居は、地元の氏神である春日神社の御手洗《みたらし》の柱や屋根の修繕に用いられるなど、樹齢三〇〇〜四〇〇年の大木にふさわしく長い命を生きるのです。棟持柱以外の御用材もまた、古来由緒の深い全国の神社や災害などに遭った神社に下げられ用いられています。

このように一三〇〇年にわたる式年遷宮には、一切を新しく造り替えるにあたり、旧殿舎を廃棄するのではなく、自然の恵みを生かし永らえさせる仕組みが備わっているのです。

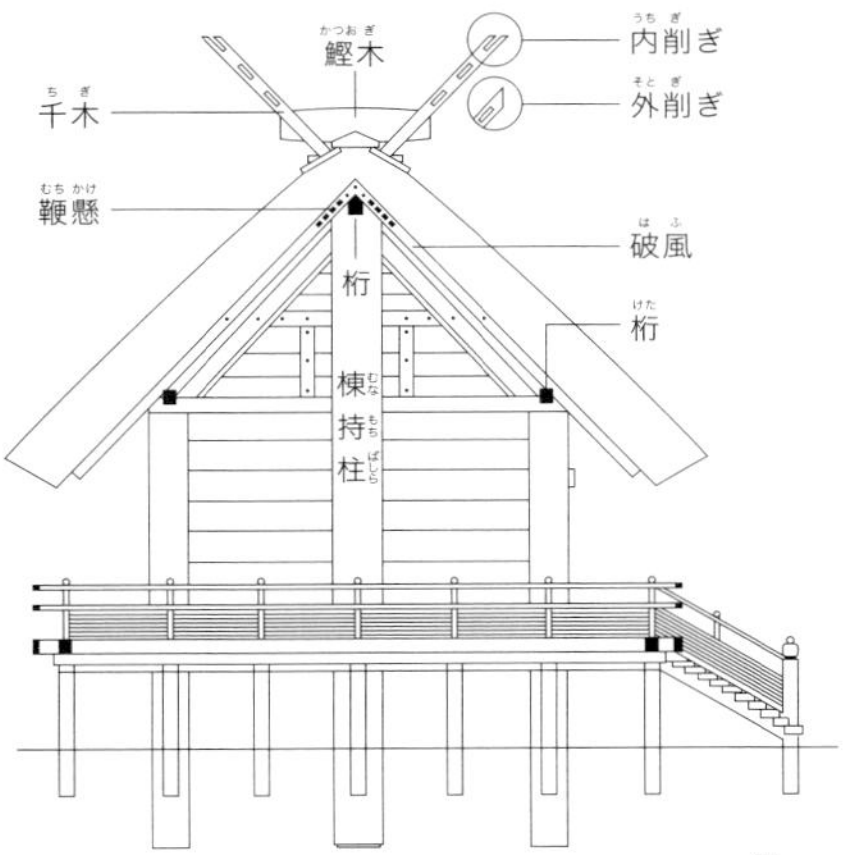

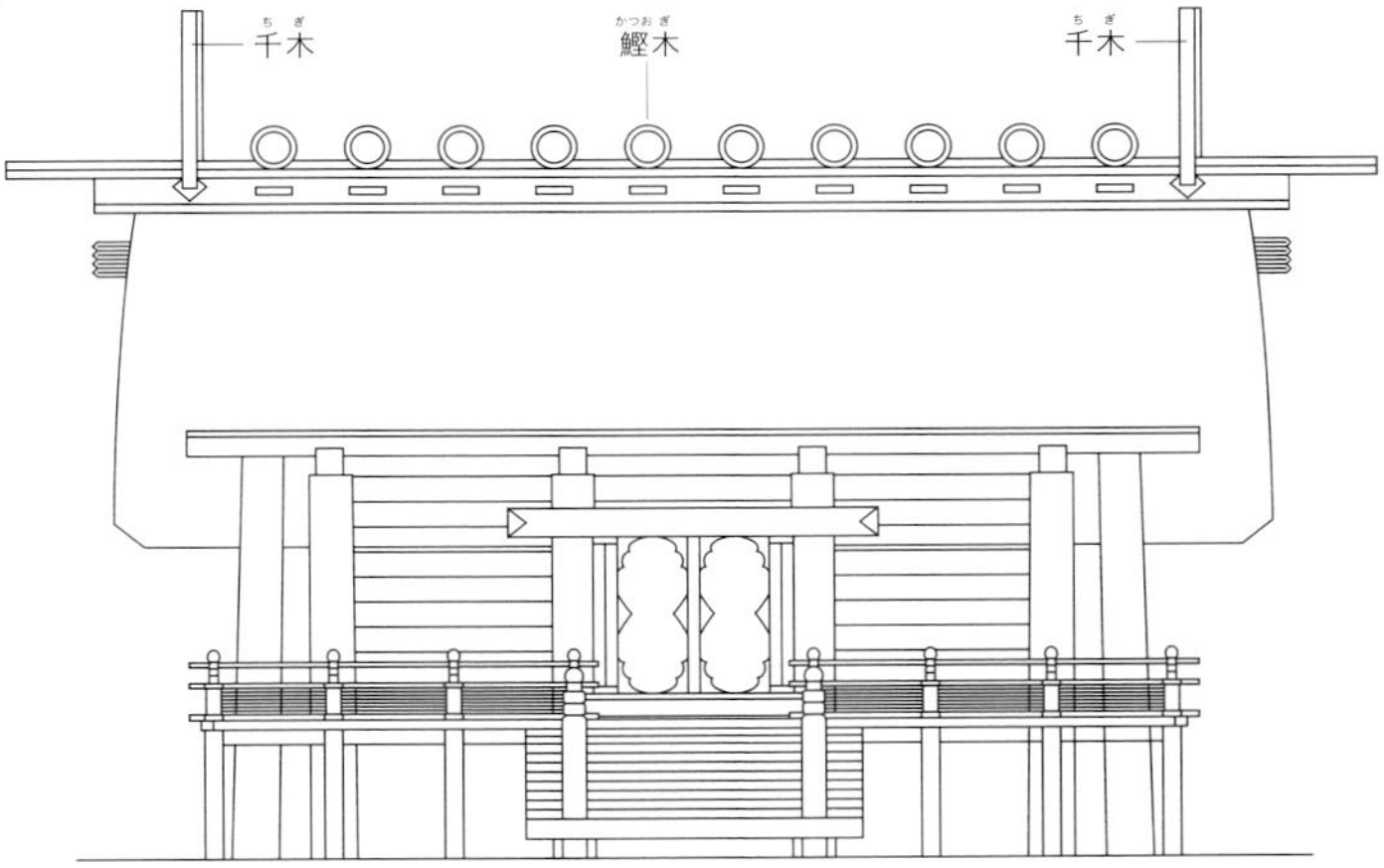

神宮の建築様式「唯一神明造」

神宮の御正殿は、内宮・外宮ともに「唯一神明造《ゆいいつしんめいづくり》」という建築様式で建てられています。これは、出雲大社の「大社造《たいしゃづくり》」とともに、今に伝わる日本建築のうちで最も古い様式で、一般の神社の神明造と区別して「唯一」の名がついています。

その主な特徴は、①土台がなく、丸い掘立柱《ほったてばしら》を地中に埋めて建てる　②屋根は切妻平入《きりづまひらいり》、萱葺《かやぶき》　③両妻の破風板《はふいた》の先が屋根を貫いて延び、千木《ちぎ》となっている　④棟の上に鰹木《かつおぎ》が並ぶ　⑤棟の両端を支える左右一対の棟持柱《むなもちばしら》がある　⑥すべて直線で、装飾や彩色のない檜の素木造《しらきづくり》、などです。御床《おんゆか》下中央には心御柱《しんのみはしら》（忌柱《いみばしら》）が奉建されています。

内宮・外宮との相違は、鰹木の数が内宮は10本、外宮は9本であること、千木の先が内宮は水平に切られた「内削《うちそ》ぎ」、外宮は垂直に切られた「外削《そとそ》ぎ」ということがあげられます。

神宮の建築に関する最も古い記録は正倉院文書に出てきますが、形式、大きさなども現代とほぼ同じです。20年ごとに造営を繰り返すことで、棟持柱、萱葺切妻屋根、高床、掘立柱という古代建築の様式を現在に伝えているわけです。御正殿はどんなに古くても建造20年にしかなりませんが、その建物には連綿と継承されてきた千数百年の時間が流れています。

神宮の御正殿の簡素にして端正な姿は、清浄であることを尊ぶと同時に、再生を繰り返すことによって神威のさらなる高まりを願う日本のこころそのものを映しているといえます。

神宮のなりたちと祭り

神宮式年遷宮について理解するためには、神宮とは何かを知っておくことが必要です。

ここでは、神宮はいかに創建されたのか、そのなりたちや神宮の全体像を紹介します。

また、神宮では二十年に一度の式年遷宮に関する諸祭とは別に、毎年、神嘗祭を頂点とする年間一五〇〇回ものお祭りが行われています。神宮のお祭りを通して、神宮がどのように営まれているかについても理解します。

※紹介しているお祭りには、見学できないものもあります。また、御料所の見学はできません。

皇大神宮御垣内での祭典

檜原神社

大和から伊勢へ ―― 遥かなる神宮の創祀

神宮に鎮座する天照大御神《あまてらすおおみかみ》は、皇室の祖先神として、もともとは天皇の住まいである皇居に祀られていました。それがなぜ、伊勢の地に祀られることになったのでしょうか。大御神が皇居を離れた経緯は、『日本書紀』におよそ次のように記されています。

時は、初代神武《じんむ》天皇が日本を建国してから幾歳月が流れ、**第十代崇神《すじん》天皇**の御代《みよ》。国内に疫病が流行し、国土も人心も荒れて治め難いので、天皇は懸命に天神地祇《てんじんちぎ》に祈られました。そして以前から、天照大神《あまてらすおおかみ》と倭大国魂《やまとのおおくにたま》の二柱《ふたはしら》の神が皇居内の天皇のお傍近くに祀られていましたが、天皇はその神々の勢いを畏《おそ》れ、共に住まうことは穏やかでないと思われました。そこで、二柱の神を皇居ではなく別の場所でお祀りすることになり、天照大神の御神体である御鏡は皇女の**豊鍬入姫命**《とよすきいりひめのみこと》に託され、**倭笠縫邑**《やまとかさぬいのむら》に祀られたのです。

この時代、神を祀る「祭事《まつりごと》」と国を治める「政《まつりごと》」は同じ意味合いをもっていました。当時、皇居が置かれていたのは、山々に囲まれた美しい景色を「青垣《あおかき》山めぐる」と謳われた大和《やまと》の国。現在の奈良県桜井市、日本最古の道といわれる「山辺《やまのべ》の道」近くには、崇神天皇の皇居・**磯城**《しきの》**瑞籬宮**《みずがきのみや》跡や、笠縫邑跡とされる**檜原**《ひばら》**神社**があります。

第十一代垂仁《すいにん》天皇の御代になると、**御杖代**《みつえしろ》として天照大神の手となり足となって仕える役目は豊鍬入姫命から、その姪で垂仁天皇の皇女である**倭姫命**《やまとひめのみこと》へとバトンタッチされました。ここから、大神のご鎮座地を求めて諸国を遷幸《せんこう》する倭姫命の旅が始まります。その遷幸についての記述は奈良時代に編纂された『日本書紀』に見ることができますが、倭姫命の功績をまとめ

御敷地から見た豊受大神宮

皇大神宮

五十鈴川

た鎌倉時代の書『**倭姫命世記《せいき》**』には、より詳しく述べられています。同書によると、倭姫命の一行は大和から近江《おうみ》（現在の滋賀県）を巡り、さらに美濃《みの》（現在の岐阜県南部）、尾張（現在の愛知県西部）を経て伊勢（現在の三重県北中部）へ向かったとされます。

その伊勢の国で、倭姫命は次のような大神のご神託を受けます。

「この神風の伊勢の国は、常世《とこよ》の浪の重浪《しきなみ》よする国なり。傍国《かたくに》のうまし国なり。この国に居《お》らむと欲《おも》ふ」

ここでいう「常世」とは「理想郷」のことであり、「うまし国」とは、「美しい国」の意味です。大神は、豊饒の海から波が寄せ来る風光明媚な伊勢の地を気に入られ、鎮座することを願われたのです。また、同書によると、その後もより良い土地を求めて伊勢国内を転々としていた倭姫命のもとに、あるとき次のような進言がもたらされます。

「宇治の五十鈴川《いすずがわ》の川上は、日本の国の中でもすぐれた霊地です。そこにまだ見知らぬ霊物があり、照り輝くそのさまは太陽や月のようです」

その霊地を訪れた倭姫命は、再びご神託を受け、ついに大神の永遠のご鎮座地が定まりました。こうして、倭姫命によって**五十鈴川のほとり**に**皇大神宮《こうたいじんぐう》（内宮《ないくう》）**が創建されたのは、今から約二〇〇〇年前のこと。神宮の創建と前後して、倭姫命は伊勢国内外に**神田《しんでん》**や**御園《みその》**、**御塩《みしお》山《やま》**を定め、大神の**神宝《しんぽう》**を調《ととの》え、御衣《みそ》を織らせる**機殿《はたどの》**を造り、神宮のお祭りや規律を定められました。さらに船で南の**志摩《しま》国**を巡り、大神に捧げる神饌《しんせん》を調達する**御贄処《みにえどころ》**を定められました。

このように、倭姫命は大神をお祀りする神宮の体制をも確立したのです。

一方、**豊受大神宮《とようけだいじんぐう》（外宮《げくう》）**の創建は、皇大神宮に遅れることおよそ五〇〇年。そのいきさつを、平安時代初頭に外宮から朝廷に提出された『**止由気宮儀式帳**《とゆけぐうぎしきちょう》』は、およそ次のように伝えています。

時は**第二十一代雄略**《ゆうりゃく》**天皇**の御代、天皇の夢に天照大神が現れ、「自分ひとりだけで鎮座しているのはとても辛いばかりでなく、食事も安らかに摂ることができないので、**丹波国**《たんばのくに》（現在の京都府北部）にいる我が**御饌都神**《みけつかみ》である等由気《とゆけ》大神を我がもとに連れてきてほしい」とおおせられました。天皇は驚いて丹波国から等由気大神をお遷しし、伊勢の度会《わたらい》の山田原に立派な宮を造ってお祀りしたうえ、**御饌殿**《みけでん》を造って天照大神のお食事である**朝の大御饌**《おおみけ》、**夕の大御饌**を毎日お供えしました。

この等由気大神が、豊受大神宮にお祀りされている**豊受大御神**《とようけのおおみかみ》です。「御饌都神」とは、「饌《ケ》」、つまり食物を司る神様のこと。『倭姫命世記』には、天照大神が豊鋤入姫命によって丹波に祀られていたとき、お食事を奉った神様としてその名が見えます。

豊受大神宮が創建されると、豊受大御神は食物の神としてだけでなく、衣食住という人の暮らしに関わる**産業の守護神**として広く信仰を集めるようになりました。山田原は現在の伊勢市街地で、豊かな森が広がる神域は地元の人々の憩いの場ともなっています。

以上が、皇大神宮、豊受大神宮が伊勢の地に並び祀られる「神宮」の由緒です。両神宮はそれぞれ内宮、外宮とも呼びならわされ、両宮へのお参りが伝統的な参拝とされています。その神域には、創祀から悠久の時を経た今も、遥かな伝承の世界が息づいています。

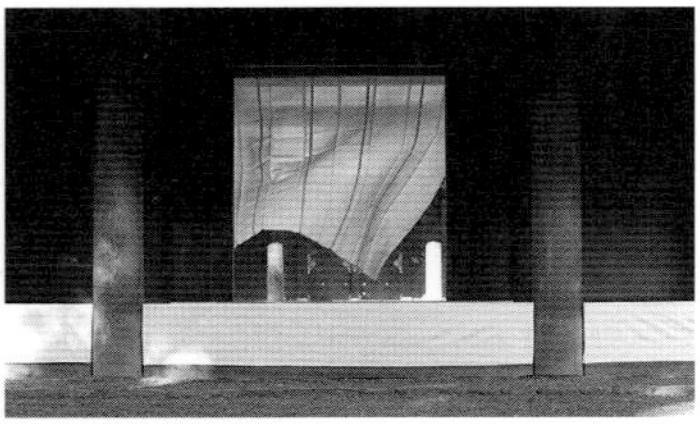
御幌

自然豊かな宮域と十四の別宮

皇大神宮（内宮）が鎮座するのは、伊勢市郊外の五十鈴川のほとり。一方、豊受大神宮（外宮）は、内宮から約六キロ離れた伊勢市中心部に鎮座しています。

内宮の宮域《きゅういき》は、御正宮の敷地を中心とした**神域**と、神域をとりまく**宮域林**に分けられます。神域内は、ご鎮座以来、斧を入れない千古の森。宮域のほとんどを占める宮域林は、式年遷宮の御用材を調達するかつての**御杣山**《みそまやま》で、大御神の山として神聖視されてきました。現在は、神域同様の天然林と、将来の遷宮の御用材を育成する森林とに分けられています。宮域林のなかでも、内宮の背後にあたる五十鈴川上流域は**神路山**《かみじやま》、五十鈴川支流の島路川流域は**島路山**《しまじやま》と呼ばれています。

神宮の御社殿は、他の一般的な神社とは異なり**拝殿がありません**。両正宮の御正殿は、内側から瑞垣《みずがき》、蕃垣《ばんがき》、内玉垣《うちたまがき》、外玉垣《とのたまがき》、板垣の御垣に囲まれており（85ページ図参照）、一般の参拝者は、外玉垣の外側からの参拝となります。外玉垣の内側は、**御垣内**《みかきうち》または**中重**《なかのえ》と呼ばれます。外玉垣の南御門に掛かっている**御幌**《みとばり》と呼ばれる白い布の間から、御垣内をかいま見ることはできますが、御正殿を目の当たりにすることはできません。

皇大神宮の御正殿には、天照大御神（正式な祭神名は**天照坐皇大御神**《あまてらしますすめ》）を主祭神として、**東西二座の相殿神**《あいどののかみ》（主祭神とともにお祀りしている神）をお祀りしています。一方、豊受大神宮の御正殿には、豊受大御神を主祭神として、**御伴神**《みとものかみ》（ご祭神名は明らかにされていません）とも呼ばれる**三座の相殿神**をお祀りしています。

※両神域図とも、第六十二回の遷宮以前のもの

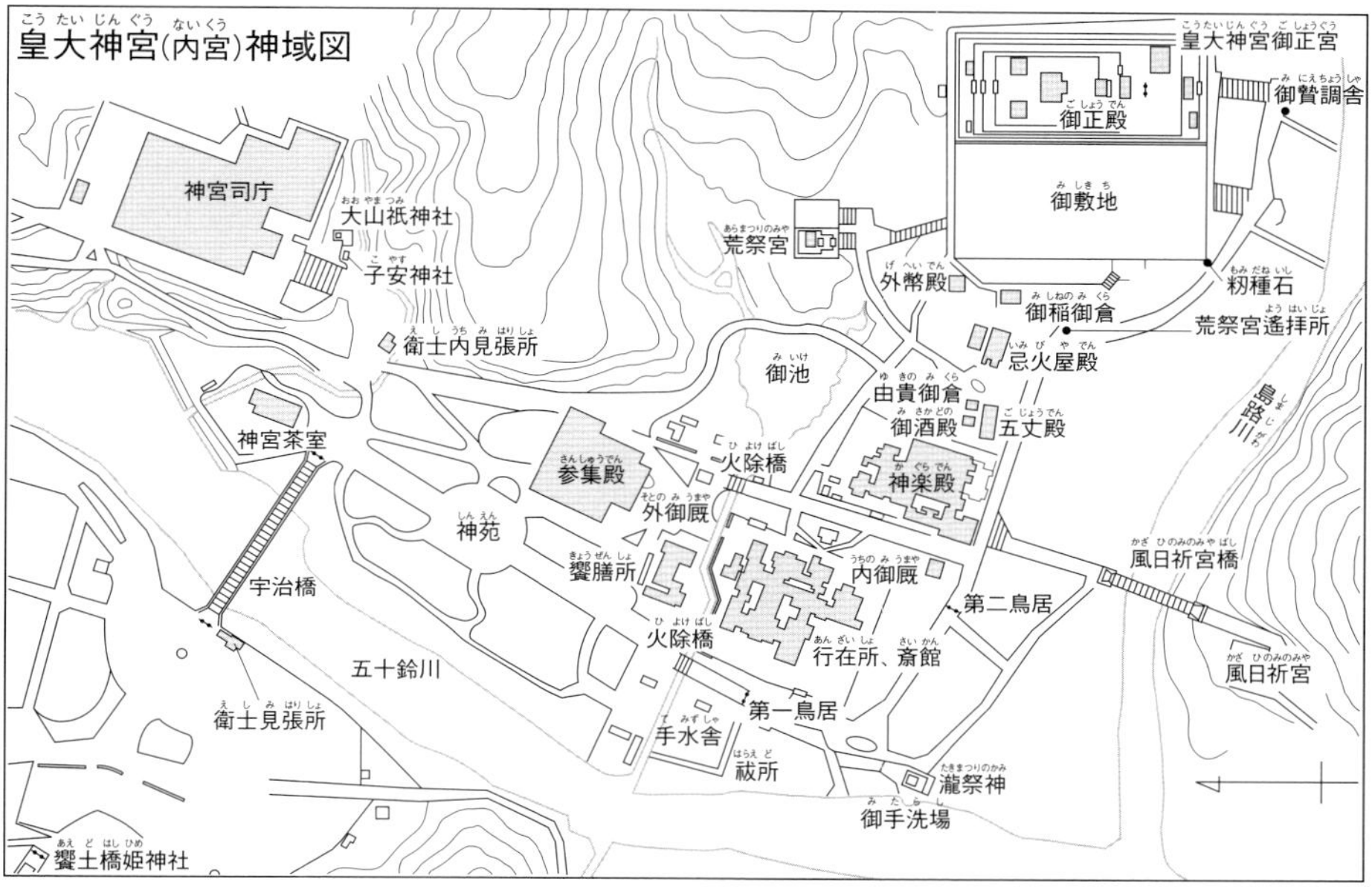

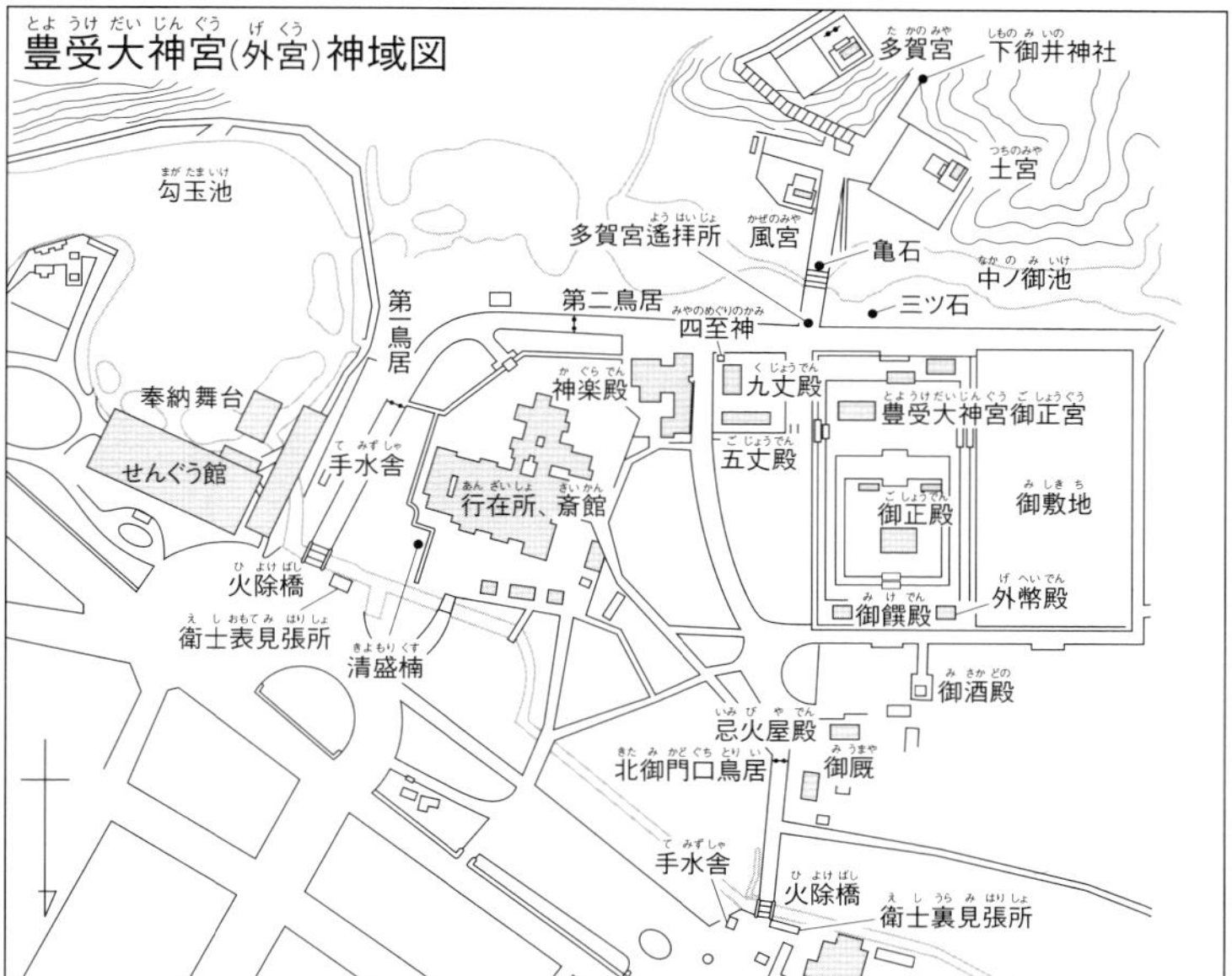

御神田

瀧原宮

荒祭宮

前述したとおり、神宮は内宮と外宮の両正宮《しょうぐう》に加え、十四の別宮《べつぐう》と一〇九の摂末社・所管社を合わせた全一二五社で構成されます。その鎮座地は、伊勢、松阪、鳥羽、志摩の四市、度会《わたらい》、多気《たき》の二郡にわたっています。一二五社すべては紹介しきれないので、以下、御正宮の「**わけみや**」を意味し、所属の宮社のなかでもとくに重んじられる別宮について紹介しましょう。

内宮の別宮は十所あり、第一別宮は天照大御神の荒御魂《あらみたま》をお祀りする**荒祭宮**《あらまつりのみや》です。内宮域内には、荒祭宮のほか、風の神である級長津彦命《しなつひこのみこと》と級長戸辺命《しなとべのみこと》をお祀りする**風日祈宮**《かざひのみのみや》が鎮座します。この両神は鎌倉時代に元寇《げんこう》で神風を吹かせた神だといわれています。

内宮の別宮のなかでも、天照大御神の「**遙宮**《とおのみや》」と呼ばれるのが、度会郡大紀町《たいきちょう》に鎮座する**瀧**《たき》**原宮**《はらのみや》と志摩市磯部町に鎮座する**伊雑宮**《いざわのみや》です。

伊勢湾に注ぐ宮川の支流・大内山川《おおうちやまがわ》沿いの山奥に鎮まる瀧原宮は、神宮創建以前、倭姫命が大御神の奉斎地を求めて宮川を船で巡った際、大小の滝が流れる美しい土地を発見され宮を建てられたのが起源とされます。域内には、大御神の御魂《みたま》を祀る**瀧原宮**と**瀧原竝宮**《たきはらならびのみや》が並び建ちます。

伊雑宮は、神宮創建後、倭姫命が大御神の神饌を供給する**御贄処**《みにえどころ》を求めて志摩国を巡った際に定められたとされ、地元では「**いぞうぐう**」「**イソベさん**」と呼ばれます。毎年六月二十四日に隣接する御料田《ごりょうでん》で古式ゆかしく行われる御田植式《おたうえしき》は有名で、「**磯部の御神田**《おみた》」として国の重要無形民俗文化財に指定されています。

外宮と内宮を結ぶ県道沿い、近鉄五十鈴川駅に近い森の中に鎮座するのが、別宮の**月読宮**《つきよみのみや》です。大御神の弟神・月読尊《つきよみのみこと》の荒御魂をお祀りする**月読荒御魂宮**《つきよみのあらみたまのみや》、同じ月読尊をお祀りする

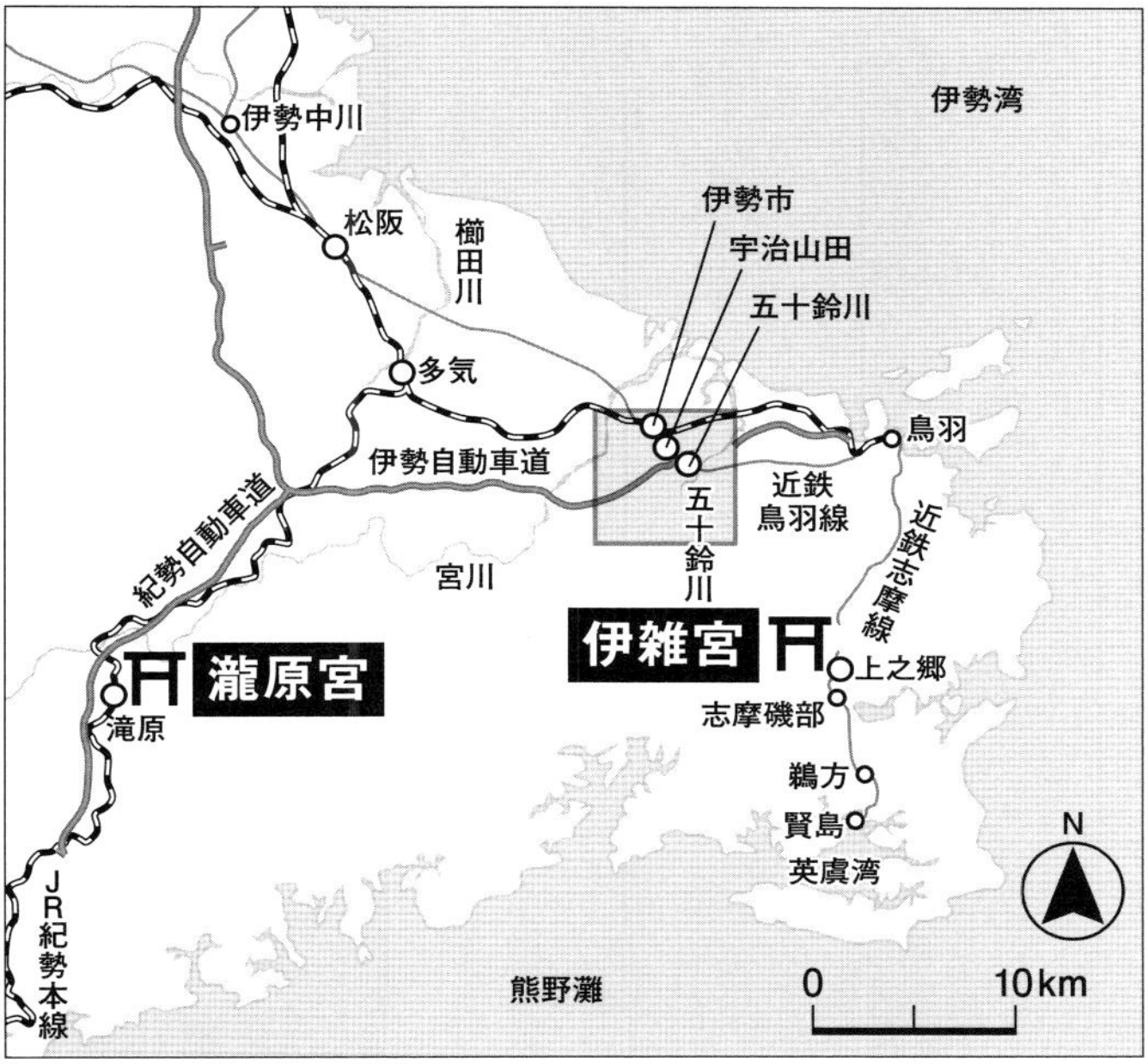
伊勢湾
伊勢中川
松阪
櫛田川
伊勢市
宇治山田
五十鈴川
多気
鳥羽
伊勢自動車道
近鉄鳥羽線
五十鈴川
紀勢自動車道
宮川
近鉄志摩線
伊雑宮
瀧原宮
上之郷
滝原
志摩磯部
鵜方
賢島
英虞湾
N
JR紀勢本線
熊野灘
0
10km

神宮広域図

月夜見宮
伊勢市
JR参宮線
伊勢市
式年遷宮記念神宮美術館
外宮前
伊勢市駅前
宇治山田
神宮農業館
豊受大神宮（外宮）
宇治山田駅前
倭姫宮
神宮徴古館
徴古館前
神宮徴古館
式年遷宮記念 せんぐう館
近鉄鳥羽線
伊勢IC
五十鈴川駅前
五十鈴川
伊勢西IC
月読宮
神宮神田
中村町
五十鈴川
伊勢自動車道
浦田町
おかげ横丁
内宮前
N
0
1km
皇大神宮（内宮）

神宮小域図

月読宮

多賀宮

月読宮、大御神の父神・伊弉諾尊《いざなぎのみこと》をお祀りする**伊佐奈岐宮**《いざなぎのみや》、大御神の母神・伊弉冉尊《いざなみのみこと》をお祀りする**伊佐奈弥宮**《いざなみのみや》の四宮が並び建っています。

月読宮から一キロほど北に離れた県道沿い、外宮と内宮のほぼ中ほどに位置する倉田山には、**倭姫宮**《やまとひめのみや》が鎮座します。神宮を創建された倭姫命の多大な功績を敬い、大正十二年に創建された別宮です。周辺には、神宮徴古館《ちょうこかん》（２０４ページに詳細）、神宮農業館、式年遷宮記念神宮美術館、神宮文庫など神宮の文化施設があります。

一方、外宮の別宮は四所あり、第一別宮は豊受大御神の荒御魂をお祀りする**多賀宮**《たかのみや》です。宮域の地主の神である大土乃御祖神《おおつちのみおやのかみ》をお祀りする**土宮**《つちのみや》、内宮の風日祈宮と同じ風の神をお祀りする**風宮**《かぜのみや》と、あわせて三つの別宮が外宮域内に鎮座します。

域外唯一の別宮が、外宮から数百メートル離れた伊勢市街地に鎮座する**月夜見宮**《つきよみのみや》で、大御神の弟神・月夜見尊《つきよみのみこと》（月読尊と同一神）とその荒御魂を一つの社殿にお祀りしています。外宮の北御門から月夜見宮に至る直線の道は「神路《かみじ》通り」と呼ばれ、地元の人は中央を避けて歩くといい、尊ばれてます。

■年間一五〇〇回にも及ぶ神宮のお祭り

神宮では年間に一五〇〇回以上ものお祭りが行われています。日々のお祭りから大祭《たいさい》、そして二十年に一度の式年遷宮に関するものなど、その種類もさまざまです。ただし、お祭りとはいえ、お神輿《みこし》や屋台が出るようなにぎやかなものではありません。神宮のお祭りは、神職《しんしょく》たち

御初穂とカケチカラ

が神前に額ずき、静かに祈りと感謝を捧げる神聖かつ厳かなものです。

毎年決まった月日に行われる恒例祭典のうち、最も重要なのが十月十五・十六・十七日の**神嘗祭《かんなめさい》**で、それに次ぐ六月と十二月の十五・十六・十七日に行われる**月次祭《つきなみさい》**を合わせて**三節祭《さんせつさい》**と呼びます。神宮独自のお祭りである三節祭では、**由貴大御饌《ゆきのおおみけ》**を奉って神様に感謝を捧げます。「由貴」とは神聖さを表し、「大御饌」とは神様のお食事を指します。また、三節祭に二月の**祈年祭《きねんさい》**、十一月の**新嘗祭《にいなめさい》**を加えて五大祭《ごたいさい》ともいいます。

神宮の主祭神である天照大御神《あまてらすおおみかみ》は皇祖神であり、そのお祭りは本来、天皇陛下御自《おんみずか》らが神恩に感謝を捧げ、国の平安を祈る**親祭《しんさい》**です。現在も五大祭には**皇室より幣帛《へいはく》の奉納**があり、そのうち月次祭を除くお祭りには天皇陛下のお遣いである**勅使《ちょくし》**が遣わされます。

これらのお祭りの根底に共通して流れているのは、古来の日本人が営んできた農耕を基盤とした国の平安への祈り、そして命の糧をもたらす自然を司る神への感謝のこころです。大御神にその年の初穂を初めてお供えする神嘗祭も、稲の収穫にあたり、これを神に献じて歓喜と感謝を表し、さらなるご神徳を頂くという稲作文化を拠り所とする日本人の生活に根ざしたお祭りです。神嘗祭と新嘗祭では、両正宮の内玉垣《うちたまがき》に、**天皇陛下が皇居で作られた御初穂《おはつほ》**が掛けられ、**カケチカラ**（**懸税**）と呼ばれる全国の農家から献納された初穂がずらりと並べ掛けられます。また、昔から「大祭《おおまつり》」と呼びならわされた神嘗祭を奉祝して、地元の人々が奉曳車《ほうえいしゃ》を仕立て、法被《はっぴ》姿に木遣唄《きやりうた》も勇ましく両正宮に初穂を引き入れる**初穂曳《びき》**は、この地方の風物詩でもあります。

次項では、神宮の一年の頂点ともいえる神嘗祭のルポを紹介します。

御卜の儀での参進の列

大祓

■一年の頂点のお祭り、神嘗祭

日に日に空気が透明度を増し、神域にも爽やかな秋風が吹き渡る十月半ば。神嘗祭は、十五日午後五時の**興玉神祭**《おきたまのかみさい》から始まる。皇大神宮（内宮）の板垣内、西北の隅に坐《ま》す土地の守り神である「興玉神《おきたまのかみ》」（85ページ図参照）に、神嘗祭に奉仕する神職一同が真心をこめて祭典に仕えることを祈るのだ。ちなみに神職一同、九月晦日《みそか》には大事な祭月を迎えるにあたって、五十鈴川の流れに臨む祓所《はらえど》で心身を清める**大祓**《おおはらい》をすませている。

興玉神祭に続いては、皇大神宮で**御卜**《みうら》の儀が行われる。これは、神嘗祭の奉仕員全員が祭典に奉仕してよいかどうかを神慮にはかる行事である。夕闇迫る刻限、合図の太鼓が響き、参道の砂利を踏む音とともに、衛士《えし》（神宮の警備職員）に先導された神職の列が姿を現す。

白い斎服《さいふく》に身を包み、黒い浅沓《あさぐつ》を履いた神職たちのなか、ひときわ目を引く緋色の袴をつけ、檜扇《ひおうぎ》を手にした**祭主**《さいしゅ》の姿がある。祭主とは、**天皇陛下の名代として神宮の五大祭に奉仕する神宮独自の役職**だ。祭主の後ろには、神宮の重要なお祭りに奉仕する**大宮司**《だいぐうじ》以下、**少宮司**《しょうぐうじ》、**禰宜**《ねぎ》、**権禰宜**《ごんねぎ》、**宮掌**《くじょう》と神職が続く。大宮司もまた、他の神社にはみられない神宮独特の職階だ。

御正宮の外玉垣南御門に下がる白い御幌が巻き上げられ、一同はこの門を通って中重に入る。祝詞《のりと》の奏上の後、御卜が始まった。まず、祭主をはじめ一人ひとりの職名と名が読み上げられる。すると、所役の宮掌が「口嘯《うそぶき》」といって息を吸い込んでヒュッと口笛を鳴らし、権禰宜が「琴板《こといた》」という木の板を笏《しゃく》でコツンと打つ。古代の占いの一種で、神慮にかなったしるしである。この一連の儀式が息をこらすような静けさのなか、総勢七十数名の最後の一人まで繰り返され

八度拝

奉幣の儀

る。最後に、風が逆巻くような音を立てて一同で**八度拝**《はちどはい》を行う。八度拝とは神宮独特の正式な拝礼方法で、起拝を四度行い、座して八度拍手、最後に小さく一度手を打ち、座したまま一拝。以上を二回繰り返す。こうして、御卜は終了した。

同じ日、すっかり夜の帳《とばり》が降りた午後十時、豊受大神宮（外宮）にて**由貴夕**《ゆきのゆうべの》**大御饌**の儀が始まる。神宮では「**外宮先祭**《せんさい》」といって、内宮に先立って外宮から祭典を執り行うのが通例となっている。また、大事なお祭りは深夜、**浄闇**《じょうあん》のなかで行われることがほとんどだ。

太鼓の合図で、先刻と同じく祭主以下神職の奉仕員の列が、松明《たいまつ》に照らされて参進する。**忌**《いみ》**火屋殿**《ひやでん》**前庭**（95ページ図参照）で、まずは辛櫃《からひつ》に納めた由貴大御饌と奉仕員一同の**修祓**《しゅはつ》がある。秋虫の音《ね》にパチパチと松明のはぜる音が混じり、斎服が赤々と照らされて闇に浮かび上がる。

その後再び参進し、一同は御正宮の中へ消え、御正殿の階段下で由貴大御饌が供えられる。海川山野の約三十種の品々と、**白酒**《しろき》**・黒酒**《くろき》**・醴酒**《れいしゅ》**・清酒**の四種類の**御神酒**《おみき》（112ページ参照）が、神前に「横山のごとく」並べられるのだ。御正宮の奥深くで行われる儀式の様子を垣間見ることはできないが、夜のしじまを漏れ聞こえてくる**神楽歌**《かぐらうた》のたゆたうような調べが幽玄の世界へと誘う。

その後、午前二時からは同様に**由貴朝**《ゆきのあしたの》**大御饌**の儀が奉仕される。

明けて十六日の正午、外宮に勅使が参向して**奉幣**《ほうへい》**の儀**が行われる。修祓の後、中重の四丈《よじょう》殿《でん》にて幣帛の目録を読み合わせて内容を確認する**幣帛読合**《とくごう》**の儀**を行う。その後、御正殿の御《み》扉《とびら》が開かれ、その大床《おおゆか》上に幣帛が供えられると、中重で勅使と祭主、大宮司以下神職が次々に榊《さかき》に木綿《ゆう》をつけた**太玉串**《ふとたまぐし》を内玉垣《うちたまがき》南御門前にお供えし、八度拝を行って終了。奉幣の儀が済んだ夕刻からは、四丈殿で神慮を慰める**御神楽**《みかぐら》が奉仕される。

同日夜には、内宮でも同様に夕と朝の由貴大御饌が奉られ、翌十七日には奉幣と御神楽がある。また、外宮第一別宮の多賀宮と内宮第一別宮の荒祭宮でも同日に同様の儀式がある。内宮だけにみられるのは、大御饌を納めた辛櫃を神前へ運ぶ途中、御正宮前の石階下の**御贄調舎**《みにえちょうしゃ》（95ページ図参照）で**鰒**《あわび》**の調理**をすること。大御饌の代表的なお供えである生の鰒を、御饌都神である豊受大御神の来臨のもと、忌箸《いみはし》と忌刀《いみがたな》（この場合の「忌」は、神聖さを表す語）で調理し、御塩《みしお》を注いで大御神に捧げるのだ。

さらに、別宮以下諸社での神嘗祭は、十八日から八日間にわたって行われる。

御贄調舎での
鰒の調理

■神々にお食事を差し上げる日別朝夕大御饌祭

外宮の御正宮北側にある木立の間から、毎朝早くから煙が立ちのぼっています。ここは、神様が召し上がる神饌を調理する**忌火屋殿**（95ページ図参照）です。昔ながらの方法で調理された神饌《しんせん》は、毎日、朝と夕の一日二回、神々に捧げられます。天照大御神とその御饌都神として迎えられた豊受大御神が、朝夕のお食事を他の神々とともに召し上がる**日別朝夕大御饌祭**《ひごとあさゆうおおみけさい》です。

前夜から外宮の斎館《さいかん》（神事に奉仕する前に心身を清めるために籠《こも》る施設）にお籠りした神職数名は、早朝に沐浴潔斎して心身を清めてから神饌の調理にかかります。

まず、外宮西方の森の奥の**上御井神社**《かみのみいのじんじゃ》へ水を汲みに行くことから始まります。この神社の御

御神水を汲む

火鑽り具で
忌火を起こす

御饌殿へ神饌を運ぶ

神体は、高天原《たかまのはら》からうつされたと伝わる井戸。神聖な井戸に柄杓を差し入れ、手桶に新鮮な**御**《ご》**神水**《しんすい》を汲むのです。

調理に用いる清浄な火は**忌火**《いみび》と呼ばれ、神職が**火鑽**《き》**り具**を使って起こし、杉の葉に移したものを竈《かまど》に入れます。

御飯《おんいい》、清酒、魚類二種、海藻、野菜、果物、塩、水の九品目に御箸を添えた神饌は、素焼きの土器に「トクラベ」と呼ばれる植物（ミミズバイ）の葉を敷いて盛りつけ、辛櫃に納められます。

春夏は午前八時と午後四時、秋冬は午前九時と午後三時に、忌火屋殿前庭でお清めの後、神饌を納めた辛櫃が外宮の御正宮内の**御饌殿**へ運ばれます。御饌殿では天照大御神、豊受大御神、両宮の相殿神、両宮の別宮の神々に神饌が供えられます。

■ 大御神から授かった稲を植える——神宮神田

神宮のお祭りに欠かせない神饌の多くやその器、神様の衣服となる布などは神宮が自給自足で作っており、その過程でもさまざまなお祭りが行われています。

神様に捧げる神饌のなかでも、最も基本的かつ大切な品目が、古来、日本人の主食とされてきた**米**です。『日本書紀』にみられる「斎庭《ゆにわ》の稲穂の神勅」（神社検定公式テキスト②『神話のおへそ』180ページ参照）が示すとおり、天照大御神から日本人の主食にするようにと稲籾《いねもみ》がもたらされたのが、稲作の起源とされます。長い伝統に培われた稲作は、単なる農業労働で

神田下種祭

神田御田植初

はなく、神様から授けられた神聖な営みであり、米には「稲魂《いなだま》」という魂が宿ると信じられてきたのです。

神宮では、お祭りに用いる大切な米をすべて直営の**神宮神田**《じんぐうしんでん》と呼ばれる水田で自給自足しています。伊勢市楠部町《くすべちょう》にある約三ヘクタールの神田がそのひとつ。神宮の創建伝承に登場する倭姫命により、大御神のご鎮座と前後して定められたという、古い由緒をもつ水田です。

五十鈴川の清浄な水を引き入れた楠部町の神田では、うるち米と糯米《もちごめ》のほか貴重な保存品種も栽培しています。収穫した米は蒸して御飯としてだけでなく、酒や餅に加工してお供えするほか、お祓いの儀式でも用いられます。神宮のお祭りに使う米は、一年間に約五トンにものぼります。これは神田全体の収穫量の約三分の一ですが、不測の事態に備えて、常に二年分が備蓄されています。

また、農閑期には神田で収穫した藁《わら》などを利用して、お祭りに使う笠や蓑《みの》、ゴザや草履《ぞうり》などが神田専属の職員の手で作られています。

神田での米づくりの過程では、折々に農作業と一体化したお祭りが行われます。**神田下種**《げしゅ》**祭**《さい》、**神田御田植初**《おたうえはじめ》、**抜穂祭**《ぬいぼさい》がそれです。とくに、神田下種祭と抜穂祭は、神嘗祭付属のお祭りに位置づけられる重要なお祭りです。

四月初旬の神田下種祭は、神田に籾種《もみだね》を播《ま》くお祭り。まず、白装束の神職や農作業を行う**作長**《さくちょう》はじめ**作丁**《さくてい》たちに加え、**童男**《どうなん》と呼ばれる少年の奉仕員が、神田背後の**忌鍬山**《ゆぐわやま》に分け入ります。山中では、**山口に坐**《ま》**す神**、**木本**《このもと》**に坐す神**を祀って、農具の鍬の柄の材料となる櫟樫《いちいがし》の木を伐って忌鍬《いみくわ》を奉製する儀式を行います。こうして神の霊力を得たしるしに烏帽子《えぼし》に真佐岐蔓《まさきのかずら》を

抜穂祭

神宮御園

つけた奉仕員たちが山を下りてくると、神田前で神田守護の神を祀る神事を行います。それが終わると、作長が神田に忌鍬を振り下ろして苗代《なわしろ》を作る所作をし、続いて作丁が神田に下りて忌種《ゆだね》（籾種）を丁寧に播いていきます。奉仕員たちの唱和する古歌が春風に響く、農耕の始めを祝う祭りです。

五月初旬の神田御田植初は、近郷の男女で構成される「御田植保存会」の奉仕により、笛太鼓の音に合わせて田植えが行われます。田植えの後には大団扇《うちわ》二本を交差させて神田を回る**團扇合《うちわあわせ》**、近くの内宮摂社・大土御祖神社《おおつちみおやじんじゃ》へ踊り込む**祝入《ほぎいり》**などがにぎやかに行われます。

そして九月初旬、稲が実った神田を前に、初めて稲を収穫する抜穂祭が行われます。祭場で実りに感謝する祝詞を奏上した後、神職より授けられた忌鎌を押し頂いた作長が神田に一礼し、作丁が神田に下りて稲を刈り取り、稲穂だけを抜き取って収穫します。この抜穂は内宮所管社の**御稲御倉《みしねのみくら》**（95ページ図参照）に納められ、神嘗祭をはじめ三節祭で神前に供えられます。

■神饌となる蔬菜類を育てる——神宮御園

伊勢市二見町《ふたみちょう》にある**神宮御園《じんぐうみその》**の約二ヘクタールの敷地では、神宮のお祭りで神饌として供する野菜や果物などの蔬菜《そさい》類を栽培しています。ここでも、神田と同じく五十鈴川の清水を引き入れ、堆肥《たいひ》や魚粕《さかなかす》・油粕《あぶらかす》などの肥料を用い、農薬をなるべく控えて作物を育てています。

三節祭のような大きなお祭りでは、神饌は「横山のごとく」並べられ、野菜や果物の種類の多さは驚くほどです。御園の畑や温室、果樹園で栽培しているものをあげると、柿、梨、林檎、

御塩浜

収穫された蔬菜類

李《すもも》、桜桃《さくらんぼ》、栗、温州《うんしゅう》蜜柑、八朔《はっさく》、晩柑《ばんかん》、伊予柑、金柑《きんかん》、夏蜜柑、枇杷、葡萄、苺、蕃茄《とまと》、大根、蕪《かぶら》、牛蒡《ごぼう》、里芋、慈姑《くわい》、蓮根、馬鈴薯《ばれいしょ》、枝豆、蚕豆《そらまめ》、白菜、小松菜、水菜、甘藍《きゃべつ》、独活《うど》、胡瓜《きゅうり》、南瓜《かぼちゃ》、蕗《ふき》、茄子など、約五十種類。なかでも神饌として頻繁に用いられる「胡羅蔔《こらふ》」は欠かせない作物で、これは人参の古語です。

それぞれのお祭りに供えられる神饌の品目と数は季節の旬のものを中心に決められており、御園ではそれに従って計画的に栽培・収穫を行っています。盛りつける器の大きさや盛りつけ方も決められているため、お供えしたときに美しく見えることも求められます。

例えば、人参や大根などの細長い野菜は、三本ずつ結わえて供えるために細いものが望ましく、生長具合を見計らって早めに収穫しています。干し柿は重ねてお供えするため、平らな形のものを作っています。また、神嘗祭だけにお供えする蓮根は、十月初めから御園の職員総出で手掘りの収穫作業を行います。

毎年三月春分の日には、神宮御園で**御園祭《みそのさい》**が行われます。これは神嘗祭付属のお祭りで、神職による祝詞の奏上の後、作長が忌鍬をもって畑地を耕す所作をし、作物の豊かな実りとうるわしい出来ばえ、作業の安全を祈念します。

昔ながらの堅塩を作る——御塩浜・御塩殿

米や水とともに、**御塩《みしお》**は古来命の源であり、神饌には欠かせない基本的なお供えもののひとつです。神宮のお祭りでは神饌としてだけでなく、お清めの際の祓具《はらえぐ》としても使われます。こ

御塩焼所

堅塩

れらのお祭りに用いられる御塩は古くから伊勢市二見町の二見浦で作られており、現在も近郷の人々の奉仕によって昔ながらに調進されています。

五十鈴川の河口近くの堤防に接して**御塩浜**があります。土用（立秋前の十八日間）中にあたる七月末の約一週間にわたり、ここで鹹水《かんすい》（濃い塩水）を採る「採鹹《さいかん》」の作業が行われます。御塩浜一面に砂が敷かれ、満潮時に海水を引き入れて浜全体を冠水させ、次の干潮時に海水を放水します。その後、浜を天日で乾燥させて塩分の付着した砂を集め、砂の塩分が溶出した鹹水を採取するのです。一連の作業は炎天下の重労働です。

一方、二見の海水浴場近くには、松林に囲まれた**御塩殿**《どの》があります。その横には御塩殿神社があり、同じ敷地には鹹水を貯蔵する御塩汲入所《くみいれしょ》や御塩焼所《やきしょ》もあります。

八月上旬、御塩焼所に口径約二メートルの大きな釜をしつらえ、御塩浜で採れた鹹水を炊いて荒塩を作ります。もうもうと湯気が立ち込めるなか、二名ずつ一昼夜交代で薪を焚き続ける過酷な作業です。

十月五日には、御塩殿神社にて**御塩殿祭**が行われます。お祭りには全国の製塩業者も参列し、作業の安全と日本の製塩業の発展を祈念します。

その後の五日間にわたり、御塩殿で**御塩焼固**《やきがため》が行われます。粘土製の三角錐の土器に荒塩を詰め、竃《かまど》の中で焼き固めます。竃の火は、神職が火鑚り具を使って起こした忌火です。

こうして出来上がった**堅塩**《かたしお》は、煙のために薄黒く、保存に向くものです。御塩焼固は十月と三月の都合二回行われ、年間に二〇〇個の堅塩が調進されます。その後、堅塩は辛櫃に入れられ、「**御塩道**《みち》」と呼ばれる道を通って、外宮の斎館へ納められます。

絹糸を紡ぐ織子

神麻続機殿神社

大御神の御衣を織る —— 機殿

神々のために神宮で独自に調製されているのは、神饌ばかりではありません。毎年春と秋には、天照大御神の衣となる**神御衣**《かんみそ》が、神宮が所有する**機殿**《はたどの》で織られています。大御神に奉る神御衣には、**和妙**《にぎたえ》（絹）と**荒妙**《あらたえ》（麻）の二種類があり、機殿も各々あります。

和妙が織られるのは、松阪市大垣内町《おおがいとちょう》にある**神服織機殿神社**《かんはとりはたどの》で**下機殿**《しもはたでん》とも呼ばれます。ここで奉仕する織子《おりこ》四名はみな近郷の女性たちです。一方、荒妙が織られるのは、下機殿から南に約三キロ離れた松阪市井口中町の**神麻続機殿神社**《かんおみはたどの》で、こちらは**上機殿**《かみはたでん》とも呼ばれます。織子は近郷の男性四名です。

五月と十月の一日の朝、両機殿神社で**神御衣**《かんみそ》**奉織**《ほうしょく》**始祭**《はじめさい》が行われます。白衣の織子が集まり、神職とともに清くうるわしく奉織できるよう祈念します。お祓いの後、神御衣を納める辛櫃と神御衣を織る糸が機殿に運び込まれ作業が始まります。昔ながらの織機にもろく切れやすい糸を取りつけるのはひと苦労。織子たちは蝋燭の灯りを頼りに瞳を凝らしつつ、神御衣を織り立てていきます。神社の杜にカチャコン、カチャコンという機織りの音が一週間ほど響き続けると、ようやく四丈（十二メートル余）の長さの一匹が織り上がります。

五月と十月の十三日の朝には、滞りなく奉織ができたことを感謝する**神御衣奉織鎮謝**《ちんしゃ》**祭**が行われ、辛櫃に納められた神御衣は内宮に護送されます。現在は車で運ばれますが、昭和三十年代までは徒歩で運ばれており、翌日の**神御衣祭**《かんみそさい》に間に合うよう、この日の夜半に出発したといいます。

そして、十四日の神御衣祭では、内宮とその第一別宮の荒祭宮に神御衣が奉られます。この古い由緒をもつお祭りは外宮はじめ他の宮社ではみられず、天照大御神だけを対象とする点が特徴的です。新しい神御衣を奉ることにより、大御神のさらなるご神威を仰ぐものであると考えられています。

■御食つ国の海の幸を献ずる——御料鰒調製所

高級食材として珍重される**鰒**《あわび》は、神宮の神饌としても重要な食材のひとつ。一般的には「鮑」の字を当てますが、神宮では古式に倣って「鰒」の字が用いられています。

鰒を細長く切って乾燥させた**熨斗**《のし》**鰒**《あわび》は代表的な神饌で、不老長寿の効用があるとされます。ちなみに、めでたい贈り物などに添える色紙などで出来た熨斗の由来は、この熨斗鰒です。

神宮のお祭りでは熨斗鰒のほかに**生鰒**も供えられており、三節祭では内宮の**御贄調舎**で鰒を調理する儀式が行われます。

そもそも伊勢国のお隣の**志摩国**は、古くから朝廷に食材を奉る「**御食**《みけ》**つ国**」として、山海の幸の豊富さで知られた土地です。神宮の伝承によると、神宮を創建された倭姫命が大御神に奉る神饌を求めて志摩国を巡られたとき、**国崎**《くざき》**の海女**《あま》が差し出した鰒をたいそう喜ばれ、以降、大御神にこの地の海女が採る鰒が奉られるようになったといいます。

そんな伝承を今に伝えるのが、鳥羽市国崎町の**御料**《ごりょう》**鰒調製所**で、鎧崎《よろいざき》と呼ばれる小高い岬の上に建っています。ここでは毎年、五月から六月にかけて、地元の長老たちの奉仕により古来

熨斗鰒

乾鯛の調製

のしきたりのままに熨斗鰒づくりが行われています。

まず、半月状の刃のついた熨斗刀《のしがたな》を使って新鮮な鰒の身を外側から渦巻き状に桂剝《かつらむ》きの要領で薄く細長く切り取っていきます。これを干し場で乾燥させた後、三種類の寸法に切りそろえます。そして、幅広の鰒十枚を藁紐《わらひも》で束ねた**身取鰒**《みとりあわび》（大）、五枚を束ねた身取鰒（小）、小片二十四枚を一連にした**玉貫鰒**《たまぬきあわび》が調製され、神宮に納められるのです。

■伊勢湾に浮かぶ篠島で作られる御幣鯛――御料干鯛調製所

神饌のうち、鰒に次いで大切にされる魚介類が**鯛**です。鯛は「めでたい」に通じることから、日本では昔から吉事のときに食べるご馳走としてもおなじみ。なかでも保存のきく**乾鯛**《ひだい》と呼ばれる鯛の干物は、古くは鯛の「楚割《すわやり》」ともいわれ、神饌として重んじられています。

神宮のお祭りにお供えする乾鯛は、愛知県知多郡南知多町、伊勢湾の端に浮かぶ**篠島**《しのじま》の**御料干鯛**《ひだい》**調製所**で作られています。愛知県の知多半島と渥美半島の先端の間のちょうど真ん中あたりに位置する周囲約六キロの篠島は、神宮の旧神領で、現在も調製所のある中手島は神宮の所有地となっています。この中手島は以前は離れ島でしたが、現在は埋め立てられて篠島と地続きになっています。

鎌倉時代から神宮の重要なお祭りには篠島の乾鯛が奉納されており、篠島ではこれを**御幣鯛**《おんべだい》と呼んでいます。

乾鯛の調製は篠島の人々の奉仕によって行われ、三節祭に合わせ、六月、十月、十二月の年

おんべ鯛奉納祭

土器の調製

三回、計五〇八尾が神宮に納められます。

調製の手順としては、島で獲れた生の鯛の内臓を取り除き、樽に入れて約十日間塩漬けにしたものを、西風の強い日に浜で天日干しにします。乾鯛は大小の二種のほか、鱗と骨を取り除いた**身卸鯛**《みおろしだい》があり、これは月次祭にのみ供えられます。ひとつのお祭りあたり、大が五十尾、小が一一〇尾、身卸鯛は十四尾が用いられます。

毎年、神嘗祭に近い十月十二日には、古式に倣って乾鯛を船で神宮へ奉納する**おんべ鯛奉納祭**が、地元の人々によって盛大に行われます。辛櫃に納められた乾鯛が、神宮の御用を表す**太**《た》**一**《いち》**御用**《ごよう》の幟《のぼり》を掲げた船に積み込まれ、海路、伊勢の神宮へと向かいます。

■神饌を盛るうつわを作る――御料土器調製所

神宮のお祭りに用いられる神饌は、すべて茶色の素焼きの土器《どき》に盛りつけて神前に供えられます。神宮では、一度使われた土器は再利用せず細かく砕いて宮域内に埋め、土に返す決まりです。

神宮の土器は、外宮から約八キロ離れた多気郡明和町蓑村にある**御料土器調製所**で作られています。この地域は良質の粘土に恵まれ、古伝によれば神宮ご鎮座当初からこの地の人々が神宮の土器を作ってきたといいます。

土器の原料となるのは、近郷の田から掘り出した土で作った粘土で、これを手作業で成型し、天日で乾燥させた後、地中に半分埋められた直径二・五メートルの円型の窯で焼き上げます。

土器

土器には用途に応じていくつかの種類があります。主な土器とその年間所要量をあげると、餅や大きめの魚介類を盛る「六寸土器」（径約十八センチ）が二二五〇枚。御飯や餅、小さめの魚介類や野菜・果物、塩などを盛る「四寸土器」（径約十二センチ）が二万二〇〇枚。御飯・塩などを盛り、「御盃台《おんさかずきだい》」と組み合わせて御神酒を注ぐ「三寸土器」（径約九センチ）が一万九五〇〇枚。「御盃台」が九〇〇〇個。箸を置く「御箸台《みはしだい》」が二〇二〇個。お水を入れる「御水椀《おんみずまり》」が二〇五〇個。御神酒を入れる「御酒壺《おんさけつぼ》」が二三〇〇個となっています。これらのほか、祭儀のときに火を焚いたり水を湛えたりする「大土堝《おおどか》」も年間に十二個、土器調製所で作られています。

神田の米と御神水で酒を醸す――御酒殿

数々の神饌の最後に供えられるのが、**御神酒**です。最も重要なお供え物である米を発酵させて造られた酒もまた、欠かせない神饌なのです。

現在、神宮のお祭りでお供えされる御神酒には、**白酒**《しろき》、**黒酒**《くろき》、**醴酒**《れいしゅ》、**清酒**の四種類があります。白酒はいわゆる濁酒《どぶろく》で、黒酒はこれに秘伝の植物の枝を灰にして加え灰色に着色したもの。醴酒は**一夜酒**《ひとよざけ》とも呼ばれ、蒸し米に米糀《こめこうじ》を加えて一晩寝かせたものです。

三節祭の由貴大御饌には四種類すべての御神酒が供えられます。その他の諸祭には醴酒および清酒を、日別朝夕大御饌祭には清酒のみをお供えします。

このうち清酒だけは篤志家から献納されたものを用いていますが、その他の三種類は内宮の

御酒殿祭での修祓

忌火屋殿で調進されています。その原料は、神宮神田で収穫されて御稲御倉に納められていた米と外宮の上御井神社の御神水（１０３ページ参照）です。

御神酒の調進は三節祭に向けて行われ、毎年六月、十月、十二月の一日には、内宮の**御酒殿**《みさかどの》で**御酒殿祭**《みさかどのさい》が行われます。まず、醸造に用いる糀を殿内に祀られる御酒殿神《みさかどののかみ》にお供えしてご加護を祈り、あわせて全国の酒造業界の発展を祈願します。そして、この日から十日間かけて、忌火屋殿で担当の神職により御神酒が醸造されます。出来上がった御神酒は外宮の御酒殿にも奉納され、三節祭の前日に忌火屋殿に移されて大御饌《おおみけ》として供えられます。

■ 神宮の主な恒例祭典一覧

1月1日　　歳旦祭《さいたんさい》
1月3日　　元始祭《げんしさい》
1月7日　　昭和天皇祭遙拝《しょうわてんのうさいようはい》［内宮第一鳥居内祓所］
1月11日　　一月十一日御饌《みけ》
2月11日　　建国記念祭《けんこくきねんさい》
2月17日から23日まで　祈年祭《きねんさい》
2月23日　　天長祭《てんちょうさい》
3月春分の日　春季皇霊祭遙拝《しゅんきこうれいさい》［内宮第一鳥居内祓所］
3月春分の日　御園祭《みそのさい》［神宮御園］
4月上旬　　神田下種祭《しんでんげしゅさい》［神宮神田］
4月3日　　神武天皇祭遙拝《じんむてんのうさい》［内宮第一鳥居内祓所］
5月1日　　神御衣奉織始祭《かんみそほうしょくはじめさい》［松阪市 神服織機殿《かんはとりはたどの》神社・神麻続機殿《かんおみはたどの》神社］
5月13日　　神御衣奉織鎮謝祭《かんみそほうしょくちんしゃさい》［松阪市 神服織機殿神社・神麻続機殿神社］
5月14日　　風日祈祭《かざひのみさい》
5月14日　　神御衣祭《かんみそさい》
6月1日　　御酒殿祭《みさかどのさい》［内宮御酒殿］
6月15日　　興玉神祭《おきたまのかみさい》［興玉神石畳］
6月15日　　御卜《みうら》［皇大神宮中重］
6月15日から25日まで　月次祭《つきなみさい》
　　外宮6月15日、16日・内宮6月16日、17日
6月30日　　大祓《おおはらい》［内宮第一鳥居内祓所その他］
8月4日　　風日祈祭
9月上旬　　抜穂祭《ぬいぼさい》［神宮神田］
9月秋分の日　秋季皇霊祭遙拝［内宮第一鳥居内祓所］
10月1日　　御酒殿祭
10月1日　　神御衣奉織始祭
10月5日　　御塩殿祭《みしおどのさい》［二見町 御塩殿神社］
10月13日　　神御衣奉織鎮謝祭
10月14日　　神御衣祭
10月15日　　興玉神祭
10月15日　　御卜
10月15日から25日まで　神嘗祭《かんなめさい》
　　由貴夕大御饌《ゆきのゆうべのおおみけ》　外宮15日午後10時・内宮16日午後10時
　　由貴朝大御饌《ゆきのあしたのおおみけ》　外宮16日午前2時・内宮17日午前2時
　　奉幣《ほうへい》　外宮16日正午・内宮17日正午
　　御神楽《みかぐら》　外宮16日午後6時・内宮17日午後6時
11月23日から11月29日まで　新嘗祭《にいなめさい》
12月1日　　御酒殿祭
12月15日　　興玉神祭
12月15日　　御卜
12月15日から25日まで　月次祭
　　外宮12月15日、16日・内宮12月16日、17日
12月31日　　大祓
毎日　　日別朝夕大御饌祭《ひごとあさゆうおおみけさい》

神宮式年遷宮の意義

神宮参事　吉川竜実

「皇家《こうか》第一の重事、神宮無双の大営なり」（『遷宮例文《せんぐうれいぶん》』）と讃えられる式年遷宮は、二十年に一度、宮地《みやどころ》を改め、社殿や神宝をはじめすべてを古例のままに一新して、大神《おおみかみ》に新宮《にいみや》へとお遷り願う伊勢の神宮最大の厳儀である。

古代日本国家の基本法典であった『律令』の施行細則を規定すべく編纂され、延長五年（九二七）に成立した『延喜式《えんぎしき》』巻四「伊勢大神宮」には、

凡《およ》そ大神宮《おおみかみのみや》は二十年《はたとせ》に一度《ひとたび》、正殿《しょうでん》・宝殿《ほうでん》および外幣殿《とのみてぐらどの》を造り替えよ〈度会宮《わたらいのみや》および別宮《べつぐう》・余社の神殿を造る年限もこれに准《なずら》えよ〉。皆新材を採りて構え造れ。自外《じよ》の諸院は新旧通用し〈宮地は二処《ふたところ》を定め置き、限《かぎり》に至らば更遷《こもごもうつ》せ〉、その旧宮の神宝《しんぽう》は、新殿に遷し収めよ。

と記され、つまり国家の威信をかけて皇大神宮《こうたいじんぐう》（内宮《ないくう》）の正殿・東宝殿・西宝殿・外幣殿を二十年に一度新造し、度会宮（＝豊受大神宮《とようけだいじんぐう》・外宮《げくう》）や別宮等もこれに准じ、二箇所（東西）の宮地が定め置かれて交互に遷座することが定められている。

『古事記』（和銅五年・七一二）や『日本書紀』（養老四年・七二〇）の編纂を企画された第四十代天武天皇が式年遷宮を発意され、次の第四十一代持統天皇の四年（六九〇）に内宮、同六年に外宮で初めて斎行された。以来、室町期に一時中断された時期もあったが、これまでほぼ二十年ごとに繰り返し実施されてきている。今回の第六十二回式年遷宮は、今上陛下に日時の御治定《ごじじょう》（お定めになられること）を仰いで平成二十五年（二〇一三）秋に執り行われる。

本来、式年遷宮という制度は、『延喜式』巻三「臨時祭」に、

> 凡そ諸国の神社は破るるに随《したが》いて修理せよ。ただし摂津国の住吉、下総《しもうさ》国の香取、常陸国の鹿島等の神社の正殿は、二十年に一度改め造れ。その料は便《たより》に神税を用いよ。もし神税なくば、すなわち正税を充てよ。

と見られるとおり、住吉や香取・鹿島等のいわゆる官社にも存したが、それらの官社では、鎌倉期には経済的な事由によって、すでに式年遷宮は廃絶を余儀なくされ、伊勢の神宮だけが現在まで営々と持続されているところに大きな意義を見いだすことができる。

イスラエルの聖書研究家アンドレ・シュラキ氏は、

> 世界の聖地といわれるところへはたくさん行った。その中で私が感動した神殿は五つ。エルサレムの神殿跡、ペルーの山中にあるマチュ・ピチュの神殿、ギリシャのデルフォイの神殿。だが、それらは観光客で賑わっているが、廃墟だったり、祈りが捧げられてはいても昔の神殿そのものではない。北京の紫禁城も美しいが博物館になっている。だが、伊勢神宮は生きている。

と述べたが、諸外国の聖地の多くが廃墟と化したのに対して、伊勢の神宮は今も生き続けている。その主要因の一つに、式年遷宮という世界に比類のない優れた制度があることに求められるのかもしれない。

式年遷宮が創出された事由については、おそらく「壬申《じんしん》の乱」が大きく左右しているものと思われる。その乱とは、大化の改新の中心人物であられた第三十八代天智天皇の崩御後、六七二年（壬申）夏に吉野にこもられていた皇弟の大海人皇子《おおあまのみこ》が皇位継承をかけられて、天智帝長子の大友皇子《おおとものみこ》（第三十九代弘文天皇）の近江朝廷に対し決起された古代国家最大の内乱のことである。一か月余りの激戦の末、大海人皇子が勝利され飛鳥浄御原宮《あすかきよみはらのみや》にて即位、天武天皇となられて古代律令国家が確立する大きな契機となった乱であった。この乱に際して、大海人皇子は東国

の兵を集結されるために吉野より美濃に向かわれる途中で、戦いの勝利を祈請されるべく伊勢の神宮をご遙拝なされている。その効験によってか勝利をおさめられるが、柿本人麿《かきのもとひとまろ》は『万葉集』巻二で「渡会《わたらひ》の斎宮《いつきのみや》ゆ神風にい吹き惑はし雨雲を日の目も見せず常闇《とこやみ》に覆《おほ》ひ賜ひて定めてし水穂《みづほ》の国を」と、天照大神のご加護を見事に詠い上げている。壬申の乱において、天武天皇には何よりも大神への報恩と感謝という大御心《おおみこころ》を抱かれたのは間違いないであろう。この大御心の発露として、それまで途絶えていた斎王《さいおう》制度（天皇の即位のたびに、未婚の皇女のなかから神宮に仕える「斎王」を選んで伊勢に派遣する制度。神社検定公式テキスト③『神社のいろは 続《つづき》』55ページ参照）を復興されるとともに、皇室を中心とした国の平らぎと民の安らぎの永久《とわ》の実現を真摯に祈られる国家最大の祭りとして、宮中の大嘗祭《だいじょうさい》とともに伊勢の式年遷宮を創出されたと考えられる。

　式年遷宮の「式年」とは定められた年という意味で、伊勢の神宮においては、古代から中世にかけては「二十年（内）に一度」を式年とし、近世に至ってからは「二十年ごとに一度」を式年とするようになった。なぜ二十年かについては、次の七説が提唱されている。

①社殿尊厳保持説　伊勢の神宮の社殿は檜《ひのき》の素木造《しらきづくり》で礎石をもたない掘立柱《ほったてばしら》様式を採用、屋根も萱葺《かやぶき》であるため、常に清楚で尊厳のある姿を保つためには、二十年を限度として建て替える必要があったとする説。

②世代技術伝承説　社殿の造営にあたる宮大工や神宝の調製にあたる工匠等の伝統技術を次世代へと継承していくには、二十年が最適な区切りであったとする説。

③朔旦冬至《さくたんとうじ》説　旧暦に基づく暮らしにおいて、二十年（正確には十九年七か月）に一度、十一月一日と冬至とが重なる日が廻り来ると、これを「朔旦冬至」といってよく祝宴を催すことが行われた。この日には原点回帰の思想が込められているので、式年の根拠となったとする説。

④時代生命更新説　社会的にも個々の人生からも二十年を一区切りとして、新しい転換期が訪れるとする歴史観や人生観より、その節目に大神の更なるご神徳の発揮を仰いで、国家・社会・国民すべての生命の更新と連続とを祈ったのであるとする説。

⑤聖数説　二・四・八を吉数と見て、もとの二を聖数と考え、その十倍の二十を満数として（人の手足の指の本数を合わせた数とも）、この満数と式年とがちょうど符合しているとする説。

⑥歴代在位年数説　古代天皇の在位平均年数が約二十年であり、在位期間に一度遷宮を斎行したのが、後に二十年に一度を式年とするようになったとする説。

⑦糒貯蔵年限《ほしいちょぞうねんげん》説　古代国家経済の基盤を支えた稲の貯蔵年限を定めた「糒（蒸し米を乾燥させた飯）は廿年《にじゅう》を支えよ」という「倉庫令」の条文に基づいて、二十年を式年として、伊勢の神宮はじめ住吉や香取・鹿島等のいわゆる官社の多くが実施してきた、二十年に一度の造替《ぞうたい》遷宮の根拠とする説。

次に、式年遷宮の「遷宮」とは宮を遷すことを意味している。なぜ宮を遷すのかについては、**①大神嘗祭説**　**②歴代遷宮説**（＝一代一宮説）**③伊勢鎮座再演説**の三説が提示されている。

右の「式年」の七説も「遷宮」の三説も、その根底に日本の文化や伝統と式年遷宮の制度とが密接に関係している点を指摘しているのは有効である。また、すべての説に常に瑞々しく清らかであることを重んじる「常若《とこわか》」の思想と、原点回帰の信仰が看取できるのは有意義であるといえよう。しかしそれより増して大切なのは、式年遷宮の制度を歴代天皇がじつによく守られ、それを時代を超えて国家・国民がこぞって奉賛し、一三〇〇年の長きにわたって継承されてきた事実にこそあると思われる。遷宮が営々と継承されてきたことによって、その祭りの手風や精神をはじめ古代の建築様式や上代の御装束神宝《おんしょうぞくしんぽう》の仕様・形状までもが今に伝えられてきた歴史的・文化的意義というのは誠に多大なものがある。

ところで、明治四十二年（一九〇九）の第五十七回式年遷宮を控えた明治三十七年（一九〇四）に、時の政府高官が将来における遷宮用材枯渇の可能性を憂慮し、明治天皇に掘立柱に萱の屋根という唯一神明造の工法を、礎石を用いてのコンクリート造の工法に改める提案を上奏した。天皇はこの提案を退けられ、

神宮の御造営といふものは我国の固有の建て方である。これを見て始めてこの国の建国の昔の古い事を知り、一つはまた祖宗がかくの如く御質素な建物の中に起臥《きが》をあそばされたといふことも知るし、神宮を介して始めて我国建国の基を知るのであるから、現在のこの建て方は全く永世不変のものでなくてはならぬ。（中略）大材が足らぬやうであればかうしたら宜いではないか。即ち御扉《みとびら》とか御樋代木《みひしろぎ》のやうな大材を要するものは、形さへ出来て居れば宜いので、何も御扉に、四尺大の一枚板を使はなければならぬといふものではない。継合《つぎあは》せて形を整へるならば御樋代木もその通りである。また檜に限つたことはない。他の木でも差支《さしつかへ》ない。かふいふことにすれば、この大きな木曾の御料林で、大材の不足するといふことはない。（『明治天皇の御日常』）

と述べられ、天皇は式年遷宮によって継承されてきた伊勢の神宮の古《いにしえ》の姿を何よりも遵守することの重要性とその意義を鮮明にされたのであった。

明治天皇御製《ぎょせい》

いにしへの姿のままにあらためぬ神のやしろぞたふとかりける

それから、八年の歳月をかけおよそ三十三の諸祭行事より構成される式年遷宮のクライマックスは、旧《ふる》い宮より

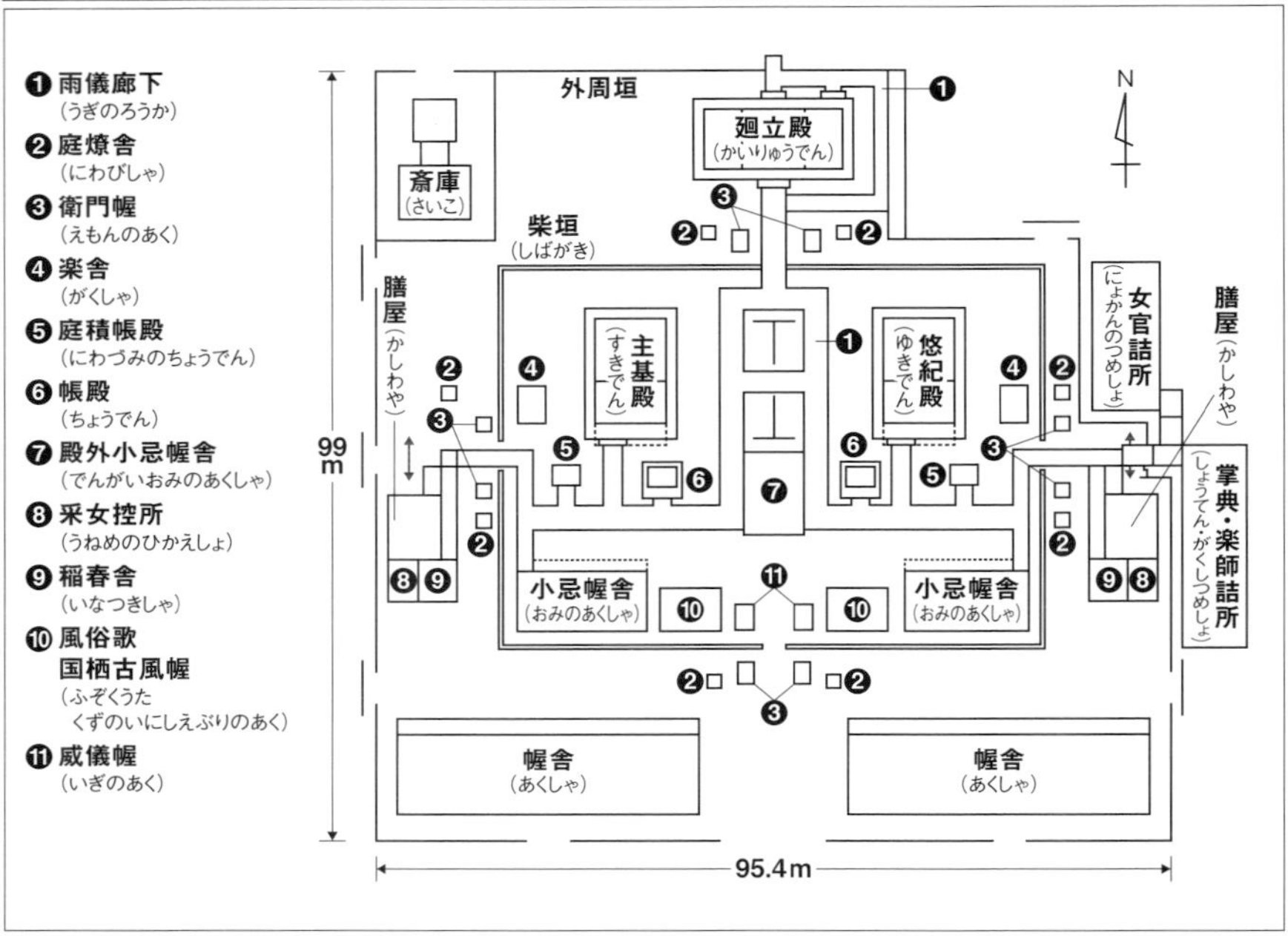

大嘗宮の平面図

皇居東御苑に造られた平成度の大嘗宮

新しい宮へと天照大神がご遷幸する「遷御」である。その御列が記紀神話最大の主題であった天孫降臨におけるニニギノミコトの御列や、大嘗祭《だいじょうさい》における天皇の廻立殿《かいりゅうでん》から大嘗宮《だいじょうきゅう》への渡御列《とぎょれつ》の姿をイメージとして彷彿とさせるものがあると感得される。天皇が即位されてはじめての新嘗祭《にいなめさい》を大嘗祭というが、新嘗祭が毎年常設の祭場である神嘉殿《しんかでん》で行われるのに対して、大嘗祭では臨時に大嘗宮が造営されて大規模に営まれる。大嘗宮は東の悠紀殿《ゆきでん》と西の主基殿《すきでん》を中心に構築されており、その北には廻立殿という殿舎が配置されている。大嘗祭の中核をなす祭儀は、悠紀殿供饌《きょうせん》の儀と主基殿供饌の儀であるが、廻立殿は両儀に臨まれる天皇の御潔斎場となるとともに、両殿に渡御される際の起点となる重要な殿舎である。遷御の御列はまた、とりわけ『日本書紀』はじめ『皇太神宮儀式帳《こうたいじんぐうぎしきちょう》』や『倭姫命世記《やまとひめのみことせいき》』に見られる、第十一代垂仁《すいにん》天皇朝の天照大神の伊勢鎮座における倭姫命が大神を奉じて諸国をご巡幸なされた姿とも重なるものがあると見られる。

したがって、宗教学者の山折哲雄氏に代表されるような議論である、遷御に日神（＝大神）の死と復活のドラマを見いだされるのは、正しい理解とはとうていいえない。あくまでも遷御は二十年に一度、生きる大神の示現や照臨を仰ぐとともに、大神の更なる御稜威《みいつ》が増されることをのみ祈って斎行される伊勢の神宮最大の厳儀である。

昭憲皇太后御歌《みうた》

新宮にいつきまつりてすめ神のみいつもさらにあらたまるらむ

遷宮までの道のり

神宮式年遷宮では、三十三に及ぶ祭典・行事が行われます。

第六十二回神宮式年遷宮に関わる祭典・行事は、平成十七年の山口祭に始まり、内宮・外宮においては、平成二十五年十月に遷御《せんぎょ》、奉幣《ほうへい》などが斎行され、別宮以下ではその後も続きます。

ここでは、そのスケジュールを追いながら、祭典・行事のルポをまじえて、遷宮までの道のりを紹介します。

皇大神宮の御正宮（遷御を前にして撮影）

■山口祭（やまぐちさい）——平成十七年五月

遷宮に関わる諸祭・行事のなかで、最初に執り行われる祭儀が**山口祭**です。遷宮のご造営にあたり、御用材を伐採する「**御杣山**《みそまやま》」**の山の口に坐**《ま》**す神を祀り、伐採と搬出の安全を祈る祭り**です。御杣山は時代により変遷がありますが、山口祭は古例のまま、皇大神宮《こうたいじんぐう》（内宮《ないくう》）は**神路山**《かみじやま》、豊受大神宮《とようけだいじんぐう》（外宮《げくう》）は**高倉山**の山麓で行われます。

第六十二回神宮式年遷宮の山口祭は、平成十七年五月二日に執り行われました。日時は、天皇陛下の御治定《ごじじょう》により決められたものです。なお、恒例祭典では外宮先祭（１０１ページ参照）が通例ですが、遷宮に関わる諸祭は内宮で先に行われ、続いて外宮で行われます。以下、その様子を紹介します。

＊

爽やかに広がった青空の下、樹齢四〇〇年以上の木々の緑が眩しい皇大神宮の神域。午前八時、太鼓の音が響くと、神職たちの踏む玉砂利の音が聞こえてきた。お祓いをすませ、白い**斎服**《さいふく》に身を包んだ神職たちと、**素襖**《すおう》と呼ばれる青い装束姿の人たち六十三人が参進し、御正宮《ごしょうぐう》へと進む。装束の白と青、木々の緑のコントラストが美しい。

素襖姿は、**小工**《こだくみ》と呼ばれるご造営の工事に従事する宮大工と、**忌鍛冶**《いみかじ》と呼ばれる鍛冶である（「忌」は神聖さを表す語）。彼らは、青い素襖の上に清浄を表す**掛明衣**《かけみょうえ》と呼ばれる白布をたすき掛けにし、**烏帽子**《えぼし》を被っている。

そして、参進の列の中でひときわ目を引く年少の男子・女子は、**物忌**《ものいみ》と呼ばれる**童男・童女**

五色の幣を持つ小工

素木机の饗膳

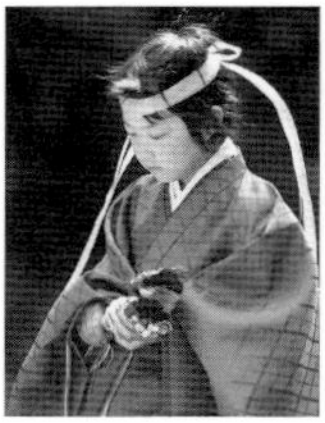
内宮の物忌の童女

だ。物忌とは、神様に仕えるために心身を清浄に保った童男・童女のことで、古《いにしえ》より神宮の重要な祭儀に奉仕してきた。物忌は神宮の神職の子供から選ばれ、前日から斎館《さいかん》で父とともにお籠《こも》りをして祭儀に臨む。童男は紫草花模様の「半尻《はんじり》」と呼ばれる装束を、童女は翡翠《ひすい》色と紫の「袙《あこめ》」と呼ばれる装束に紫の袴を着けており、真剣な眼差しが凛々しくも初々しい。

祭員は御正宮で八度拝《はちどはい》を行い、別宮《べつぐう》の荒祭宮《あらまつりのみや》を遙拝所《ようはいじょ》から遙拝した後、**饗膳《きょうぜん》の儀**が行われる五丈殿《ごじょうでん》へと向かった。

午前八時半、五丈殿に着席し、膳を囲んで饗膳の儀が始まった。饗膳には檜《ひのき》の葉を敷いた檜《ひ》葉《ば》机と素木《しらき》机の二種があり、それぞれ鯛や蛸《たこ》など古から決められた見事な調理品が並ぶが、食すわけではない。一人ひとりに順番に酒を注ぎ、これを三度繰り返す**三献勧杯《さんこんけんぱい》**が行われ、物忌も形だけの杯を受ける。この正式な酒宴の作法は一時間あまりも続く。古式ゆかしい装束に身を包み、現代的な人工物などかけらも見当たらない祭儀の様子は、往古を彷彿させる。

かつての饗膳の儀は、都の朝廷から派遣された**造宮使《ぞうぐうし》**を神宮がもてなしたものだという。式年遷宮の諸準備を進める造宮使は、明治以降は内務省に造神宮使庁《ぞうじんぐうしちょう》が設置され、これを担った。戦後は神宮内に**神宮式年造営庁**（以下、造営庁）が設置され、神宮職員がその任にあたっているが、饗膳の儀はその本義を今に伝えるものだ。

その後、神職と造営庁職員、童男・童女、小工・忌鍛冶の三十一名の奉仕者は、お祓いの後、神路山の山口にあたる山口祭場へと向かった。先頭を行くのは**五色の幣《へい》**を持った小工で、目に鮮やかな青・黄・赤・白・黒の幣が風にはためいている。祭場に到着すると奉仕者は所定の位置に着き、黄色の幣を中心に他の幣が四隅に立てられ、祭場が祓い清められた。風に木がそよ

忌鍬を捧げ持つ物忌の童男

ぐ音だけが響くなか、神事は始まった。

鯛や果物など海山の供え物が供せられ、祝詞《のりと》が奏上される。供え物のなかには、竹で出来た伏籠《ふせご》に入れられたつがいの白い鶏と、鶏の卵もある。鶏は**白鶏《しろきかけ》の生調《いきみつぎ》**、鶏の卵は**鶏卵《かけのかいこ》**と呼ばれ、平安時代に編纂された『延喜式《えんぎしき》』にも遷宮諸祭で供えることが記されており、神宮の古い伝統を垣間見ることができる。

八度拝を行った後、供え物を撤し、「**物忌**（童男）**が忌鍬《いみすき》を持って忌物《いみもの》を地中に納める儀**」を行い、さらに「**忌鎌を持って草木を刈り初《そ》める儀**」を行って、一同一拝。十時半に祭儀は終了した。

豊受大神宮においては、高倉山の山口である別宮・土宮《つちのみや》の東方を祭場に、同日正午から皇大神宮とほぼ同様に山口祭が執り行われた。

木本祭（このもとさい）——平成十七年五月

新宮《にいみや》の御正殿《ごしょうでん》の御床下《おんゆかした》中央に奉建する特別な柱である「心御柱《しんのみはしら》」の御用材を伐り出すにあたり、御木《おんき》の本《もと》に坐す神を祀る祭儀が「木本祭」です。わずかな奉仕者以外、神宮神職といえども奉拝を許されない神秘の祭儀で、日時は天皇陛下の御治定によるものです。山口祭が行われた日の夜、浄闇《じょうあん》のなかで行われたその次第は、次のようなものであるといいます。

皇大神宮は夜八時、豊受大神宮は夜十二時に始まるこの祭儀にも、皇大神宮は童男、豊受大神宮は童女の物忌が奉仕します。まずお祓いをし、御正宮で八度拝を行った後、伏籠に納めた白鶏をはじめお供え物が入れられた辛櫃《からひつ》を舁《か》きたて、神宮域内の山林に設けられた祭場に参進します。中央と四隅に五色の幣を立てますが、このあたりは、山口祭の次第とほぼ同じです。その後、「**物忌が忌斧を持って御木を伐る儀**」を行い、次いで御木が伐り出されます。

白布と清筵《きよむしろ》でまとわれた御木は、皇大神宮では**御稲御倉**《みしねのみくら》に、豊受大神宮では**外幣殿**《げへいでん》に奉安され、新宮の完成時まで安置されます。

■御杣始祭（みそまはじめさい）――平成十七年六月

御用材の伐採を始めるに際して、御杣山に坐す神を祀り、安全とご造営の立派な完成をお祈りする祭儀が「**御杣始祭**」です。前述のとおり、御杣山は古くは神宮神域の神路山と高倉山でしたが、中世以降、次第に良材が得られなくなり、他所に求められるようになりました。その選定は天皇陛下の御治定《ごじじょう》によるもので、第六十二回神宮式年遷宮では、御杣山は長野県の木曽谷と岐阜県の裏木曽国有林に定められました。

御杣始祭では、伐採作業を始めるにあたり、まず皇大神宮、豊受大神宮それぞれの**御神体をお納めする**「**御樋代**《みひしろ》」**という御器**《おんうつわ》を奉製する御料木を伐り出します。その御料木は、一万本に及ぶ檜の御用材のなかでもとくに御神木として神聖視され、御杣山で最初に伐り出されるのです。

以下、平成十七年六月三日に行われた御杣始祭の模様を紹介します。

＊

御杣始祭の祭場

山々が連なり、檜の美林で知られる長野県木曽郡の木曽谷国有林。平成十七年六月三日、上《あげ》松町《まつまち》にある赤沢自然休養林の奥深い山の南側には、二本の真っすぐな巨木の前に、素木で設けられた祭場が広がっていた。陽の光は初夏を思わせ、蝉の声が響いている。山奥に忽然と開けたかのようなこの空間で、これから「御杣始祭」が執り行われるのだ。祭場の二本の巨木は、両宮それぞれの御神体をお納めする御樋代の御料木である。

祭場には天照大御神《あまてらすおおみかみ》を象徴する「太一《たいち》」と大書された旗が翻り、二本の御料木を前に設けられた方形の壇上には、それぞれ中央と四隅に五色の幣が立てられた。神宮祭主をはじめ遷宮委員会委員、神社関係者、木曽奉賛会会員ほか約三〇〇人の参列者が見守るなか、午前十時に祭儀は始まった。

修祓《しゅはつ》を終えた奉仕者が、まずは皇大神宮の御料木前の祭場に参進。祭場が祓い清められて、神饌が供せられた。神饌は干した鰒や鮫《さめ》、野菜など二十二品目で、ここでも白鶏《しろきかけ》のつがいが供えられている。安全をお祈りする祝詞を奏上し、一同で八度拝。神饌を撤すると、造営庁技師が「**忌斧を持って御木を伐る儀**」を行い、小工二名も同様の所作を行って、一同一拝。これで、皇大神宮の祭儀がひとまず終了した。

続いて、豊受大神宮の御料木前でも同様に祭儀が終了。いよいよ両宮二本の御料木が伐り出される。祭場に向かって左が皇大神宮御料木で、高さ二十七メートル、胸高直径六十四センチ。右が豊受大神宮御料木で、高さ二十五メートル、胸高直径七十センチ。いずれも樹齢推定三〇〇年の天然檜である。

この御料木の選定にあたっては、二本が二十メートル以内の距離にあることが必須となる。

三ツ緒伐り

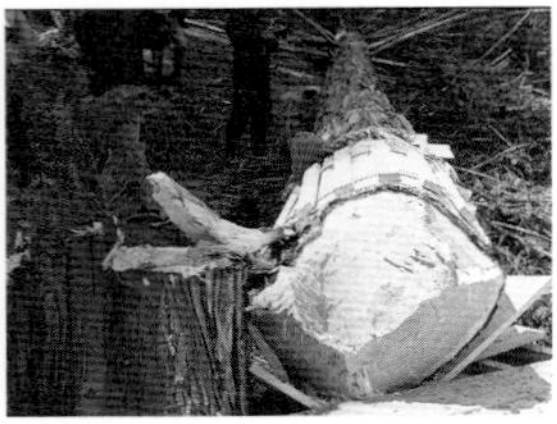

伐り倒された御料木

古来、伐り倒したときに両木の先端が交差するよう「**たすき掛け**」に重ならなければならないからだ。また、御料木は南面し、近くに小川があるなど、神宮の立地条件に類似し**清浄に保たれた場所**にあることも条件である。近年では、内部の空洞や腐れの有無を事前に知るため、γ《ガンマ》線を用いた最新の技術なども利用しているという。

　また、この御神木を伐採する大役を務める人を**杣夫**《そまふ》といい、伐採法もチェーンソーではなく、斧を用いて幹の三か所から伐り進める**三ツ緒伐り**《みつおぎ》という伝統的な手法である。倒木目標地点に正確に倒すことが可能で、伐採時に裂けが生じにくいこの手法は、古来、貴重な材を伐り出す際に用いられてきた。木曽谷などで林業を営む人たちの中から選ばれた杣夫は十四人。最高齢は七十七歳だ。伝統技術継承のため、二十五歳の若手も加えられ、習熟に励んできた。杣頭《そまがしら》を筆頭に、皇大神宮、豊受大神宮の二本の御料木に七人ずつがあたる。

　周囲の状況を確認した後、斧の尾で三回、幹を軽く叩いて一礼。倒す位置を確認して、斧が三か所からふるい始められた。「カッ、カッ、カッ」、乾いた音が山にこだまし、白い作業服の杣夫の躍動感が増していく。幹は三方三点にわずかな木の弦《つる》（残存部）を残し、すり鉢状に伐られていく。約一時間後、伐り込まれていた部分は三点の弦だけを残し空洞となった。

　皇大神宮の御料木にあたっていた杣頭の掛け声が響き渡る。

「大山《おおやま》の神　左斧《ひだりよき》　上山《のぼりやま》　一本寝るぞ　いよいよ寝るぞ～」

　林業では、伐採した木が「倒れる」ことを「寝る」と言うのだそうだ。杣頭の掛け声の余韻が残るなか、倒す方向とは逆に位置する弦に斧が入れられた。大木が揺らぐ。ギギギギギギーという音をさせながら、やがて轟音とともに御料木は倒れた。続いて、豊受大神宮の御料木

裏木曽御用材伐採式

も同様に伐られ、見事に二本の御料木は交差するように「たすき掛け」に倒された。

沸き上がる拍手のなか、杣夫は伐り株にこの木の梢の先端部分を一本挿し、一礼して感謝を捧げる。これは「鳥総《とぶさ》立て」と呼ばれる、山の神への感謝を表す林業古来の風習である。強い檜の香が漂い、伐り倒されたばかりの御神木の伐り口についた斧の細かい伐り跡に陽光が当たり、きらきらと光っていた。

その後、御神木は別所に運ばれ、杣夫たちによって、長さを整える**玉切り**と両端を斧で整える**化粧がけ**を施された。伐り口は十六面に面取りして半球状にされ、御料木の南面していた部分には「太一」「南」の文字と材の番号が彫り込まれた。

＊

この二日後の六月五日には、もうひとつの御杣山である裏木曽の中津川市加子母《かしも》の国有林においても**裏木曽御用材伐採式**が行われ、ほぼ同様の手順で二本の御料木が伐り出されました。

こうして両御杣山で伐採され、長さ六・六メートル、末口《すえぐち》平均四十八センチ、重さ一・五トンから二トンの**御樋代木《みひしろぎ》**として整えられた御神木は、薦《こも》と畳表《たたみおもて》を巻かれ、この後、各地で奉祝を受けながら伊勢まで運ばれていくのです。

■御樋代木奉曳式（みひしろぎほうえいしき）――平成十七年六月

御杣山で伐り出された御樋代木は、沿道の各地で盛大な歓迎を受けながら、何日も経て伊勢に陸送されます。この御樋代木を両宮域内に曳き入れる儀式が**御樋代木奉曳式**です。

御神木奉搬

川曳

長野県の木曽谷と岐阜県の裏木曽で伐採された御神木は、それぞれ別ルートで伊勢を目指し、三重県桑名市の伊勢大橋で合流した後、内宮用と外宮用に分けられて伊勢まで運ばれます。数日をかけ、ルート上の長野、岐阜、愛知、三重の各県各地の神社で盛大な奉迎を受けながらの進路で、なかには花火大会や民俗芸能の奉納、数千人での奉曳式が行われたところもあります。

かつては、木曽の御杣山で伐り出された御料木は、木曽川を下って桑名市の河口に出て、そこで筏《いかだ》に組まれて伊勢湾を南下して伊勢市の大湊《おおみなと》に着くと、内宮へは川の中を曳く**川曳**《かわびき》で、外宮へは川曳の後、途中からは陸路を曳く**陸曳**《おかびき》で神域内に曳き入れられていました。昭和四十八年の第六十回神宮式年遷宮からは、御杣山から伊勢まで陸路で運ばれることになりましたが、現在も神域内へは内宮の御料木は川曳、外宮は陸曳で曳き入れられます。

以下、平成十七年六月九日から十日にかけて行われた御樋代木奉曳式の様子を紹介します。

*

六月九日、午後一時。「太一」の旗を二本立て、三本の御神木を載せたトラック（神木車）が内宮の宇治橋前に到着すると、歓声が沸き上がった。忌竹《いみたけ》が立てられ、注連縄《しめなわ》で囲まれた御神木は、御杣始祭と裏木曽御用材伐採式でそれぞれ伐り出された皇大神宮の御樋代木二本と、御杣山から別途伐り出された予備の御料木一本である。

午後二時、五十鈴川下流の川原で一本ずつ木橇《きぞり》に積み替えられた皇大神宮の御樋代木が、川へと曳き入れられた。木の「采《ざい》」（御幣《ごへい》）を振る男たちを中心に、「エンヤ！　エンヤ！」の掛け声で、男たちが橇につながれた二本の綱を曳く。勇壮な木遣《きやり》が歌われ、掛け声があがり、水飛沫《しぶき》が飛ぶ。「太一」の文字が染め抜かれた黒い法被《はっぴ》に檜笠《ひがさ》といういでたちの男たちは、伊勢

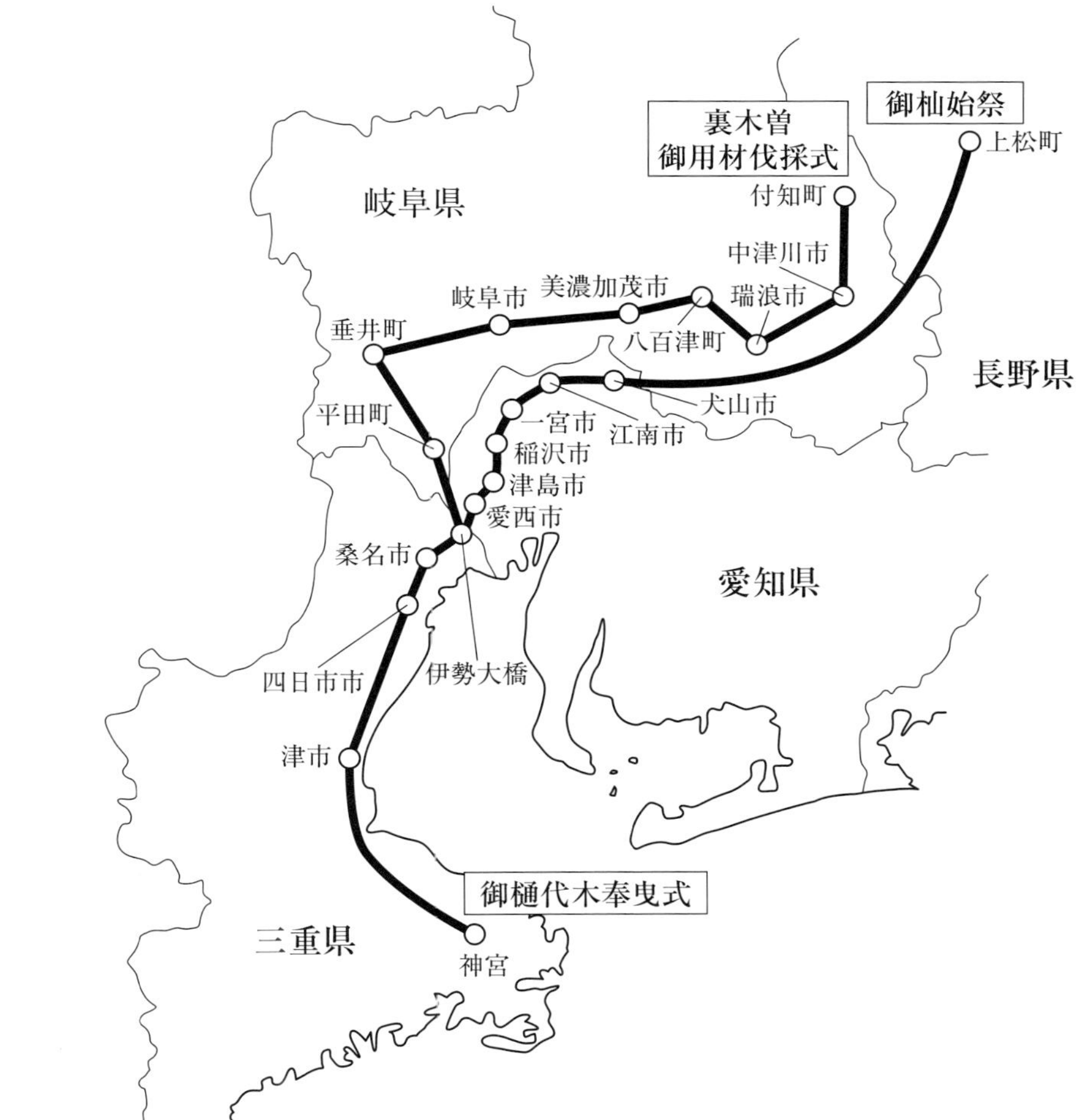

御神木奉迎送ルート

御神木が運ばれてきたルート。

地図上の市町が主な奉祝行事が行われたところ

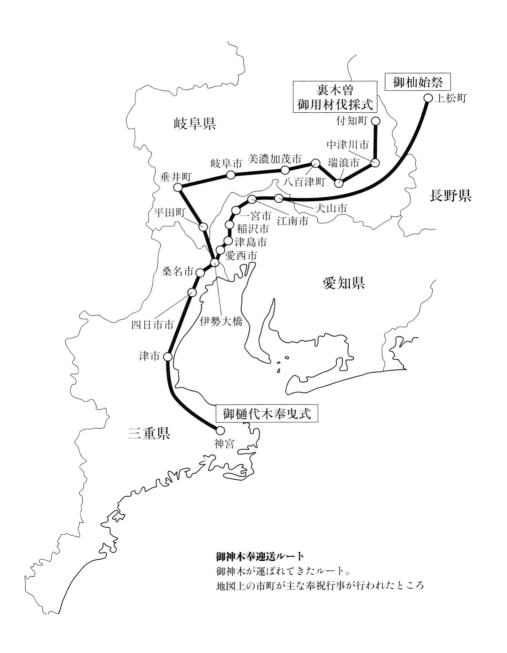

五丈殿での御神木の修祓

御神木をコロで陸揚げする

にゆかりの人たちで組織される**伊勢神宮奉仕会**に所属する約二〇〇人で、三組に分かれて三本の御神木を曳く。川岸では御神木に付き添うように、太一と書かれた高張提灯《たかはりちょうちん》を先頭に青竹《あおたけ》、大榊《おおさかき》が続き、浄衣《じょうえ》を身に着けた神職と青い素襖姿の小工たちが進む。

約二時間かけて一・五キロメートルほどを川曳されてきた御樋代木は、内宮の**風日祈宮《かざひのみのみや》橋**のたもとに着いた。式年造営庁参事や素襖に烏帽子姿の小工たちが奉迎するなか、橇をつけたままの巨大な御樋代木がコロ（重い物を動かすときに下に敷く棒）を使って力を込めて曳き上げられ、ついに陸揚げされた。

続いて、御樋代木が安置される五丈殿前の参道を神職たちが参進。御樋代木は「白張《はくちょう》」という白装束姿の造営庁職員たちによって**五丈殿**に曳き入れられ、修祓が行われた。こうして、一週間ほどの長い道のりを経てきた御樋代木は神宮に安置された。

その後、大宮司《だいぐうじ》以下神職と造営庁参事たちは御正殿《ごしょうでん》御垣内《みかきうち》で八度拝を行い、御樋代木の到着を奉告。荒祭宮遙拝所（95ページ図参照）で別宮の荒祭宮を遥拝して式は終わった。

翌十日は、外宮の御樋代木奉曳式が行われた。午前十時五十分、スタート地点の伊勢市内を流れる宮川の度会《わたらい》橋東詰に御神木が到着すると、歓声が沸き上がり、花火が打ち上げられた。ここで関係者の挨拶に先立ち、木遣の奉納が八十年ぶりに復活した「木曽の木遣と伊勢の木遣の交換」というかたちで行われた。この日のために御杣山のある長野県木曽郡の上松町からやって来た五十歳の男性は、「一生ものです」と感慨深げだ。伊勢側の奉納のトップを飾った三十歳の大川進也さん（福祉施設職員）はこう語ってくれた。

「小学生のときに親に連れられて陸曳をしているはずですが、記憶はほとんどありません。で

陸曳

も、親の背中を見て自然と奉仕会青年部に入りました。今回は、代表として最初に木遣を奉納させていただき、感激です。昨年、御樋代木が奉迎送される道のりを逆ルートで辿って、木曽で前回伐り出された御樋代木の伐り株に木遣を奉納したんです。そのとき、地元の方に言われました。『三ツ尾伐りで木が倒れるときには、木が鳴くんです。お祭りもするし、我々も敬意をもって伐らせていただいていますが、この木遣でもっと報われました』と。そんなことがあっての今回の木遣の交換ですから、本当に気持ちが高揚しました。遷宮は私たちにとって、たんなる祭りではない神聖なものですから」

その後、御神木は木製の三台の**御木曳車**《おきひきぐるま》に積み替えられた。一番車は、地元の児童約三〇〇人による「子供連」、二番車は、今回初めて組織された女性ばかり三〇〇人から成る「をみな衆」、三番車は第六十二回神宮式年遷宮御用材奉曳本部の役員ら男性たちが奉仕する。

午後一時過ぎ、御木曳車の車輪が軋む**椀鳴り**《わんな》と呼ばれる音を響かせて、一番車が曳かれていく。伊勢音頭の踊りを先頭に、木遣と「エンヤ！」の掛け声が伊勢の町に響く。川曳と陸曳の違いだけで、式の次第は内宮と外宮はほぼ同じである。

約三時間後、約二キロメートルを陸曳された御木曳車が外宮の五丈殿前に到着。白張姿の造営庁職員によって、重機などを使わずロープと木の梃子《てこ》と人力だけで巨大な御樋代木が御木曳車から下ろされていく。陸曳を終えて御正宮へのお参りを済ませた大川さんが、汗に濡れた肌を上気させてその様子を見守っている。声をかけると、「感無量です」と突き抜けた笑顔が返ってきた。

五色の幣

御船代祭（みふなしろさい）――平成十七年九月

御樋代をお納めする御器「御船代《みふなしろ》」の御用材を伐採するに際して、両宮域内に祭場を定めて木本《このもと》の神を祀る祭儀が「御船代祭」です。先に記したように、御樋代とは両宮の御神体をお納めする御器で、さらにその御樋代をお納めする御器が御船代です。十世紀初頭に編纂された『延喜式』にも記載が見られる御船代祭は、式年遷宮のたびに行われてきた重儀であり、斎行の日時は天皇陛下の御治定によって定められます。

以下、平成十七年九月十七日に行われた皇大神宮の御船代祭を紹介します。

*

夏の日差しが残るとはいえ、乾いた風に秋の気配が含まれる晴天の日、祭儀は始まった。午前十時、太鼓の音が神域に響くと、白い斎服姿の総勢八十人の神職たちが御正宮まで進んでくる。後に続くのは青い素襖姿の小工と忌鍛冶たちだ。さらに、古来、神宮の重要な祭儀に奉仕する「物忌《ものいみ》」と呼ばれる年少の男子が列の中に含まれているのも、先に行われた「山口祭」と同じだ。異なるのは、山口祭では童女も奉仕したが、内宮の御船代祭では童男だけという点である。

御正宮で八度拝を行い、御船代の御用材を伐採することを奉告。続いて、神職、童男、小工、忌鍛冶の十五人の奉仕員が修祓を受けた後、御船代祭の祭場である**宮山祭場**へと向かった。

風日祈宮橋の南側東方にある宮山祭場には、中央に黄、四隅に青、赤、白、黒の五色の幣が立てられた祭場がいくつも並んでいる。皇大神宮（御正宮）をはじめ第一別宮の荒祭宮、月《つき》

九別宮の御船代祭

外宮の物忌の童女

読宮《よみのみや》以下九所の別宮の祭場がそれぞれ設けられているのだ。

厳しい日差しは巨木に遮られて木漏れ日となり、柔らかな光を風にそよぐ五色の幣に投げかけている。ひぐらしの鳴声のなか、五十鈴川のせせらぎの音がかすかに聞こえてくる。

神職によって祭場が祓い清められ、海山のお供え物が献ぜられた。ここでも神宮の重要な祭儀に奉られる白鶏《しろきかけ》の生調《いきみつぎ》（つがいの白い鶏）と鶏卵《かけのかいこ》（鶏の卵）が供えられる。祝詞を奏上し、御用材伐採の安全と御船代奉製の無事完成を祈念して、八度拝。お供え物を撤した後、「**物忌**（童男）**が忌鍬を持って忌物を地中に納める式**」を行い、続いて「**忌鎌を持って草木を刈り初《そ》める式**」が行われる。さらに続けて「**物忌が忌斧を持って小工と共に御木を伐る式**」を行って一同一拝し、祭儀は終了した。

その後、十一時からは荒祭宮の祭儀が、正午からは月読宮以下九別宮の祭儀がずらりと並んだ九つの祭場で同時に行われ、ほぼ同様の祭儀が御正宮を含め計三回行われた。

*

伊勢の神宮で御船代祭が斎行された同日同時刻、御杣山である長野県の木曽谷国有林では、御船代御用材の**伐木《ばつぼく》の儀**が執り行われました。宮山祭場で物忌が「御木を伐る式」を行う時刻に合わせ、樹高二十三メートル、胸高直径七十四センチの天然木曽檜が伐採されました。

この二日後の九月十九日には豊受大神宮においても御船代祭が執り行われました。次第は皇大神宮とほぼ同じで、御正宮、第一別宮の多賀宮《たかのみや》、土宮以下三別宮と計三回の祭儀が行われました。ただし、皇大神宮では童男が奉仕したのに対し、豊受大神宮の御船代祭では童女が奉仕しました。

奉曳団による川曳

■御木曳初式（おきひきぞめしき）――平成十八年四月

遷宮の諸祭・行事の中で、伊勢の地元の人々が最も活躍するのが、ご造営の御用材を両宮に奉曳する伝統行事**御木曳**《おきひき》です。かつて伊勢は**神領**《しんりょう》と称され、伊勢に住む人々は「神領民」と呼ばれました。**旧神領民による御木曳の始めに行われる儀式が「御木曳初式」**です。このとき神域に曳き込まれるのが、御用材のなかでも御正宮や別宮の棟持柱《むなもちばしら》などにあてられる**役木**《やくぎ》という重要な材であることから、**役木曳**《びき》とも称されます。

平成十八年四月十二日には、皇大神宮の御木曳初式が行われました。

御正宮の役木三本と別宮の役木七本が橇に載せられ、五十鈴川に入れられると、町々の法被をまとった旧神領民たちで組織される**奉曳団**《ほうえいだん》が、木遣と「エンヤ！」のかけ声で橇につないだ綱を引っ張り、川曳しました。

宇治橋付近で岸へ曳き上げられた役木は神職たちに迎えられ、御正宮のものは第二鳥居前でお祓いを受けてから五丈殿に安置されました。

一方、別宮の役木は他の御用材と異なり、各宮の新御敷地まで運ばれます。荒祭宮へ向かう石段や風日祈宮への橋では、橇から下ろした御用材に綱を掛け、棒を渡して人力で運びます。内宮から離れた場所にある月読宮や倭姫宮《やまとひめのみや》へは、橇に載せたまま路上を曳いて行くのです。到着した御用材は、お祓いの後それぞれの新御敷地に安置されました。

翌十三日に行われた豊受大神宮の御木曳初式は、伊勢市内を流れる宮川堤からのスタートです。ここはその昔、川を遡《さかのぼ》ってきた御用材を陸揚げした場所です。

どんでん場

橇に載せた役木はいったん川に入れられた後、「どんでん場」と呼ばれる堤防の上まで曳き上げられます。ここで役木を揺らして水を切る所作をした後、奉曳団が橇につないだ綱を引っ張り、勢いよく堤防を駆け下りると、橇は堤防から道路側へと滑り落ちていきます。その後、役木は御木曳車に載せられ、木遣の先導で町中をにぎやかに陸曳されて進みました。

御木曳車が外宮北御門に着くと、神域内ではかけ声や木遣をやめて静かに曳かれます。御正宮の役木は五丈殿に安置され、それぞれの別宮の新御敷地にも役木が曳き込まれました。

この後、四月十六日には、皇大神宮別宮の度会《わたらい》郡大紀《たいき》町《ちょう》の瀧原宮《たきはらのみや》と志摩市磯部町の伊雑宮《いざわのみや》でも、地元奉曳団による奉曳が行われ、役木が安置されました。

■木造始祭（こづくりはじめさい）――平成十八年四月

運び込まれた御用材の役木を前に、**造営の工事開始に際して作業の安全を祈る祭儀が**「**木造始祭**」で、一般でいう起工式にあたります。古くは**手斧《ちょうな》始《はじめ》**または**事始《ことはじめ》神事**とも呼ばれるこの祭儀の最古の記録は、文治四年（一一八八）の『建久元年内宮遷宮記』であるといいます。神宮式年遷宮諸祭のなかでも重要な祭儀の一つとされ、斎行の日時は天皇陛下の御治定により決められています。

以下、平成十八年四月に行われた祭儀の様子を紹介します。

*

四月二十一日、鮮やかな新緑が芽吹きだすこの季節、大樹が広がる皇大神宮神域の景観はい

木造始の式

大工道具

五丈殿前の御用材

っそう清々しい。晴天が広がる春の日とはいえ、朝の冷気が体にしみる。

午前七時、神職たちが踏む玉砂利の音が響く。先を行くのは、大宮司以下、技師、小工、忌鍛冶など造営庁職員三十名、続くのは少宮司をはじめ神宮職員五十名の総勢八十余名。参進する列の中には、「物忌」と呼ばれる童男・童女もいる。

祭員は御正宮で八度拝を行い、荒祭宮を遙拝所から遙拝すると、**饗膳の儀**が行われる五丈殿へと向かった。五丈殿前には、三本の巨大な御用材が奉安され、その前には、手斧《ちょうな》、鋸《のこぎり》、かね尺、墨壺《すみつぼ》といった大工道具が置かれている。

古式にのっとった饗膳の儀が一時間ほど行われた後、造営庁の技監や小工、忌鍛冶が五丈殿近くの忌火屋殿《いみびやでん》前庭で、神饌とともにお祓いを受けた。続いて、神饌を納めた辛櫃を先頭に五丈殿前に進み、神職や物忌が見守るなか、木造始祭は始まった。

まず、家屋の守護神である**屋船大神**《やふねのおおかみ》に神饌を供えて祝詞を奏上。神殿の造営が清く美しく奉仕されることを祈念して、八度拝を行った。

神饌を撤した後、六名の小工が二名ずつ三本の御用材の御木の両口の前に進み、鋸で切る所作を行った。次に、やはり六名の小工が二名ずつ進み出て、御木に墨を打つ所作を行う。続いて、技監一名が再拝の後、三本の御木の前で手斧を入れる所作をして**木造始の式**を行い、同様に三名の技師がそれぞれ御木の前に立ち、手斧で所作を行った。最後に、小工九名が三名ずつ三本の御木の前に進み、手斧を入れる所作をして「木造始の式」を行うと、祭儀は午前九時に終了した。

「木造始の式」での一連の所作は実際の大工仕事を模した動きであり、御杣山から伐り出されて神域に運び込まれた御用材が、木取り作業を経て建材へと生まれ変わる段階に入ったことを象徴するものだ。御用材の選定にあたってきた技師や直接造営に関わる小工たちにとっては、ことに意味深い祭儀である。祭儀で使われる道具は儀式用のものだが、実際にも同様の道具が使われる。この後、御用材は造営庁造営部の**山田工作場**に運ばれて、それぞれ柱や垂木《たるき》へと姿を変えるのである。

同日正午からは豊受大神宮で、翌二十二日から二十八日にかけては十四の別宮の新御敷地で、同様に木造始祭が執り行われた。

■御木曳行事（おきひきぎょうじ）

――［第一次］平成十八年五～七月　［第二次］平成十九年五～七月

旧神領民が遷宮の御用材を両宮に曳き入れる伝統行事「御木曳」は、旧神領地の町内総出で行われる晴れ舞台です。数ある遷宮に関わる諸祭・行事のなかで、市民が参加できる数少ない機会でもあります。

皇大神宮の領民は御用材を木橇に載せて五十鈴川で「川曳」を行い、**豊受大神宮の領民は御用材を巨大な御木曳車に載せて「陸曳」**を行います。全国から**特別神領民**も多数参加し、期間中の伊勢の街は勇壮な「エンヤ！」の掛け声と木遣の音頭に包まれます。

第六十二回の遷宮では、平成十八年に第一次御木曳行事、翌十九年に第二次御木曳行事が、それぞれ五月から七月の三か月にわたって盛大に行われ、約二十万人が参加しました。

浜参宮

以下、平成十九年の第二次御木曳行事に特別神領民として参加した、愛知県一宮市の真清田《ますみだ》神社の氏子たちに同行したルポを紹介します。

＊

五月十八日、正午。東海道本線の尾張一宮駅にほど近い真清田神社には、すでに大勢の氏子たちが集まっていた。駐車場には大型の観光バスが三台。途中、七台のバスと合流し、総勢四五〇人で伊勢へと向かうという。これほどの人数が集まるのも、真清田神社には、古来、伊勢との関わりが深い尾張国の「一宮《いちのみや》」としての歴史があるためだろうか。地理上、尾張は木曽で伐り出された御料木を伊勢へ奉納する御木曳の通り道でもあった。参加者のひとり、旧尾西《びさい》市（現一宮市）出身の稲葉登志子さん（八十五歳）は、子供のころの記憶をこう話す。
「木曽川にダムや橋が出来るまでは、御料木は木曽川を下っていったんですよ。夜になると、かがり火を焚いて、町中で寝ずの番をしてね。暗闇にかがり火の灯りが川面に映えて、荘厳でした」

午後一時過ぎに出発したバスは、伊勢市二見《ふたみ》へ向かう。二見に入ると、道のあちらこちらに「祝 お木曳」の幟《のぼり》が見えてきた。

やがて、バスは夫婦岩で有名な**二見興玉神社**《おきたま》へ到着した。昔は御木曳に参加できるのは伊勢市周辺の神領民のみで、彼らは御木曳の数日前にそろいの法被に身を包み、二見興玉神社で心身を清めてから行事に臨むのが慣例であった。これを**浜参宮**《はまさんぐう》と呼ぶ。現在では旧神領民でなくても御木曳に参加できるが、その際には浜参宮を行って、「特別神領民」となる必要がある。真清田神社の氏子も特別神領民となるべくお祓いを受け、「浜参宮之証」と書かれた木札を頂いた。

＊

翌日、午前七時過ぎに鳥羽のホテルを出発し、伊勢へと向かう。バスの中で御木曳の説明があった。今日曳くのは、外宮の殿舎のための御用材で、奉曳車は計三台が用意され、全国から三四〇〇人が集まっていること。真清田神社氏子はそのうちの二番車を、三重県や静岡県からの参加者、計一四三〇人と一緒に曳くこと。そして、紺色の紐のついた木札が配られた。木札には「宮」の字と玉が四つ描かれている。この木札は、御木曳の場所を表すものだ。奉曳車からは二本の長い綱が出ており、参加者はその綱の両側に計四列に並んで奉曳車を曳くのだが、その四列を「伊」「勢」「神」「宮」と名づけ、さらに綱を四分割して、その位置を玉の数で表しているのである。つまり、真清田神社の氏子の木札「紺色の紐、宮、玉四つ」は、「二番車、奉曳車から見て左の綱の外側、奉曳車に一番近い部分」を曳くという意味なのだ。今日は、「浜参宮之証」の木札と、この木札を併せて首から下げて曳くことになる。

午前八時半、御木曳参加者の待機場所である商店街に到着。待機している間、二番車の世話をしてくれる地元の徳川山奉曳団の方々が木遣唄を披露してくれた。伊勢市には平成十九年現在、全七十七の奉曳団があり、旧神領民として御木曳期間中の毎週末に奉仕している。

結団式が始まった。二番車には長さ約八メートル、重さ約一・五トンの御用材がすでに載せられている。奉曳車の前には長さ二〇〇メートルの綱が二つ巻かれている。徳川山奉曳団の方から、「かけ声は〝エンヤ！〟、綱は上下に動かす、腰より下に下げない、転んでも綱は放さない」といった注意事項を聞いたうえで、「エンヤ！」の練習をした。

御木曳

綱を手にする

木遣唄

さあ、いよいよ出発である。これから外宮までの八〇〇メートルの距離を曳いていくのだ。「エンヤ！」の掛け声を三回繰り返した後、「木遣一本、よろしく！」の合図で、徳川山奉曳団による木遣唄が始まり、綱が曳き手の手から手へとどんどん送り出されていく。同時に奉曳車の両側に設置されたスピーカーから、徳川山奉曳団の世話役二人による「エンヤ！」のかけ声が響いてきた。御木曳車に一番近いところの綱を持った瞬間、そのあまりの重さに驚く。

スピーカーからは常に「エンヤ！　エンヤ！」のかけ声と、「綱は上下に」「力を合わせて」「みんなで仲良く」「とめるな」などの言葉がリズミカルに響いてくる。その大音量と初夏の日差しの下、「エンヤ！」と声を張りあげ、綱を上下にしながら曳く。汗が流れ、上腕部が悲鳴をあげる。ふと気づくと、地響きのような「ブーン」という音がかすかに聞こえる。これが**椀鳴り**である。椀鳴りは、御木曳車の車輪と車軸がこすれて出る音で、低く強く一定の音で響くのがよいとされている。

途中、世話役の人から「あまりにも遅いので、椀鳴りが聞こえません。かけ声も小さい」と注意があった。御木曳を一時中断して、「エンヤ！」の練習をした後、再び出発。練習した甲斐あって途中から調子が出てきて、椀鳴りもほら貝のような「ヴォー」という音に変わってきた。綱に伝わる振動も大きくなっている。綱の前のほうの人にも、この振動は伝わっていることだろう。

スピーカーからは相変わらずかけ声が、軽快な五七調でリズミカルに響いてくる。周りを見渡せば、みな夢中になって綱を曳いている。片手で杖をついたお年寄りも一所懸命に曳いている。一五〇〇人弱もの人が同じ思いを共有している一体感がある。

外宮に近づいてきた。と、世話役のかけ声が「引き込め！」に変わり、リズムが早くなった。もう無我夢中である。ようやく外宮に到着。世話役の音頭で、みんなで万歳三唱。ああ、なんと清々しい万歳であったことか！　桑名から参加した女性は、「最後は涙が出そうになった」と話してくれた。

その後、外宮と内宮に正式参拝を行い、無事、御木曳は終了した。大勢の人々が気持ちを一つにして行う御木曳は、「和」の心そのものであると感じた一日であった。

仮御樋代木伐採式の祭場

■仮御樋代木伐採式（かりみひしろぎばっさいしき）

――平成十八年五月

大御神が本宮（現在の御正宮）から新宮（新しい御正宮）に遷られる「遷御」の際、御神体は「仮御樋代」と呼ばれる御器にお納めし、仮御樋代は「仮御船代」に納められます。仮御樋代と仮御船代の御用材を伐採するにあたり、木の本に坐す神を祀り、忌斧を入れる祭儀が「仮御樋代木伐採式」です。

平成十八年五月十七日、御杣山の長野県木曽郡上松町の木曽谷国有林内で、仮御樋代木伐採式が斎行されました。高さ二十八メートル、推定樹齢三〇〇年の天然檜を前に設けられた祭場には、大宮司以下関係者約一〇〇人が参列しました。

まず、御木と祭場の修祓が行われた後、白い斎服を身に着けた造営庁の主事（神職）が神饌を献じました。続いて、技監が御木の伐採の安全とうるわしく仮御樋代が奉製されることを祈願する祝詞を奏上。祭員が拝礼をした後、神饌を撤すると、御木の伐り初め式となりました。技師が忌斧を持ち、木の本に伐り込む所作を行って、次いで青い素襖に烏帽子姿の小工も忌斧を入れる所作を行うと、祭儀は終了。その後、御木は「御杣始祭」と同様、杣夫の手で伝統的な「三ツ尾伐り」により伐採されました。

■鎮地祭（ちんちさい）――平成二十年四月

神宮式年遷宮諸祭のうち、嚆矢《こうし》となった平成十七年五月の「山口祭《やまぐちさい》」から平成十九年までに行われたものは、すべて**御用材の調達に関するお祭り**で、**山作り**あるいは**杣《そま》作り**と称されます。対して、**新宮の御敷地《みしきち》での造営に関するお祭り**は**庭作り**と呼ばれます。神宮式年造営庁（以下、造営庁）職員のみならず、大宮司以下神宮の神職も祭場で拝礼を行うのが、「山作り」と異なる点です。

新宮造営にあたり大宮地《おおみやどころ》に坐《ま》す神を鎮め、御敷地の平安と造営の安全を祈願する「**鎮地祭**」は、この「庭作り」の最初の祭儀です。古くは**トコシズメノマツリ**とも**地曳祭《ちびきさい》**とも称され、古来、重儀として扱われてきました。鎮地祭の日時は、両正宮のみならず、十四の各別宮についても、天皇陛下にお定めいただく御治定で決められます。

第六十二回の遷宮では、鎮地祭は平成二十年四月二十五日から五月二日までの五日間に及びました。以下、四月二十五日に行われた両正宮の鎮地祭の様子を紹介します。

＊

伏籠に入った白鶏

瀧祭神

新緑を際立たせる初夏の日差しのなか、神域に風が吹き抜ける。白石が敷きつめられた皇大神宮（内宮）御正宮の**御垣内**《みかきうち》では、神職たちが落ち葉拾いに余念がない。祭典の前の清々しい朝である。

午前九時前、鎮地祭に参列する関係者一五〇人が、お祓いを受けて御正宮を参拝。祭場となる隣の**御敷地**へ入り、入り口近くに設けられたテント内に着席した。

御正宮の西に隣接する新御敷地は、新宮が建てられる神聖な場所で、中央には**御正殿の御床下に奉建される特別な柱「心御柱**《しんのみはしら》**」の覆屋**《おおいや》が建っている。祭儀が行われるこの日、心御柱覆屋の前には黄幣《おうへい》、その東北方向に青幣《せいへい》、南東に赤幣《せきへい》、南西に白幣《びゃくへい》、北西に黒幣《こくへい》と、全部で五本の幣が翻っていた。心御柱覆屋の前には「楉案《しもとあん》」という皮付きの椎の枝を藤蔓で編んだ脚付きの机が二つ据えられ、その脇には、薦《こも》の上に「忌鎌《いみがま》」「忌鍬《いみくわ》」「忌鋤《いみすき》」と呼ばれる鎌と鍬、鋤が置かれている。

抜けるような青空の下、御敷地に敷き詰められた白石が照り返しで眩しい。そこへ、五十鈴川ほとりの**瀧祭神**《たきまつりのかみ》（95ページ図参照）の南にある**川原祓所**《かわらのはらえど》で修祓《しゅはつ》の儀を済ませた神職数名が、伏籠《ふせご》と大小の辛櫃を運んできた。伏籠の中に入っているのはつがいの白い鶏で、白鶏《しろきかけ》の生調《いきみつぎ》と呼ばれる特別な捧げものだ。辛櫃は祭場脇に設けられた幄舎《あくしゃ》（仮小屋）の中に、伏籠は中央の黄幣の前に安置された。

やがて、参道の砂利を踏む規則正しい音が聞こえてきた。純白の斎服《さいふく》に黒い冠《かんむり》姿で参進して来るのは、大宮司および式年遷宮造営庁参事以下の神職の列である。その中に、翡翠色と紫の「袙《あこめ》」という装束と紫色の袴を着けた「物忌」といわれる童女の小さな姿もある。

鎮地祭に用いられる道具

　一行は御正宮へ続く石段を上ってゆく。頭に**木綿鬘**《ゆうかずら》を結び、**檜扇**《ひおうぎ》を手に石段を一歩一歩上る童女の姿は、健気にも神々しくも見える。一行は御正宮の**中重**《なかのえ》（御垣内）で八度拝《はちどはい》を行った。その間、童女はひたすら伏して祈りを捧げていた。

　御正宮を出た一行が御敷地へと入っていく。神職四十名がそろって一礼の後、白石上に敷かれた「鋪敷《ふせつ》」と呼ばれる畳表《たたみおもて》に座すと、いよいよ「トコシズメ」の祭典が始まった。

　一呼吸の間があった後、祭場西側に座していた物忌の童女と神職の権禰宜《ごんねぎ》がおもむろに立ち上がり、中央に進み出た。物忌が中央の楉案の脇に座して額ずくと、宮掌《くじょう》と呼ばれる神職が小さな辛櫃から木箱を三つ取り出し、権禰宜が受け取って楉案の上に捧げた。木箱にはそれぞれ鉄の人形、鏡、矛《ほこ》といった**忌物**《いみもの》（鎮め物）が納められているという。

　次に、物忌の童女がもう一方の楉案の傍らに移動して額ずくと、神職たちが大きな辛櫃から、鯛、果物、米飯など山海の幸の神饌《しんせん》を次々に取り出し、楉案の上に並べていく。神饌のなかには、竹籠に入った鶏の卵がある。これも、鶏卵《かけのかいこ》と呼ばれる遷宮の祭儀に特有のものだ。傍らの童女は、頬にかかるほつれ毛が風に乱れるにまかせ、前を見据えて座している。

　神饌が楉案の上にこぼれ落ちんばかりに並べられると、物忌の童女は下がり、権禰宜が祝詞を奏上。その後、神職一同が八度拝を行った。斎服の衣擦《きぬず》れの音が響くなか、童女だけは檜扇を手に威儀を正して額ずいたままである。

　その後、神饌と白鶏の伏籠が下げられ、権禰宜が忌物の木箱を心御柱覆屋の北側に納めると、楉案も取り払われた。

　権禰宜と物忌の童女が再び中央へ進み出る。童女が薦の上の忌鎌を手に取り、権禰宜ととも

三ツ石

忌鍬をふるう権禰宜（外宮）

忌鍬をかざす童女（内宮）

に中央の黄幣の前に並んだ。一同が注視するなか、童女はふいにしゃがみ込み、忌鎌を持った両手を頭上に伸ばすように掲げた。「**草を刈り初《そ》める式**」の所作である。童女はすっくと立って一礼すると、権禰宜に伴われて今度は東北の角にある青幣の前へ進む。童女が東北を向いて先ほどと同じ所作を行うと、光沢を帯びた袙の袖が風を孕んでふわりと膨らんだ。続いて、赤幣、白幣、黒幣の順に進み、それぞれの方角に向かって同様の式を行う。愛らしい面差しとは裏腹に、白石の上を歩む童女の足取りはゆるぎなく、祭儀は粛々と進んでいく。

「草を刈り初める式」が終わると、続いて「**穿《うが》ち初《そ》める式**」が行われた。今度は権禰宜が忌鍬を持ち、物忌の童女とともに幣の前に進むと、童女がしゃがんで忌鍬を頭上にかざす。鎌よりもずいぶん大きな鍬は童女の手には余るとみえ、権禰宜もしゃがんで介添えをする。次に、権禰宜が忌鍬を持って立ち、幣に向かって左、右、左の順番でゆっくりと振り下ろす所作をする。この式も、黄幣、青幣、赤幣、白幣、黒幣の順番で、各方角に向かって行われた。

式を終えると、権禰宜と物忌は、忌鍬を心御柱の北側に奉安し、地中に納めた。最後に神職全員で一礼、参列者も拝礼して祭典は終了。神職が一列になって御敷地を去っていくのを見届けると、御正宮の屋根のすぐ上に輝いていた太陽は、もうだいぶ高くまで昇っていた。

*

同日午後からは、豊受大神宮（外宮）でも鎮地祭が斎行された。

正午過ぎ、外宮を訪れると、御正宮近くの「三ツ石」（95ページ図参照）前の川原祓所に、神饌と忌物が入った大小二つの辛櫃と、つがいの白鶏が入れられた伏籠が置かれていた。静寂のなか、辛櫃と籠の若い竹の色が木漏れ日に照らされ、その脇には、黄・青・赤・白・黒の五

修祓の儀（外宮）

色の幣が微風に揺れている。これからここで、「修祓の儀」が行われるのだ。
時折、風が吹くと、辺りに緑の光沢を散らして木々のそよぐ音がする。時を告げる太鼓が鳴り、玉砂利を踏みしめる音を響かせて八名の神職と物忌の童女が参進してきた。物忌の装束は、内宮とは異なる白と紫の袙に紫の袴で、額には白練絹《しろねりぎぬ》の**清冠**《きよかんむり》を着けている。
まずは神職の一人が拝礼。微音で祓詞《はらえことば》を奏上して祓所を清めた。次に、二人の神職が榊と塩で辛櫃と白鶏を清める。続いて、神職と物忌のお祓いを済ませ、微音で祝文《しゅくぶん》を奏上すると、修祓の儀は終了した。
その後、御敷地へと場所を移して、外宮の鎮地祭も内宮とほぼ同様の規模と式次第で粛々と行われた。

■宇治橋渡始式（うじばしわたりはじめしき）――平成二十一年十一月

皇大神宮（内宮）の玄関口として知られる五十鈴川に架かる**宇治橋**は、**聖域と俗界をつなぐ架け橋**ともいわれ、伊勢の神宮の象徴となっています。この純和風の美しい橋は、遷宮のたびに架け替えが行われます。

現在の宇治橋の原型が造られたのは、室町時代の永享六年（一四三四）、六代将軍・足利義教の寄進によるもの。古くは、自然石を等間隔に並べた**渡瀬**《わたせ》や、簡素な**板橋**などを渡っていたと思われます。式年遷宮は室町期になって一時途絶えますが、織豊・徳川政権に至り、ほぼ復活。明治二十二年の遷宮では、宇治橋も遷宮の年に架け替えられることになりました。

饗土橋姫神社での祭儀

橋杭を打ち固める

それが戦後になると、宇治橋の架け替えは式年遷宮に先立って行われるようになります。昭和二十四年が遷宮の年にあたっていましたが、敗戦直後のことで、費用の捻出は困難でした。それでも、国家の庇護を離れた神宮には篤い国民奉賛が寄せられ、その年には宇治橋の架け替えだけを行い、四年遅れて遷宮を斎行することができました。以来、式年遷宮の四年前に宇治橋を新しくするのが慣例となったのです。

平成二十五年の第六十二回の遷宮に際しても、宇治橋はその四年前の平成二十一年に架け替えられています。まず、平成二十年七月二十六日に、**宇治橋の架け替え工事の安全を祈願する「宇治橋修造起工式」**が行われました。翌二十一年二月二日には、**宇治橋の解体工事に先立ち、御橋《みはし》に納められている「萬度麻《まんどぬさ》」を外す「萬度麻奉下《ほうげ》式」**が行われています。そして、平成二十一年十一月三日、**宇治橋の竣功を祝い、橋の安全を祈願する「宇治橋渡始《わたりはじめ》式」**が行われました。このうち、遷宮諸祭に数えられるのは「宇治橋渡始式」のみですが、以下、順を追って紹介していきます。

❖宇治橋修造起工式

平成二十年七月二十六日、午前十時に宇治橋修造起工式が始まった。神職や技師などの奉仕員は、まず、宇治橋前に鎮座する内宮の所管社であり、橋の守護神を祀る**饗土《あえど》橋姫《はしひめ》神社**（95ページ図参照）にて、橋の修造が滞りなく行われることを祈る。同神社は現在、宇治橋手前から少し離れた所に鎮座しているが、明治期までは橋手前すぐ、ほぼ正面の位置にあった。饗土橋姫神社の「饗土」とは、疫神や悪霊を入り込ませないよう**道饗《みちあえ》祭**を行う場所を指していて、

仮橋

擬宝珠を外す

古《いにしえ》にはここに二株の桜の木が植わっていたという。

その後、祭員は宇治橋より少し下流の祭場へ移動した。宇治橋の架け替えに際しては、まずこの場所に仮橋を架けた後、橋を新たにするのである。技師が木槌で橋杭を三度打ち固め、続いて二名の橋工《はしく》が一人ずつ同様の所作を行う。一同は再度、饗土橋姫神社の神前に戻って拝礼して儀式は終了した。

こうして平成二十年夏以降、工事が進められ、同年冬には、長さ六十三メートル、幅五メートルと、宇治橋よりひと回り小さな仮橋が完成。十二月二十七日には、仮橋の安全を祈願して神職による修祓が行われ、渡り始めが行われた。

翌年の平成二十一年二月一日には、伊勢市長を委員長とする「宇治橋架け替え奉祝委員会」が企画した「宇治橋渡納《わたりおさめ》」が行われ、市民を中心に約八〇〇〇人が参加。参加者は、内宮を参拝して宇治橋を渡り納めた後、饗土橋姫神社に参拝した。このように大規模な「渡納」が行われるのは、今回が初めてのこと。ちなみに、この二十年間で宇治橋を渡った人は、約一億人に及ぶという。

❖萬度麻奉下式

平成二十一年二月二日、萬度麻奉下式が行われた。**「萬度麻」とは饗土橋姫神社のお守り神札《ふだ》**で、「麻」とはお祓いに際して用いられるものを指し、「萬度」は現在の宇治橋の原型が出来上がった室町時代より江戸時代まで、橋の架け替え竣功に際し、神職により十万度以上のお祓いが行われたことに由来するという。萬度麻は、橋に向かって左手（西詰め北側）二本目の柱の擬宝珠《ぎぼし》内に納められている。

午前十時、内宮より神職と橋工ら奉仕員が宇治橋を渡って来ると、饗土橋姫神社に参進した。同社を拝礼後、宇治橋の西詰めに戻り、左手二本目の柱の擬宝珠前で一揖《ゆう》（一礼）。橋工が欄干に登って青銅製の擬宝珠を外し、神職が受け取って案（机）の上に置く。次いで、神職が柱頭の切り込みに納められていた萬度麻を慎重に取り出した。萬度麻を辛櫃に納めると、祭員は宇治橋を渡って退下していった。

❖宇治橋の架け替え工事

全長一〇一・八メートル、幅八・四二メートルの宇治橋。勾欄《こうらん》など総檜《ひのき》の上部を、三本立て十三組・三十九本の欅《けやき》の橋脚が支えている。現在、日本では構造、規模ともに、これほどの木造橋は他に見られないという。

その宇治橋の架け替え工事を請け負ったのは、前回、前々回の架け替えに引き続き、（株）間組《はざま》である。総勢四十名で造営を行ってきたが、その中には宮大工十三名、船大工八名が含まれる。責任者は矢野竜也所長（四十九歳）で、前回も副所長として架け替えに携わった。

「昔ながらの寸法で書かれた図面を原寸のまま写し、服の型紙と同じように型板を作ります。さらに、そこに形状を書き込むのです。宇治橋は中央に向けて約一・八メートル高くなっているのに加えて、両サイドに向けても少し低くなっていますから、傾きなどはすべての型板で違います。その型板を木に当てはめて削ります。また、木のどの部分を使うかを判断するには、人の目が必要です。機械ではできないし、機械化すると人が育ちません。昔ながらの経験をも

完成した宇治橋

落とし込み

木殺し

つ大工が必要なのです。前回の造営に携わった人に聞いて探しましたが、苦労しました。今回は、伝統の技を継承するべく若い人にも参加してもらいました」

橋を渡る際の床部分にあたる「敷板《しきいた》」を桁《けた》に張り付ける際には、「木殺《こな》し」という船大工の工法が使われている。六一六枚ある檜の敷板は、長さ約四二一センチ、幅約三十センチ、厚さ約十五センチ。その一枚一枚を、金槌でまんべんなく、槌の跡が半分ずつ重なるように叩く。表面を一様にへこませて並べると、木は膨張しようとして接合面が密閉されるのだ。水による木の腐食を防ぐ技術である。ただし、叩きすぎると木の繊維が壊れてしまうので、加減も必要だ。さらに、接合面には同じく船大工独特の工法である「すり合わせ」も施されている。接合面を歯の異なる鋸で三度挽くことにより、接合面をより密着させるのだ。

敷板を張りつけた後は、その上に欄干を組み上げる。釘一本用いずに三五〇余りの部材を長さ九十一メートルに組み合わせ、二十六か所の固定位置の穴に少しずつ少しずつ同時に嵌め込み、固定していく。これが「落とし込み」と呼ばれる作業だ。

宇治橋の解体は平成二十一年二月に始まったが、早春の相次ぐ激しい雨で川が何度も増水し、予定より半月遅れの造営スタートとなった。橋の上部に用いられた材は、木曽檜一六六二石《こく》。これは三十坪の家およそ十六軒分に相当するという。橋脚は欅一五五石。技術の粋を反映して、宇治橋は予定の期日に見事に完成した。

❖宇治橋渡始式

平成二十一年十一月三日、宇治橋の竣功を祝い、橋の安全を祈願する宇治橋渡始式が行われ

一新された饗土橋姫神社

萬度麻を納める

た。冬を感じさせる冷え込みとなったこの日、宇治橋前には朝早くから多くの報道陣が詰めかけていた。太陽が雲間から眩しい光を射し、出来上がったばかりの橋を白く輝かせている。さながら、聖なる檜舞台の柿落《こけら》としである。

宇治橋の守り神を祀る饗土橋姫神社も鳥居と御社殿が一新され、素木《しらき》が初々しい。御社殿の前には「鋪敷《ふせつ》」という敷物が敷かれ、これから始まる神事の準備に余念がない。

午前十時前、太鼓の音が遠くに聞こえてきた。しばらくして、内宮の斎館を出発し、宇治橋のすぐ下流に設けられた仮橋を参進して来る大宮司以下、神職たちの姿が見えてくる。神職の後に続くのは、**渡女**《わたりめ》や橋の造営に関わった橋工たちだ。

渡女とは、地元・伊勢市内から選ばれ、親・子・孫の三世代の夫婦がそろった家族の**嫗**《おうな》のこと。渡女に従うのは、渡女の夫と、子の妻、孫の妻である「侍女」、そして、子と孫の「従者」である。渡女の存在は、彼女の長寿と三代の夫婦の和合にあやかり、橋の永遠と安全を祈願するもので、かつて日本では橋の渡り初めにおいて、似たような例がよく見られたという。今回、渡女を務めたのは、田畑まきさん（八十二歳）。孫夫婦は二十七歳と二十六歳である。

一行は、まず饗土橋姫神社へ向かい、神事を行った。修祓の後、神前に萬度麻を奉安。神饌をお供えし、橋の安全などを祈念する祝詞を奏上する。八度拝の後、参列者代表が拝礼。続いて神饌が撤せられ、先の萬度麻が辛櫃に納められた。この後、萬度麻が宇治橋の擬宝珠内に納められるのだ。そして、その時点で宇治橋は完成したことになるのである。

辛櫃を先頭に、神職と技師、橋工の一行が宇治橋へと進む。橋の鳥居前の葉薦《はごも》の上に辛櫃が置かれ、萬度麻が取り出された。萬度麻が丁重に欄干内に納められると、四人の橋工によって

宇治橋渡始式

擬宝珠が被せられ、鋲釘《びょうくぎ》で打ち固められた。

一行が饗土橋姫神社へと戻り、滞りなく萬度麻を納めたことを大宮司に報告すると、大宮司より、いよいよ渡始を行うことが渡女に告げられた。

白い袙《あこめ》と緋袴《ひばかま》の装束に、白被衣《しろかずき》を頭から被った渡女は、袙扇を手にして威儀を正し、力強く橋のほうへ歩いていく。侍女は白衣に被衣、渡女の夫は浄衣《じょうえ》に風折烏帽子《かざおれえぼし》のいでたちで、杖と扇を手にしている。従者は青い素襖《すおう》に烏帽子姿だ。

渡女一行に、技師や橋工、大宮司以下神職が続く。それに続くのが、全国から参加した三世代そろった夫婦五十八組三四八人の**各県供奉三夫婦《ぐぶのみふうふ》**である。さらにその後に、神宮祭主《さいしゅ》をはじめ参列者約一〇〇〇人が続く。

一行は、いったん仮橋を渡って内宮の神域内に入り、宇治橋の向こう側（東詰め）へと進んだ。そしてこれから、誰も渡ったことのない完成したばかりの宇治橋へと歩を進めるのだ。

光る宇治橋の中を、足元は少々おぼつかないが、誇らしげな顔を前に突き出し、真剣な眼差しで歩いてくる媼。その姿は、今まで長い年月を生きてこられた命の強さを感じさせる。

「供奉三夫婦」たちの姿は、留袖や羽織袴、モーニングとさまざまだが、その面持ちは一様に緊張しながらも晴れやかだ。全員が宇治橋を渡って鳥居を抜けると、内宮に向かってお辞儀をして去っていく。

渡女一行と神職、技師、橋工らは、再び饗土橋姫神社に戻り、神前に一拝。大宮司を先頭にして、宇治橋を今度は手前から渡り、内宮の斎館へと戻っていった。その際、橋の中央で橋工たちにより餅が撒かれた。

簀屋根

午前十一時半には、一般の参拝者の渡始が始まった。朝早くから集まった人たちが続々と橋を渡り、内宮へとお参りに向かっていく。その流れに身を投じ、実際に宇治橋を渡ってみると、完成したばかりの檜の橋は輝きを放ち、無垢の光の中にいるようだ。欄干に触ってみると、継ぎ目さえがすべすべだった。

同日夕方には、「宇治橋架け替え奉祝委員会」による国民総参宮が、夜には、奉祝コンサートや提灯行列も行われ、奉祝行事は一か月にわたって続いた。なお、架け替えのために設けられた仮橋は通行停止となり、その後撤去された。

■立柱祭（りっちゅうさい）――平成二十四年三月

建築行事に関しての最初のお祭りであり、**新御正殿の御柱《みはしら》を立てるに際して行われるお祭りが「立柱祭」**です。古来、重儀として扱われ、その日時は天皇陛下による御治定が慣例となっています。

平成二十四年三月四日には皇大神宮で、六日には豊受大神宮で立柱祭が執り行われました。以下、その様子を紹介します。

＊

三月とはいえ寒さが残る朝、小雨に煙る皇大神宮の御敷地はきれいに掃き清められ、祭典の準備が整えられている。敷きつめられていた白石が取り除かれ、少し前までは更地だった御敷地に、今では新社殿の覆屋である白い**簀屋根《すやね》**が設けられている。

御柱の木口を打ち固める

午前十時前、内宮全域に太鼓の音が響き渡った。純白の斎服姿の造営庁技術総監以下十一名が参進してくる。後に続くのは、青い素襖に白い掛明衣《かけみょうえ》を着け、烏帽子を被った小工《こだくみ》十二名と忌鍛冶《いみかじ》二名である。祭員は忌火屋殿《いみびやでん》前庭の祓所《はらえど》に入り、修祓の儀が行われた。この後、神饌を納めた辛櫃が御敷地の祭場へと運ばれ、一同は御正宮へと参進していった。

同じころ、やはり純白の斎服を身に着けた神宮大宮司以下四十一名が参進し、御正宮へと向かう。先に御正宮の中重に入っていた造営庁技術総監たちとともに八度拝を行った。その後、祭員は御敷地の祭場へと向かい所定の位置に着いた。

まずは造営庁の主事が、簀屋根の前で建物を守護する**屋船大神《やふねのおおかみ》**に神饌を供え、祝詞を奏上。次に一同が八度拝を行い、神饌を撤した。

簀屋根の中には、心御柱の覆屋を中心にして、御正殿を支える直径約六十センチの十本の御柱が古規にのっとり立てられている。十本の御柱は、俯瞰するなら北と南に四本、東と西に三本ずつが並んだ形で長方形を描いている。

小工八名が、その十本の御柱の前に進み一列に整列した後、一拝。まずは、二名ずつ四組に分かれて北と南の中央四本の御柱の前に進んで、南北で相対する形で向き合った。一人の小工からもう一人の小工に木槌が渡され、四組同時に御柱の木口を打ち固める。トーン、トーン、トーン。乾いた音が三度、祭場にこだまする。「大宮柱が動くことなく傾くことなく護り給え」との祈りを込めて打ち固めた。次に、南側にいた小工二組が東西に分かれ、東西の中央に立つ御柱を三度打ち固めた。さらに四組全員の小工が、東西の両隅に立てられている四本の柱に向かい木槌をふるう。こうして十本全部の御柱を打ち固め終わると、最初のように御柱の前

御形祭

に整列し一拝、所定の位置に復座した。
続いて造営庁技監が大宮司の前に進み出て、行事が無事に終わったことを報告、一同一拝して祭儀は終了した。
最後に、遷宮委員会委員長の神社本庁統理をはじめ参列者全員で参拝。大宮司以下神職と造営庁職員は祭場を退出し、荒祭宮遙拝所で八度拝をした後、斎館へと戻っていった。
同月六日の豊受大神宮での立柱祭は、遷宮の御用材の調製を行っている山田工作場で働く人たちも参列して行われた。

■御形祭（ごぎょうさい）――平成二十四年三月

御正殿の東西の妻の梁上にある束柱《つかばしら》（建物を支える短い垂直材。**御形短柱《づか》**ともいう）に、**「御形《ごぎょう》」と呼ばれる円形の穴を穿《うが》つ祭儀が「御形祭」**です。御形は**御鏡形《みかがみがた》**とも称する装飾の一種で、御形祭は、数ある遷宮諸祭のなかでも秘儀とされています。皇大神宮、豊受大神宮の両正宮だけで行われる祭儀です。

御形祭は、両正宮でそれぞれ立柱祭と同日の午後二時から行われました。祭儀では、御正宮に参拝の後、新宮の御敷地で御形短柱二枚を御正殿南方御柱の前に置き、屋船大神をお祀りして斎行されました。

丈量の儀

■上棟祭（じょうとうさい）——平成二十四年三月

新御正殿の棟木《むなぎ》を揚げるに際して執り行われる「上棟祭」は、一般でいう棟上げ式に相当する祭儀です。立柱祭と同じく、古来の重儀である上棟祭の日時は天皇陛下による御治定であり、皇大神宮では三月二十六日、豊受大神宮では二十八日に執り行われました。以下、その様子を紹介します。

＊

立柱祭からおよそ三週間を経た三月二十六日、皇大神宮の御敷地には、四角い簀屋根に覆われて、新しい御正殿の骨組みが南面して建っていた。棟持柱《むなもちばしら》の上にはすでに棟木が揚げられ、素木《しらき》の屋根には千木《ちぎ》も見える。屋根の中央には白幣が三本立ち、西には**雁股《かりまた》**、東には**鏑矢《かぶらや》**が弓につがえた形で飾られている。棟木には二本の白布の引き綱が結ばれ、地面に垂れている。

午前十時過ぎ、造営庁の技術総監以下十名と小工三十五名、大宮司以下神職三十六名が、それぞれ御正宮へ拝礼の後、列をなして祭場に参進してきた。祭場に設けられたテントでは、神宮祭主をはじめ参列者二四三名がその様子を見守っている。

諸員が所定の位置につくと、まずは新宮の心御柱と瑞垣《みずがき》との距離を測量する**丈量《じょうりょう》の儀**が始まった。造営庁の技師二名の監督のもと、小工二名が長さ一丈二尺（約三・六メートル）の棒を定規にして、心御柱から瑞垣の位置を示す**博士木《はかせぎ》**と呼ばれる二本の杭までの距離を測っていく。測り終えると、造営庁技監から大宮司へ、その距離が古規に相違ないことが報告された。

次に小工四名が新宮の前に進み出て一礼し、そのうち二名は簀屋根に設けられたスロープから新宮の屋上へ上がる。残りの二名は棟木から垂れた引き綱を抱えて博士木まで繰り延ばし、

御棟木奉揚の儀

屋根上の小工

博士木にくくりつけた。

準備が整うと、**御棟木《おんむなぎ》奉揚《ほうよう》の儀**が始まる。神職と造営庁職員が、新宮に向かって引き綱の外側に二列に並ぶと、皆で引き綱に両手をかけた。屋上では小工が木槌を手に待ち構えている。列前方で造営庁の技師が榊を左右左と振って、声高に「オー」と唱えると、後方から「**千歳棟《せんざいとう》！**」と小工のかけ声が響く。これに屋根上の小工が「オー！」と応じ、木槌を振り下ろして棟木を「コーン」と力強く打つ。続けて、「**万歳棟《まんざいとう》！**」「**曳々億棟《えいえいおくとう》！**」のかけ声で、計三度、棟木が打ち固められた。

続いて、屋上の小工が北西の方角に向かって餅を三回撒いて、「御棟木奉揚の儀」は終了。全員所定の位置へ戻り、引き綱も博士木から外されて元の位置に戻された。

次に、新社殿の前で屋船大神に神饌を供えて祝詞を奏上し、一同で八度拝。神饌が撤せられると、祭主が進み出て博士木の前で一拝。続いて、参列者代表が博士木の前へ進み出て、二拝二拍手一拝。参列者もともに参拝した。

この二日後の三月二十八日には、豊受大神宮でも同様に上棟祭が執り行われた。

■檐付祭（のきつけさい）――平成二十四年五月

新宮の御正殿の御屋根の萱《かや》を葺《ふ》き始めるにあたって執り行われるのが「檐付祭」です。この祭典は、皇大神宮では平成二十四年五月二十三日に、豊受大神宮では同月二十五日に斎行されました。その次第は次のようなものです。

檜付祭

甍祭

午前十時に始まった祭典には、神宮禰宜以下の神職や造営庁の主事・技師・萱葺《かやふき》役夫などが奉仕。忌火屋殿前庭での修祓、御正宮での拝礼の後、祭員は御敷地へ参進しました。

御敷地では、神饌を献じて造営庁の主事が祝詞を奏上し、「新殿の屋根に葺き奉る萱葉のさわぎなく、引き結ぶ葛目《つなめ》のゆるむことなく護り給え」と、建物の神である屋船大神に祈念。八度拝、撤饌の後、技師が萱葺役夫を率いて新宮の御正殿の御屋根の前に設けられた足場を登り、屋根中央に二束の萱を安置して、祭儀は終了しました。

■甍祭（いらかさい）――平成二十四年七月

檜付祭から約二か月をかけて萱葺き作業が行われた**新宮の御正殿の御屋根に、御金物《おんかなもの》を飾り奉るに際して行われるのが**「**甍祭**」です。この場合の甍とは、屋根の背、上棟《うえむね》の部分を指します。神宮の御正殿の御屋根の木口などには、銅板の地金に金箔を貼った飾り金物が施されています。これらの御金物は、簡素な建築様式の御正殿を彩《いろど》る数少ない装飾であるとともに、木材を風雨から守る役割も果たしています。

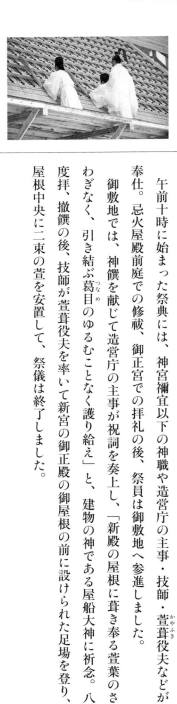

甍祭は、皇大神宮では平成二十四年七月二十一日、豊受大神宮では同月二十三日に斎行されました。その次第は、以下のようなものです。

午前十時、造営庁の主事三人と技師一人が斎服、小工八人が青い素襖を身に着けて、斎館正門より参進。忌火屋殿前庭で修祓を行った後、神饌を納めた辛櫃は御敷地へ、奉仕員は御正宮へ参進します。続いて、斎服を身に着けた禰宜以下神職四人が御正宮に参進。主事以下とともに

御白石を奉献する人たち

に中重で八度拝を行い、西御門を経て御敷地の祭場に向かいます。

祭儀ではまず、主事が屋船大神に神饌を献じて祝詞を奏上し、「飾り奉る御金物を堅固に護り給え」と祈りが捧げられました。続いて、技師と四人の小工が御前に進み、**御甍覆**《おんいらかおおい》・**千木**《ちぎ》・**御形短柱**《ごぎょうづか》に、階下に置かれている御金物を打ち奉る所作をする儀式を執り行って、祭儀は終了しました。

■ 御白石持行事（おしらいしもちぎょうじ）
——平成二十五年七～九月

神宮の御正宮の御垣内には、こぶし大の黒い石と白い石が敷き詰められています。この黒い石を「清石《きよいし》」、白い石を「**御白石**《おしらいし》」といい、遷宮のたびに新しいものに取り換えられます。**完成した新宮の御正殿が建つ御敷地**《みしきち》**に敷く御白石を奉献する行事が「御白石持行事」**です。

遷宮にともなう数ある祭典・行事のうち、新宮建設の御用材を神域に曳き入れる「御木曳《おきひき》行事」（139ページ参照）と並び、御白石持行事は現在も「旧神領民《しんりょうみん》」が主体となって行われています。神宮のお膝元である伊勢周辺は古くは「神領」とされ、そこに住む人々を「神領民」と呼びました。遷宮における神領民の働きは欠かせないもので、御白石持行事は五〇〇年以上前の第四十回式年遷宮から始まったといわれます。

御白石持行事では、旧神領民たちが伊勢市内を流れる宮川《みやがわ》の河原で採拾した御白石を新宮の御敷地に奉献します。御木曳行事と同様、旧神領民たちはそろいの法被《はっぴ》姿で「浜参宮《はまさんぐう》」の後、内宮（皇大神宮）旧神領の奉献団は川曳《かわびき》、外宮（豊受大神宮）旧神領の奉献団は陸曳《おかびき》で御白石を神域に運び入れます。御木曳では内宮領の奉献団は内宮へ、外宮領の奉献団は外宮へ御用材を運びましたが、御白石持行事では、いずれの奉献団も両宮へそれぞれ御白石を奉献する点が異なります（外宮領の慶光院《けいこういん》奉献団は例外的に内宮への奉献のみ）。

第六十二回神宮式年遷宮の御白石持行事には、内宮領十九奉献団、外宮領五十八奉献団のほか、全国から集まった「特別神領民」も参加。内宮への奉献は平成二十五年七月二十六日から八月十二日にかけて、外宮への奉献は八月十七日から九月一日にかけて行われました。以下、両宮の奉献団の一員として参加した御白石持行事の様子を紹介します。

＊

五十鈴川をソリが遡り、にぎやかな木遣唄《きやりうた》が響く――。御白石持行事の初日となった七月二十六日、伊勢は朝から曇り空だ。だが、陽が高くなるにつれ気温はぐんぐん上昇し、五十鈴川河川敷はくらくらするような暑さである。

今日は、午前八時に出発した宇治奉献団を皮切りに、内宮領の九奉献団が川曳で内宮へ御白石を奉献する。そのうち、筆者が参加するのは五番目に出発する二見浦茶屋清渚連《ふたみうらちゃやせいちょれん》である。旧神領民に倣い、筆者は白装束に奉献団の法被を重ね、額には日の丸の鉢巻き、首には「浜参宮」で頂いた木札を掛けている。神宮への参拝や祭典への奉仕に先立っては、二見浦にある二見興玉《おきたま》神社で祓い清めを受ける慣わしがあり、これを「浜参宮」という。御白石持行事に参加するため、筆者も昨日、浜参宮に赴いたのだった。

ソリの上の御白石を詰めた酒樽

川曳の模様

出発地点の河川敷には、御白石を詰めた酒樽を積んだ各奉献団のソリが並んでいる。前方が鳥居の形になったこの木製のソリは神宮が用意したものだ。昨日の河川敷では、各奉献団の人たちが集まり、ソリに酒樽を積み、縄を掛け、飾りつけをする「荷締《にじ》め」の作業風景が見られた。二見浦茶屋清渚連のソリは、前に大きな酒樽、後ろに小さな酒樽を積んで双方を注連縄《しめなわ》で結び、地元のシンボル「夫婦岩《めおといわ》」に見立てたもの。このように、奉献団によってソリの仕立て方が異なるのも面白い。茶屋清渚連では、参加人数とほぼ同数の一三〇〇個の御白石を用意しているそうだ。

午前十一時過ぎ、出発式が始まった。「御白石持行事は奉献団最後のご奉仕。思いを込めてやりましょう」との挨拶で、いざ出陣。ソリにつないだ綱を持ち、皆ざぶざぶと川の中へ。地下足袋の中に川の水が沁みてくるが、この暑さならかえって気持ちいい。二本ある綱のどちらかを手に、曳き手は川の中で二列に並び、その間に木遣子《きやりこ》と法螺貝《ほらがい》係が入る。綱はそれぞれ百メートルの長さがあるが、人数が多いので綱の隙間がないほどだ。

ソリがクレーンで川に降ろされると、「ブオー!」と鳴る法螺貝と威勢のいい木遣が一本入って、出発進行! 役員が拡声器で「エンヤ!」の号令をかけ、曳き手も「エンヤ!」と応じて綱を引っ張ると、ソリは滑るように進み始めた。これから宇治橋までの約一キロを川曳する。拡声器からは「曳いて、曳いて」「ゆっくり、ゆっくり」などと、リズミカルに声がかかる。「練って、練って」とかかれば、左右の綱がわーっと中央に寄って、綱でばしゃばしゃと水面を叩き、水を掛け合う。大人も子供も一緒になって大騒ぎだ。二十年に一度の御白石持行事。楽しみながら、ゆっくり、ゆっくり進むのだ。

采を手にする木遣子

エンヤ曳の様子

ソリを操作して進んでいく

ソリの周囲を守るのは、ソリの方向転換をする梃子方《てこかた》と綱の面倒をみる曳綱《ひきつな》係だ。奉献団のなかにはいろいろな役割の係がいるが、茶屋清渚連では毎年、夫婦岩に掛ける注連縄を奉曳車《ほうえいしゃ》に載せて二見興玉神社へ納める「二見大祭しめなわ曳《びき》」を行っており、御白石持行事でも役割分担は同じだ。「だから、各自の作業も慣れているし、奉献団としての統制もとれています」と、茶屋清渚連の御白石対策室室長・五十子《いらご》昌秀さんは胸を張る。

一行は、途中にある浦田橋の手前でいったん停止した。神宮へ奉献する御白石を跨ぐのは畏れ多いというわけで、御白石が橋の下を通るときには、橋は一時通行停止となる。警察官が橋の上の見物客をどかせると、再び出発。その先の新橋も同様に越えた。

新橋から上流には二か所の瀬（堰《せき》）があり、水面から覗いた岩は苔で滑りやすくなっている。烏帽子《えぼし》岩と呼ばれる岩の手前に一つめの瀬があり、用心して進む。ソリは曳綱係と梃子方の操作でそろそろと岩の上へ曳き上げられ、その後、一気に水中へ。スムーズに着水し、無事に堰越えした。この辺りから川は深くなり、場所によっては胸まで浸かる。水の中で綱を曳くのはなかなか楽しい。

二つめの堰も無事に越えると、もう宇治橋だ。すでに出発から二時間以上が経過している。宇治橋手前からは、神域に一気にソリを曳き入れる「エンヤ曳《びき》」である。最大の見せ場だけに、宇治橋の上には見物の人だかり。エンヤ曳は危険をともなうため、老人、子供、女性は土手に上がって見守る。体勢を整えると、まずは木遣子が喉を披露。こぶしのきいた力強い声が、神域にまで響き渡る。采《ざい》を振りつつ順に唄い継ぎ、法螺貝の合いの手も入る。声を合わせて「よーいとこ、よーいとこせー」の節で締めくくると、号令がかかり、綱を手にした男衆が「エン

御白石を手に内宮・新宮の石段を上る

内宮参道でお祓いを受ける

エンヤ曳で駆け出した男衆

ヤ！」と叫びながら猛然とダッシュ。みんなで気持ちを一つに、一気に土手の上へソリを曳き上げた。気迫あふれるエンヤ曳に、周囲は拍手喝采である。

神域に入ると一転、静かに粛々とソリを曳き、参道途中の松の木の前まで進む。神宮の神職によるお祓いを受けた後、梃子方が酒樽に掛けた縄をほどき、酒樽を担ぎ棒で担いで御白石渡し場へ運ぶ。この一連の作業は、手信号の合図だけで無言で行われた。手水《てみず》を受け、御白石渡し場で白布の上に御白石を受け取った。御白石はずしりと重みがあり、たっぷり浴びた日光で温かい。

めいめい御白石を手に、整列して新宮へ向かう。新宮の石段下まで来ると、おしゃべりしていた人たちも自ずと口をつぐんだ。遷御の前の新宮には、神様はまだいらっしゃらない。分かってはいても、御門を潜るときには自然に頭《こうべ》を垂れてしまう。初めて拝する新宮は、素木《しらき》と金箔の錺金具がまぶしく輝き、辺りに檜《ひのき》の芳香が漂っていた。右手に見えるのは御屋根も柱も黒々とした現在の御正宮で、明らかな対比をなしている。すでにたくさんの御白石が置かれた御敷地に、そっと掌中の御白石を捧げ置く。真新しい御正殿の姿を目に焼きつけ、ゆっくりと新宮を後にした。

*

青空が広がった八月三十一日。正午過ぎに外宮奉献の出発地点となる浦口に赴くと、封鎖された道路のあちこちに奉献車が置かれ、多くの人でごった返していた。今日、筆者が参加する宮後《みやじり》奉献団は、この日奉献する十団のうち九番目のスタート。宮後自慢の二台の奉献車には、御白石を入れた酒樽が積まれ、日の丸の旗や注連縄、榊などで立派に飾られている。

上せ車で登場した「ねぷた」

上せ車の太鼓舞台車

外宮領の各奉献団は、木造組み立て式の奉献車（奉曳車、御木曳車《おきひきぐるま》）を所有しており、御木曳行事では御用材を、御白石持行事では御白石をこの車に載せて陸曳を行う。御白石奉献の奉曳を「本曳《ほんびき》」というが、これに先立ち、各団の町内から出発地点まで車を曳いていく「上《のぼ》せ車」を行う。さらに、本曳終了後、車を町内まで曳いていく「帰り車」を行う団もある。

外宮領の奉献団のなかでも、二台の車で曳くのは宮後のみ。上せ車は夜間に行うことが多く、車を提灯《ちょうちん》で飾るなど、本曳とは異なる仕立てで曳行する団も多い。伊勢っ子の間では、宮後の車といえば、巨大な「ねぷた」で知られている。宮後町は秋の「伊勢おおまつり」で毎年新作のねぷたを披露しているが、二十年に一度の御白石持行事ともなれば、力の入れようも違う。本曳の一週間前に行われた宮後の上せ車では、勇壮な風神雷神ねぷたが登場。人力でねぷたが回転する仕掛けもあって、沿道の人たちを楽しませた。

かくして迎えた本曳当日であるが、出発前から汗だくになるほどの暑さ。救護係が噴霧器で水を噴きかけてくれるのがありがたい。奉献車の面倒をみる車係と梃子方が、二台の車を前後に縄でつなぐと、奉曳の準備は整った。出発式に続いて、子供木遣が終わると、曳綱の面倒をみる綱係が、前の一号車に取りつけた二本の綱を前方に送る。綱の長さはそれぞれ一五〇メートルで、地面に触れさせたり、跨いだりしてはいけない決まりだ。曳き手が綱を手に二つの列をつくっていく。宮後の本曳には三重県外の神社からの団体参加を含め二千人以上もが参加しており、両綱にびっしりと人が並んだ。

宮後奉献団の兄弟分である通町《とおりまち》奉献団による餞《はなむけ》の木遣が終わると、次は宮後の木遣だ。今回の御白石持行事のために新調した手漉《す》きの美濃和紙の采を手に、木遣子たちは力一杯声を張

綱で木遣子を挟み掲げたまま進む

女性や子供たちは踊りを披露

曲がり角は腕の見せどころ

り上げ、一人ずつ喉を披露した。

その後、「エンヤ！」のかけ声で出発、およそ二・五キロの道のりを陸曳する。「エンヤ！」「ソーリャ！」と、拡声器から流れるダミ声に煽られながら、一同で綱を曳く。出発地点からすぐの交差点を前にすると、「サアー、曲げるぞ！」と声がかかった。交差点では、宮後の若い女性たちによる太鼓隊が、「ソーレ！」のかけ声と太鼓で一行を鼓舞している。車の後方には屈強そうな梃子方と車係が陣取っており、片側の梃子方は、車の後ろ棒を足で向こう側へ押し、車係も梃子方を助ける。もう片側の梃子方が後ろ棒につないだ太綱を肩に乗せ、綱に身体を預けるようにして後ろ棒を引き寄せる。すると、車はぐいーっと九〇度左に曲がった。見事な連携によるスムーズな方向転換に、沿道から拍手が起こる。

その後はゆるいカーブがあるものの、外宮北御門までは一本道だ。二台の車は、前後に連なった「二連曳」で、車輪が軋む「ブォー」という「椀鳴《わんな》り」を響かせながら、ゆっくりと進んでいく。途中で拡声器から「開いて！」の声がかかり、曳き手は道路の両脇に移動。「練って！」の声で、両綱の曳き手が向かい合い、綱を上下に振る。「エンヤ！」の号令で、互いに駆け寄ってぶつかると、両綱を持って上下に激しく揺さぶる。先に出発した奉献団がつかえていて、なかなか進めないとのことで、「もうちょい遊びますかー」の声。そして、また練る。みな息が上がっているが、それでも笑顔だ。今度は、二本の綱の間に木遣子を挟んだまま、高く掲げて上下に揺する。宙に浮いた状態の木遣子を肩車する人もいる。人を持ち上げたまま前へ曳く「さっせ曳」もやってみる。少々荒っぽい遊びだが、挟まれた人はまんざらでもなさそうだ。

こうして奉曳ルートの中間地点である宮町交差点に着いたころには、陽も傾きかけ、暑さも

奉曳を終え、酒樽の縄を解く

勢いよく走る「エンヤ曳」

2台の奉献車が並ぶ「並行曳」

やわらいだ。ここで車を止め、曳き手は休憩。奉献車に先行していた地方《じかた》（お囃子）の屋台からは伊勢音頭が流れ、その前には浴衣に編み笠姿の女性たちによる手踊りの輪が出来ている。綱係と車係は二号車を一号車の横に移動させ、二号車に新たに曳き綱が取りつけられた。休憩後、宮町交差点からは、二台の奉献車が並んで曳く「並行曳」で進む。子供やお年寄りは一号車を、体力に自信のある人のみ二号車を曳いてください、とアナウンスされ、筆者は二号車の綱を握る。手応えを感じながら、「エンヤ！」と元気よく曳いて、外宮の北御門の手前まで進んだ。

ここで、神域に一気に曳き入れる「エンヤ曳」の体勢に入る。改めて、スニーカーの人は一号車へ、二号車は地下足袋の人のみ、と指示された。先にエンヤ曳を行う一号車は比較的ゆっくり進むので安全だが、続く二号車は走ってエンヤ曳をするため、脱げやすいスニーカーでは危ないのだ。木遣が入り、一号車が北御門へ至る曲がり角を右へ折れていくのを見送る。華々しい拍手と歓声。無事に神域へ入ったようだ。次はいよいよ二号車の番だ。綱をたるませないように、両手いっぱいの幅を取って並ぶよう指示される。曲がり角のフェンスがところどころ凹んでいるのは、他の奉献団が車をぶつけた跡だ。なんだかドキドキしてきた。「もし転んでも、綱を離さずに、そのまま引きずられてください」とのアナウンスがあり、ますます緊張感が高まる。昼からの長丁場で疲れも空腹も感じていたのだが、今はどこかへ消えてしまった。

まだかまだかと思いながら木遣を聴いているうち、「エンヤ！」の号令が聞こえて、曳き手は弾かれたように一斉に駆け出した。スピードが速いのか、綱に手応えはほとんど感じない。ひたすら走って、一気に北御門へ。たくさんの見物客や報道陣の前を左手に折れて、まだ走る。

白布の上に
御白石をいただく

御白石の酒樽を渡し場へ運ぶ

ようやく「ストップ！」の声がかかった。振り返ると、車は土埃に包まれながらも無傷のようだ。見ていた人たちから、「最高だった！」「よく走った！」と声をかけられ、気分は爽快だ。

正門まで車を曳いて、神職のお祓いを受け、手水を取ると、身も心もさっぱりした気持ちになった。綱係が車の荷をほどく傍らで、木遣子たちは「ワッショイ！」と胴上げ。団旗を手にした団長を先頭に、一同は御白石渡し場へ進んだ。

御白石をいただいて新宮へ向かうころには、もう午後六時をまわっていた。夕闇のなか、新宮の素木や白石が明るく浮き上がって見えてくると、「すごい！」「きれい！」と口々に声が上がる。新宮をとっくりと眺め、めいめいが思い思いの場所に御白石を捧げ置いた。こうして奉献を終え、宮後奉献団団長の菱田光三さんに挨拶に行くと、次のように話してくれた。

「二年がかりで準備をしてきた御白石持行事ですが、今日の本曳はこれまでの集大成。なかでも祭りの華であるエンヤ曳が事故もなくうまくいって、宮後町の方々は満足してくださったと思います。団長として責任感もありましたが、これで肩の荷が降りました。仕事場も異なる老若男女が、同じ町内で一緒に御白石持に参加したという意味も大きいと思います」

■御戸祭（みとさい）——平成二十五年九月

新宮の御正殿の御鑰穴《おんかぎあな》を穿《うが》ち奉るにあたり、建物の神である屋船大神《やふねのおおかみ》をお祀りして、御扉《みとびら》を取り付ける祭儀が「御戸祭」です。「**御戸立祭**《みとたて》」「**清鉋**《きよかんな》」ともいわれます。御扉《みとびら》が付くことは御正殿の完成を意味しており、御戸祭は造営庁が主催する最後の祭儀です。この祭典により造営庁から神宮側へ御鑰《みかぎ》が引き渡されます。

皇大神宮と第一別宮の荒祭宮《あらまつりのみや》では平成二十五年九月十三日、豊受大神宮と第一別宮の多賀《たかの》宮《みや》では同月十五日に、それぞれ行われました。その次第は、次のようなものです。

午前十時、斎服《さいふく》姿の造営庁職員や小工《こだくみ》らと神饌《しんせん》を納めた辛櫃《からひつ》は、忌火屋殿《いみびやでん》前庭の祓所《はらえど》で修《しゅ》祓《はつ》を受け、御正殿に参拝した後、御敷地へ参進。小工らに続いて、禰宜《ねぎ》以下神職も御正殿を拝礼し、御敷地へ向かいます。

御敷地では、新御正殿の階下で儀式が進められます。屋船神をお祀りして神饌を奉り、造営庁主事が祝詞を奏上。引き続き、小工が新御正殿に昇階し、御戸の御鑰穴を削る所作を行います。その後、御戸の鍵をかけ、神職が確認すると、祭儀は終了です。

正午からは、第一別宮でもほぼ同様に御戸祭が行われました。

■御船代奉納式（みふなしろほうのうしき）——平成二十五年九月

御神体をお納めする「御船代」を新宮の御正殿に奉納する祭儀が「御船代奉納式」です。

皇大神宮では平成二十五年九月十七日、豊受大神宮では同月十九日に、それぞれ行われました。また、両宮の御船代奉納式の翌日には、それぞれの第一別宮でも同様に祭典が斎行されました。その次第は、次のようなものです。

午前十時前、大宮司、少宮司以下神職と造営庁の参事、技監、技師、技手、小工約七十人が斎館を出発。御正宮で八度拝の後、御敷地へ参進します。

まず、あらかじめ東宝殿《とうほうでん》内に奉納されていた御船代に文様を彫《きざ》む**奉彫《ほうちょう》の式**を技師と技手が行います。その後、技手全員で大御神《おおみかみ》ならびに相殿神《あいどののかみ》（主祭神とともにお祀りしている神）の御船代を担いで新御正殿階下に運び、そこから神職が新御正殿内に奉納します。

■洗清（あらいきよめ）——平成二十五年九月

「**洗清**」は、**新宮の御正殿の竣工にともない、殿内を洗い清める儀式**です。皇大神宮は平成二十五年九月二十四日、豊受大神宮では同月二十六日、それぞれ午前十時から行われました。

その次第は、次のようなものです。

まず、禰宜が新御正殿内の御樋代《みひしろ》（御神体をお納めする御器）、御船代（御樋代をお納めする御器）、**御玉奈井《おんたまない》**（御床《おんゆか》の四隅に柱を立てて格《ごう》天井を設け、帳《とばり》を張り廻らした御神座《ごしんざ》）、御床（御船代を安置する台座）、殿内を洗い清めます。

また、権禰宜《ごんねぎ》が殿外や大床《おおゆか》（外側の簀子縁《すのこえん》）、御階《みはし》（階段）などを同様に清めます。

その後、奉仕員は東西の宝殿に、外宮ではさらに御饌殿《みけでん》にも参昇して同様に清めます。

■心御柱奉建（しんのみはしらほうけん）——平成二十五年九月

心御柱《しんのみはしら》は、**御正殿の御床下に奉建される特別な柱**で、**忌柱《いみばしら》**、**天ノ御柱**、**天ノ御量《みはかり》の柱**とも呼ばれます。その**心御柱の奉建**は、遷宮諸祭のなかでもひときわ重んじられてきた秘儀です。

皇大神宮は平成二十五年九月二十五日、豊受大神宮では同月二十七日と、それぞれ洗清の翌日に行われました。その真夜中の祭典の次第は、次のようなものです。

祭典は午後八時に始まり、御正殿に参拝した神職が新宮の御床下に進んで穴を穿ち、内宮では御稲御倉《みしねのみくら》、外宮では外幣殿《げへいでん》に奉安されていた御柱を建て奉ります。大宮司がこれを点検し、続いて神職が忌物《いみもの》と神饌を奉奠《ほうてん》し、禰宜が大宮地《おおみやどころ》の四至《みやのめぐり》に坐《ま》す神々に祝詞を奏上。権禰宜らが御柱の根元を固めて祭儀は終了します。

■杵築祭（こつきさい）――平成二十五年九月

新宮の御正殿の竣工を祝い、その御柱の根元をつき固める祭儀が「杵築祭」です。天皇陛下の御治定により、皇大神宮は平成二十五年九月二十八日、豊受大神宮では同月二十九日、それぞれ午前十時から行われました。以下、その様子を紹介します。

＊

空気は澄み渡り、まさに秋晴れという表現がぴったりの朝である。内宮の遷御の時まであと四日、平成二十五年九月二十八日に、内宮の杵築祭は執り行われた。

杵築祭は新殿の竣功を祝して、その御柱の根元をつき固める祭儀だ。室寿《むろほぎ》の古俗として由緒も古く、桓武天皇の御世《みよ》にまとめられた『延暦《えんりゃく》儀式帳』にも禰宜・内人《うちんど》（神職）たちが、大《おお》宮地《みやどころ》を築きならし詠い舞うと記されている。

午前九時、神楽殿隣の五丈殿《ごじょうでん》には、既に檜葉《ひば》机と素木《しらき》机が並べられていた。檜葉机とは檜

饗膳の儀

五丈殿に並べられた素木机

檜の葉を敷いた檜葉机

の葉を敷いた机で、素木机とは文字通り素木の机のことだ。それぞれに鯛や蛸など古から決められた見事な調理品が並べられている。これからまず、大宮司以下の神職と技術総監以下の神宮式年造営庁職員が古式饗膳《きょうぜん》を行い、無事の竣功を祝うのだ。この饗膳の儀は神宮式年遷宮諸祭の折々の節目で行われてきた。かつての饗膳の儀は、都の朝廷から派遣された造宮使《ぞうぐうし》を神宮がもてなしたものだ。式年遷宮の諸準備を進める造宮使は、明治以降は内務省に造神宮使庁が設置され、これを担った。戦後は神宮内に神宮式年造営庁が設置され、神宮職員がその任にあたっている。饗膳の儀はその本義を今に伝えるものだ。

九時五十分、参進の前触れである「第三鼓《さんこ》」が鳴らされた。神宮では祭儀の前に、計三回の太鼓が鳴らされる。祭典の二時間前に準備始めの合図である「第一鼓」が、一時間前に着装および祭場整備の「第二鼓」が鳴らされるのだ。

「トーン、トーン、トーン」

太鼓を鳴らしながら太鼓役が五丈殿前を通り過ぎると、しばらくして、純白の斎服に身を包んだ神職および造営庁職員が参進してきた。玉砂利を踏む音が響き、次第に大きくなってくる。土曜日ということもあって参拝者の往来もとくに激しかったが、今は参道脇に控えて静粛に見つめている。

九時五十五分、大宮司、少宮司を先頭に禰宜以下四十数名の神職が五丈殿前に整列した。造営庁の技術総監と技官が相対し一揖《ゆう》（一礼）後、五丈殿の席に着いていく。大宮司、少宮司、禰宜、技術総監、技官は檜葉机で十四脚、権禰宜、宮掌（神職）は素木机で七脚の膳の前に着座、そして、所役により進められる盃を一人ずつ受けていった。これを三度繰り返す。三献勧《さんこんけん》

外宮・新宮での杵築祭

白丈を手に整列（内宮）

五丈殿前に列立する神職

杯《はい》といわれる古からの正式な酒宴の作法である。順番は大宮司、少宮司、技術総監、技官、禰宜、権禰宜、宮掌だ。机の上の見事な調理品は実際に食すわけではない。三献勧杯が二順目を終えたところで、権禰宜の一人が勧め、一同が箸を取り、斜めに立て掛けることで食事を摂る仕草をして、三順目に入る。三献後、箸の位置を元に戻して、この古式饗膳の祝着《しゅうちゃく》となるのだ。

一方、その三献勧杯が三順目に入るころ、斎服の上にさらに清浄を表す掛明衣《かけみょうえ》と呼ばれる白布をたすき掛けにした権禰宜以下の神職二十数名が参進してきて五丈殿前に列立した。饗膳の儀を終えた一同は、一揖後、五丈殿前に臨時に設けられた幄舎《あくしゃ》で手水を取り、掛明衣を掛けて、そこに奉安されていた**白杖**《びゃくじょう》を受け取っていった。この白杖は長さ六尺（約一八二センチ）、直径一寸二分（約三・六センチ）の八角形の檜製のもので、これで新殿の御柱の根元をつき固めるのだ。まずは、技術総監と技官が御正宮へと進んでいった。次に、大宮司と少宮司が白杖を受け取り、以下の神職たちも同様に整列、順次、白杖を斜めに手にして御正宮へと参進していった。

報道資料として渡された次第によると、その後、御正宮への参道途中、荒祭宮に至る参道との分岐点で修祓《しゅはつ》を行い、御正宮へと進み、大宮司が内玉垣御門《うちたまがきごもん》下にて祝詞を奏上。祭員一同で八度拝を行った。続いて、新宮に進んで言霊《ことだま》こもる古歌二首を謳いつつ、御床下の柱根を三周してつき固めたという。その際に謳われた古歌とは以下のものである。

かしこしや　五十鈴の宮の　杵築してけり　杵築してけり　国ぞ栄ゆる　郡《こおり》ぞ栄ゆる
万代までに　万代までに
天照《あまてら》す　大宮処《おおみやどころ》　かくしつつ仕えまつらん　かくしつつ仕えまつらん　万代までに

後鎮祭で退下する童女（内宮）

万代までに

この古歌にも、神宮のお祭り、そして遷宮のこころが込められている。お祭りはすべて皇室の弥栄《いやさか》を願い、国家国民の繁栄を願うものだからだ。その後、大宮司・少宮司、禰宜が瑞垣《みずがき》御門前に列立、晴れやかに**倭舞**《やまとまい》を奉仕して祭儀は終了、一同は十一時半に斎館へと退下した。

外宮の杵築祭は翌日の同時刻、午前十時からほぼ同様に行われた。謳われる古歌は一首で以下のものだった。

度会《わたらい》の　豊受の宮の　杵築して　宮ぞ栄ゆる　国ぞ栄ゆる　万代までに　万代までに

後鎮祭（ごちんさい）――平成二十五年十月

新宮の御正殿の竣工に感謝を捧げ、御敷地である大宮地《おおみやどころ》の平安を祈る「後鎮祭」。新殿の着工に際して大宮地の平安を祈って行われた「**鎮地祭**《ちんちさい》」（144ページ参照）**に対する返しの鎮めとしての祭り**で、一般でいう竣工祭にあたり、遷宮諸祭・行事のうち「庭作り」の最後の祭儀にあたります。日時は天皇陛下の御治定《ごじじょう》により、皇大神宮は平成二十五年十月一日、豊受大神宮は同月四日に行われました。以下、その様子を紹介します。

＊

内宮の遷御を翌日に控えた十月一日の朝八時から行われたのが後鎮祭である。これは新殿の竣功に感謝を捧げ、その御床下に**天平瓮**《あめのひらか》と呼ばれる平たい土器を奉居する祭儀だ。平成二十年四月二十五日に行われた鎮地祭に対する返しの鎮《しず》めとしての祭りである。鎮地祭は一般にい

つがいの白い鶏

神饌と忌物が入れられた辛櫃

後鎮祭での修祓（外宮）

う地鎮祭で、後鎮祭は竣功祭にあたる。新宮の造営に関するお祭りである「庭作り」のうち、鎮地祭がその最初の祭儀で、この後鎮祭が最後の祭儀にあたる。桓武天皇の御世にまとめられた『延暦儀式帳』や、やはり平安時代にまとめられた律令の施行細則『延喜《えんぎ》式』では、これを鎮地祭に対しての後返しの鎮祭と意味づけている。

神域に第三鼓が鳴り響いた。続いて、禰宜以下神職七名が純白の斎服を身に着け、五十鈴川ほとりの瀧祭神《たきまつりのかみ》の南にある川原祓所《かわらのはらえど》に参進してきた。そのなかに、翡翠《ひすい》色と紫の「袙《あこめ》」という装束と紫色の袴を着けた「物忌《ものいみ》」といわれる童女の小さな姿もある。頭には清浄を表す木《ゆ》綿《う》鬘《かずら》を結び、檜扇《ひおうぎ》を手にして威儀を正している。「忌」は神聖さを表す語だ。川原祓所にはすでに、神饌と「忌物《いみもの》」（鎮《しず》め物）が入れられた大小二つの辛櫃と、竹で出来た伏籠《ふせご》に入れられたつがいの白い鶏が置かれている。鶏は「白鶏《しろきかけ》の生調《いきみつぎ》」、鶏の卵は「鶏卵《かけのかいこ》」と呼ばれ、『延喜式』にも遷宮諸祭で供えることが記されており、鎮地祭でも奉奠《ほうてん》された。物忌の童女も鎮地祭で奉仕している。

辛櫃の横では、黄・青・赤・白・黒の五色《ごしき》の幣がなびき、その前に修祓のための案《あん》（机）が置かれている。まずは神職の一人・宮掌が修祓案の前で拝礼し、微音で祓詞《はらえことば》を奏上した。次に二人の神職が大麻《おおぬさ》と御塩《みしお》で辛櫃と白鶏を清める。続いて神職と物忌のお祓いを済ませ、微音で祝文《しゅくぶん》を奏上。修祓が終わると、辛櫃と白鶏は新殿へと運ばれ、神職と物忌は五丈殿前へと参進し列立した。

その後、参進してきた大宮司・少宮司以下二十数名の神職が合流して整列後、御正宮へと参進していった。次第によると、その後、新正殿御前に物忌、権禰宜、宮掌が忌物や神饌、鶏卵を供え、祝詞を奏上して忌物を奉埋。続いて、権禰宜が御床下に天平瓮を安置して、禰宜がこれを検知し祭儀は終了した。

外宮の後鎮祭は、やはり遷御の前日の午前八時からほぼ同様に執り行われた。物忌の装束は内宮とは異なって、白と紫の袙に紫の袴で、額には白練絹《しろねりぎぬ》の清冠《きよかんむり》を着けていた。

■御装束神宝読合（おんしょうぞくしんぽうとくごう）

——平成二十五年十月

新たに調進された御装束神宝《おんしょうぞくしんぽう》を、新宮の四丈殿《よじょうでん》で式目（品名を書き並べた目録）**に照らして読み合わせる祭儀が「御装束神宝読合」**です。これは、大御神が本宮から新宮へ遷られる**「遷御」の儀を中心としてその前後に付随する祭儀を含めた「遷宮祭」**のうち、最初の祭儀にあたります。

神様の御料である御装束神宝は、式年遷宮のたびに新たに調進されており、その時代を代表する各工芸分野の名工たちの手で奉製されています。「御装束」とは、神様の衣服や服飾品をはじめ、神座や殿舎の鋪設品（被《ふすま》、帳《ちょう》、幌《とばり》など）、遷御行列の威儀具（翳《さしは》、蓋《きぬがさ》など）などの品々の総称です。「神宝」とは、紡績具、武具、馬具、楽器、文具、日用品など神様の御用に供する調度品を指します。

遷御の前日、後鎮祭に続いて、午前十時から御装束神宝読合は行われました。以下、その様子を紹介します。

神宮式年遷宮では、社殿のみならず御装束神宝までもが古式のままに新たに調進される。その数は、両正宮、十四別宮を合わせて、御装束が五二五種・一〇八五点、神宝が一八九種・四九一点で、付属品を加えれば、総数は約八〇〇種・一六〇〇点にものぼる。御装束神宝は、桓武天皇の御代に神宮から神祇官《じんぎかん》（祭祀を司った行政機関）へ提出された『皇太神宮儀式帳』と『止由気宮《とゆけぐう》儀式帳』の両儀式帳（『延暦儀式帳』）の規定にのっとり、古式どおりに調製されることが求められ、とりわけ近代では、当代最高の技量をもつ各々の分野の美術工芸家が調製にあたってきた。今回の遷宮の御装束神宝の調製も、ご造営と同様に平成十七年から開始され、無事に完成。平成二十五年八月十九日には、その代表と式目を、天皇陛下はじめ皇族方に皇居・宮殿でご覧いただいている。このように**天覧**に供したのちに新宮に奉献するという古儀は、今なお堅持されている。

*

なお、神宮式年遷宮諸祭・諸行事のうち、この御装束神宝読合より初めて祭主が祭儀に奉仕されることになる。いうまでもなく神宮のお祭りは天皇親祭である。祭主とは天皇陛下のご名代として神宮の「五大祭」に奉仕する神宮独特の役職だ。ちなみに、五大祭とは神宮の恒例祭典のうち最も重要な十月の神嘗《かんなめ》祭と、それに次ぐ六月と十二月の月次《つきなみ》祭、これに二月の祈年《きねん》祭と十一月の新嘗《にいなめ》祭を加えたものだ。当時の祭主は天皇陛下の姉君にあたる池田厚子様（昭和天皇第四皇女）であった。御歳八十二、昭和六十三年より二十六年間、神宮祭主を務めてこられた。そして、天皇陛下のご長女の黒田清子様が祭主を補佐する臨時神宮祭主として奉仕されていた。祭主は神宮規則により「皇族又は皇族であった者とし、勅旨を奉じて定める」とされていて、その神宮規則にのっとり、「御高齢につき神宮祭祀の万全を期すため池田様のお支えとして遷宮の完遂に至る間」(神宮発表より)、平成二十四年四月二十六日から黒田様に臨時神宮祭主にご就任いただいていたのである。

また、この遷宮祭の祭儀では祭主はじめ神職の装束も替わる。すなわち、祭主は通常は白の小袿《こうちぎ》に緋袴、手には檜扇、足元は緋の浅沓《あさぐつ》であるのに対し、祭儀によっては蘇芳《すおう》地の小袿と若竹色の表着《うわぎ》を身に着けることになる。

神職は通常は純白の斎服に黒の冠、浅沓であるのに対し、大宮司・少宮司は束帯黒袍《そくたいくろほう》、禰宜は束帯赤袍、権禰宜五名は束帯緑袍、その他の権禰宜・宮掌・宮掌補・楽長《がくちょう》・楽師《がくし》は緑袍の衣冠《いかん》、臨時出仕《しゅっし》は白雑色《しろぞうしき》に赤単《あかたん》、平礼烏帽子《へいらいえぼし》、白くくり袴となって、臨時出仕の裾取《きょとり》(装束の裾《すそ》取り)は松葉色雑色に赤単、平礼烏帽子、松葉色くくり袴である。いずれも古式にのっとった端麗な装束だ。それぞれ奉仕者は新調の**遷御奉仕服**に威儀を正して居並ぶことになる。

午前九時五十分、第三鼓が鳴り響いた。すぐに黒袍を身に着けた「神宝使《しんぽうし》」を先頭に造営庁職員の列が斎館を出て参進していく。神宝使とはこの祭儀のために天皇陛下が差遣された使いのことである。その後ろに緑袍の神宝使随員、その後ろに、赤袍の造営庁参事、緑袍の造営庁主事が三人続く。そして池田厚子祭主、鷹司尚武《たかつかさなおたけ》大宮司、髙城治延《たかぎはるのぶ》少宮司、神職四十数名が参進していく。装束も替わって、時代絵巻ともいうべきその参進の姿は、神宮の森に映えて、従来とは違った晴れやかな緊張感をもたらしている。

一同は、第二鳥居前で列立。修祓を行って御正宮へと向かっていった。次第によると、祭員一同は御正宮を参拝の後、新宮の中重《なかのえ》にある四丈殿に進み、神宝使が祭主に式目を進め、祭

川原大祓（外宮）

主が式目を披見された後、権禰宜がこれを読み上げ、御装束神宝の御物《ぎょぶつ》を木尺で検分。終わって、御装束神宝を納めた二十三合の辛櫃を川原祓所に舁《か》き立てたという。

外宮の御装束神宝読合も遷御の前日の十月四日の午前十時からほぼ同様に行われた。辛櫃の数は十六合であった。

■川原大祓（かわらおおはらい）――平成二十五年十月

遷御に先立ち、仮御樋代・仮御船代をはじめ、遷御にともなう御料、殿内に奉納する御装束神宝の御物、遷御に奉仕する祭主以下すべての神職を祓い清める祭儀が「川原大祓」です。御樋代とは御神体をお納めする御器《おんうつわ》のことで、御船代とはその御樋代をお納めする御器のことです。仮御樋代とは遷御の際に御神体をお納めする御器のことで、仮御船代とはその遷御の際の仮御樋代をお納めする御器のことです。川原大祓は遷御前日の午後四時から行われました。以下、その様子を紹介します。

＊

内宮の川原大祓は常とは異なり、後鎮祭同様、五十鈴川のほとり、瀧祭神の南方、川原祓所を祭場として行われた。

なお、この祭儀から、祭主はじめ神職は先述した装束に加えて、さらなる清浄を表すものを身に着けることになる。つまり、祭主は、装束の上に純白正絹《せいけん》の明衣《みょうえ》を着装し、額には木綿《ゆう》鬘《かずら》を着ける。大宮司・少宮司・禰宜は、その明衣と木綿鬘に加えて木綿襷《だすき》を掛け、権禰宜五

修祓を終え運ばれていく辛櫃（外宮）

お祓いをする神職（外宮）

素木と塗りの辛櫃（内宮）

名は木綿鬘に掛《かけ》明衣をたすき掛けにする。なお、筆頭権禰宜二名の掛明衣は明衣を畳んだものである。以下、権禰宜・宮掌・宮掌補・楽長・楽師は掛明衣をたすき掛けにするというものだ。清浄に清浄を重ねて大御神にご奉仕するのである。遷御に向けて潔斎を続けてきた祭主と神職たち。より神様のお側に近づくほど清浄を極めなくてはならないのだ。

昼ごろから小雨が降りだして、今も時折、そぼ降っている。午後四時前、第三鼓が鳴った。祭主はじめ大宮司以下神職が威儀を正して参進してくる。禰宜以上には装束の裾取りの副従《ふくじゅう》もついている。遷御の奉仕者すべてであるから一〇〇名以上の大人数だ。祭場には辛櫃がずらりと置かれている。素木の辛櫃三合と朱と黒に塗られた辛櫃があわせて二十合である。塗りが光を放ち、錺金具も煌めいている。この塗りの辛櫃は昭和四年（一九二九）の第五十八回神宮式年遷宮以来、八十年ぶりのことという。古式にできるだけ近づけようと、今回から復活されたものだ。素木の辛櫃三合には、それぞれ仮御樋代、仮御船代、そして新宮の御本殿御扉《みとびら》の御鎖《みじょう》が納められているという。朱と黒の塗りの辛櫃に納められているのが御装束神宝だ。全国の神社関係者が務める大勢の白くくり袴姿の臨時出仕たちはすでに祭場脇に控えている。

祭主以下神職と神宮の楽長《がくちょう》・楽師までが祓所に列立すると修祓が始まった。まず、宮掌が五色の幣の前に置かれた修祓案の前で拝礼し、微音で祓詞《はらえことば》を奏上した。次に二人の神職が大《おお》麻《ぬさ》と御塩《みしお》で辛櫃の一つひとつを丁寧に祓い清めていく。続いて、祭主はじめ大宮司・少宮司、神職から臨時出仕までの祓い清めを済ませ、微音で祝文《しゅくぶん》を奏上。祓戸神《はらえどのかみ》の霊威を讃えた。修祓が終わると、辛櫃は臨時出仕たちによって御正宮と新宮へ運ばれていった。そして、祭主はじめ祭員は御正宮へと参進、拝礼を行った。

外宮の川原大祓も遷御の前日の十月四日の午後四時から、ほぼ同様に行われた。祓所も後鎮祭と同じで、中御池のほとりにある「三ツ石」を川原に見立てた祭場であった。

■御飾（おかざり）——平成二十五年十月

新殿内を装飾して遷御の準備をする「御飾」の儀。新宮の御正殿と東西の宝殿に加え、外宮では御饌殿と外幣殿もその内部を調進された御装束で飾り、同時に遷御の準備を行います。御飾は、皇大神宮では十月二日、豊受大神宮では同月五日、それぞれ遷御当日の正午から行われました。以下、その様子を紹介します。

＊

内宮の遷御当日、昨日の曇天とはうって代わっての快晴である。新宮の千木《ちぎ》と鰹木《かつおぎ》の錺金具が板垣《いたがき》越しに金色に輝いている。御正宮への参拝者は今日も絶え間ない。日差しは鋭く、すでに三〇度近い。それでも抜けるような青空と涼やかな風は収穫の秋のものだ。

遷御を控え、現在の御正殿から新宮の御本殿には、大御神が通られる道の備えとして**雨儀廊《うぎろう》**がぐるりと設けられている。木漏れ日に光る雨儀廊。もう十日も前から渡されていたものだが、その構えが御正宮前の景色を一変させている。一方、並び建つ御正宮と新宮前の参道の向かいには、通常は島路《しまじ》川沿いの林であるところに特別奉拝席がこれも素木で設けられている。その上にパイプ椅子がずらりと並べられ、関係者三千人ほどの奉拝になるという。その規模の大きさは特設ステージの趣だ。しかも、数多くある大木や木々を傷つけてはならないと、その部分をくり抜いての奉拝席の普請なのである。

　午前十一時五十分、第三鼓が鳴り響いた。夜の遷御を前にして正午から御飾が行われるのだ。御正宮の奉飾は神秘のことに属する。江戸時代中期から後期の国学者で内宮の権禰宜であった荒木田末偶《あらきだすえとも》は『寛政遷宮物語』において「そもそも心《しん》の御柱《みはしら》まつりと此《この》御かざりとは、此大宮にて最上とするひめわざ」と記している。「心御柱」に関する祭儀は、その御用材を伐り出すお祭りである「木本《このもと》祭」も、奉建するお祭り「心御柱奉建」も秘儀とされ、遷宮諸祭のなかでもひときわ重んじられてきた。これらの祭儀と等しく**秘儀**とされるのが、これから行われる御飾なのだ。祭主以下神職たちが、参進してきて御正宮へと入っていった。

　次第によるとその儀は、祭主、大宮司・少宮司以下の諸員が御正宮に至り、仮御樋代・仮御船代・御装束神宝などを納める。次いで、新宮に進んで、殿内に御装束神宝を納めまつり、御《み》幌《とばり》・御壁代《おんかべしろ》・御蚊屋天井《おんかやてんじょう》などを奉飾。祭主の奉検を仰ぐというものである。

　この御飾での祭主は黒田清子様であった。式年遷宮広報本部の発表によると「暗いなかでのお務めにより、祭祀の万全を期するため」、この「御飾」と「遷御」は池田厚子様に代わり黒田臨時祭主がお務めになるということだった。黒田様は別の形で川原大祓をお受けになったという。なお、外宮では川原大祓から黒田様が祭主を務められた。

　外宮の御飾も十月五日の遷御当日、正午から行われた。

御正殿から新宮の御正殿に渡された雨儀廊。前景は特別奉拝席（内宮）

遷御（せんぎょ）――平成二十五年十月

遷御は、大御神が本宮（現在の御正宮）から新宮（新しい御正宮）へと渡御《とぎょ》される、遷宮の中核をなす祭儀です。遷御の日時は、平成二十五年春に天皇陛下が御治定になりました。皇大神宮では同年十月二日に、豊受大神宮では同月五日に遷御の儀が行われました。以下、その様子を紹介します。

*

午後五時前、特別奉拝席（182ページ参照）後方の報道席に着くと、式年遷宮に関係する奉拝者たちが続々と席に着き始めていた。なかには、これで四度目の奉拝になる日本文化研究者のドナルド・キーンさん（九十一歳）もいるという。報道席から御正宮と新宮に架けられた雨儀廊を眺めると、三千脚以上の奉拝席の前面で、その屋根が細長い空間を切り取り、巨大な舞台のようである。前景として大木が並び立ち、その姿はまるで聖なる野外劇場だ。

この日、宇治橋は午後一時に閉鎖、すでに二時以降、内宮の神域に関係者以外の姿はない。午後五時三十五分、まずは提灯の灯りと秉燭《へいしょく》（松明《たいまつ》）を先頭に式外参列員が参進してきた。この式外参列員は造営工事に携わった小工《こだくみ》（宮大工）たちで、素襖《すおう》という青い装束姿で烏帽子を身に着けている。彼らは御正宮前で拝礼を行った後、奉拝席の所定の位置に着いた。

続いて五時四十五分、安倍晋三首相はじめ麻生太郎副総理兼財務相ほか七閣僚、旧皇族、神社関係者などの特別参列員三〇〇人が参進。御正宮板垣御門《いたがきごもん》内の所定の位置に着いた。首相が遷宮祭に参列するのは、昭和四年（一九二九）の第五十八回神宮式年遷宮の濱口雄幸《おさち》以来のことという。

御正宮石階下では庭燎《ていりょう》が焚かれ灯籠には明かりが灯っている。神宮の森の下はすでに薄暗いが、木々の間から見える空はまだ明るい。物音一つたてるものはなく、近くを流れる島路《しまじ》川のせせらぎと虫の声が響くのみだ。五時五十分、御正殿と新殿の御鑰《みかぎ》が納められた素木の辛櫃が御正宮へと運ばれていく。続いて、衣冠姿の供奉《ぐぶ》員二十五人が参進してきて、御正宮内中《なかの》重《え》の所定の位置に着いた。この供奉員は神社本庁の北白川道久《みちひさ》統理《とうり》、久邇《くに》邦昭《くにあき》顧問、田中恆清《つねきよ》総長、小串和夫副総長、吉田茂穂常務理事や神宮責任役員、崇敬者総代など遷宮委員と呼ばれる神社界、政財界の重鎮たちである。

そして五時五十五分、奉拝席の約三千人が起立・低頭するなか、皇族代表として秋篠宮殿下が参進されてきた。殿下はシルクハットを手にされた礼服姿で、御正宮へと入っていかれた。

六時、辺りがだいぶ暗くなってきた。静寂の神域に第三鼓が響き渡る。斎館から勅使《ちょくし》とその一行、祭主以下、楽長・楽師までの百数十人の参進を告げる太鼓の合図だ。天皇陛下が差遣された勅使と勅使随員は黒袍《ほう》と赤袍の束帯《そくたい》姿で木綿鬘を着け、随行員三名は衣冠姿である。勅使を務めるのは手塚英臣《ひでおみ》掌典《しょうてん》長だ。掌典とは宮中や歴代天皇の山陵などで、天皇陛下が執行される皇室祭祀に奉仕する人たちのことである。その掌典のなかで、掌典長が勅使を務めるのは神宮式年遷宮に限ってのことだ。天照大御神《あまてらすおおみかみ》をお祀りする皇大神宮（内宮）。いうまでもなく天照大御神は皇室の祖先神であり、あらゆる神々のなかで最高位にある日本国民の総氏神である。天皇陛下は皇祖ご追孝の聖旨をもって勅使と皇族代表を差遣されているのだ。

勅使一行と祭主以下は、まず、第二鳥居外で向かい合って並び、一揖《ゆう》（一礼）後、勅使一行

太玉串を捧持する臨時神宮祭主（内宮）

を修祓。六時十五分、奉拝席後方の報道席からも、参道の奥に松明の火と提灯の明かりがぼんやりと見え、一同の玉砂利を踏む音が聞こえてきた。勅使以下祭員は、参道途中にある玉串行事所へと向かい、参道両側にずらりと列立しているのだ。ここで禰宜までの祭員は、一揖後、「大庭《おおば》」と呼ばれる祭場に設けられた玉串案のところで**太《ふと》玉串**を受け取るのである。ここでいう太玉串とは、榊に木綿《ゆう》のついた玉串の美称でもあるが、『延喜式』に所収の「伊勢大神宮神嘗祭」祝詞の中に「太玉串に隠《かく》り侍《はべ》りて」とあるように、旧式祭典では玉串は五尺（約一五二センチ）のものを使っていて、そこからこの名称で呼ばれているものだ。ちなみに現在の太玉串は二尺で約六一センチである。勅使以下禰宜までの祭員は、玉串案のところで正座している玉串所役のところに向かい、相対して蹲踞《そんきょ》し一拍手、右手には所役の右手から、左手には所役の左手から太玉串を受け取り、そのまま両手に奉持して御正宮へと順に参進していくのである。

勅使一行がまず、御正宮へと入っていき、次に祭主以下、大宮司・少宮司・禰宜以下と続いていく。その際、祭主以下権禰宜までは、板垣御門前で宮掌により、さらに御塩《みしお》での清祓いを受けての参進である。

*

六時半、祭員一行がすべて御正宮内へと入っていった。中で石を踏む浅沓の音が聞こえる。中重での祭儀が始まって、辺りは再び、静寂となった。

次第によると、諸員が中重の版《はん》（所定の座す場所）に著《つ》くと、まず、勅使と勅使随員の太玉串が権禰宜によって内玉垣御門《うちたまがきごもん》下の東方に納められ、祭主はじめ大宮司・少宮司、禰宜と玉串所役を務めた権禰宜の太玉串が同門下の西方に納められたという。次に御正殿御扉《みとびら》の御鑰《みかぎ》が大宮司に進められ、祭員一同が内院《ないいん》の版に著く。内院とは御正殿のある御垣内の一番奥の最も清浄な聖域のことである。勅使が御正殿の階下に進んで「新宮の御造営が成りましたにより、御遷りを請い奉る」旨の御祭文を奏上。楽長・楽師の奏する**神楽歌**が流れるなか、大宮司・少宮司によって御扉が開かれた。この勅使による御祭文の奏上と御扉の開扉のとき、奉拝席ではアナウンスがあり、三千人以上が起立して低頭した。六時五十五分と七時のことである。そして、開扉の瞬間、一陣の風が吹いた。

一方、御正殿では殿内と大床に燈《みあかし》が点《とも》され、祭主に続いて大宮司・少宮司、禰宜が殿内に伺候《しこう》。大御神がお発ちになる「**出御**《しゅつぎょ》」の準備がいよいよ始まった。同じころ、禰宜と権禰宜が御正殿に隣接する新宮へ、東西の門を通じて進み、禰宜が御扉を開く。禰宜が御正宮に帰参して、権禰宜は新宮の御正殿内と大床に燈を点したという。新宮では、大御神がお入りになる「**入御**《じゅぎょ》」の準備が成されているのだ。

七時三十五分、宮掌と宮掌補によって、雨儀廊の下に道敷布《みちしきぬの》が敷かれていく姿が見えてきた。道敷布とは「**渡御**《とぎょ》」の路程に敷かれる白い麻布のことで、真菰《まこも》の葉を編んで作った葉薦《はごも》がまず敷かれて、その上に敷かれていく。この道のことを**御道敷**《おんみちしき》ともいい、道敷布は「御《ぎょ》」(御神体)が通られた後、祭主の前で宮掌によって巻きとられていく。

時折、鹿が鳴く。大木間をムササビが飛び、グルルーと声を発している。

御正殿では、少し前から勅使一行が御正殿階下東方に列立し、祭主が階下西方、権禰宜以下が東西に列立して、権禰宜による「**召立**《めしたて》」が始まっているはずだ。召立は例えば「御盾《おんたて》二枚、右、

大御神を秘めた絹垣(内宮)

神宮宮掌誰々、左、神宮宮掌誰々」といったもので、権禰宜の読み上げる召立文《めしたてぶみ》にしたがって遷御の列次が整えられていく。この召立に応じて、宮掌・宮掌補は「執物《とりもの》」と呼ばれる御装束神宝を執って列立し、**行障《こうじょう》・絹垣《きんがい》**所役の権禰宜・宮掌は御正殿の大床で一拝して階下東西に列立する。絹垣とは純白の生絹《すずし》で出来た囲いで、行障とはその絹垣の正面を塞ぐ白い布のことだ。この行障・絹垣で大御神は秘されて遷御の列の中を進まれてゆくのだ。最後に供奉員たちが内玉垣御門前に列立して、厳かな出御の時を待つ。

七時五十三分、高張提灯や灯籠の明かり、奉拝席にわずかに点けられていたライトが同時に消された。七時五十五分、庭燎も消された静かなる闇のなかで、所役の宮掌が瑞垣御門下の西方で東面し、**鶏鳴《けいめい》**を三声《さんせい》、大きくゆっくり唱える。

「**カケコー**」「カケコー」「カケコー」

これは記紀神話で天照大御神が天石屋戸《あめのいわやと》にお隠れになったとき、八百万《やおよろず》の神たちが常世《とこよ》の長鳴鳥《ながなきどり》を集めて鶏鳴を告げさせた故事に倣うものだ。この鶏鳴三声は、風向きによっては奉拝席でも、はっきり聞こえたという。続いて、勅使が御階《ぎょかい》の前に進み、「**出御、出御、出御**」と三回唱えて出御を申し上げ、いよいよその時となった。午後八時、御正殿内の大宮司・少宮司と禰宜が、御神体を奉戴して絹垣の中へ入り、行障で正面を塞いで出御。「オーー」と低唱される警蹕《けいひつ》と、笛、篳篥《ひちりき》、和琴《わごん》に合わせた楽長・楽師の神楽歌とともに、渡御が始まったのだ。

それはまさに夢幻の世界であった。わずかな松明と提灯の灯りのもと、進んでいく遷御の列。目に映る姿はおぼろげだ。しかし、そのわずかにうごめく光の列だからこそ、むしろ神々しい。おだやかな神楽歌の調べと警蹕の低い声。張りつめた浄闇の華やかさのなか、皆、息をひそめて見つめている。絹垣が目の前に来ると、静かに頭を垂れる。渡御の間じゅう、ずっと涼やかな風が渡っていた。それはまさしく「神気《しんき》」を感じる瞬間だった。

*

次第によると、遷御の列は、前陣と後陣に分かれている。前陣は宮掌二人を先頭に、秉燭《へいしょく》、御装束神宝の御楯、御鉾、蒲御靫《がまのおんゆぎ》、梓御弓《あずさのおんゆみ》、菅御翳《すげのおんさしは》、羅紫《らのむらさきの》御翳、金銅造御太刀《こんどうづくりのおんたち》、玉纏《たままきの》御太刀、須賀利《すがりの》御太刀、赤紫綾御蓋《あかむらさきのあやのおんきぬがさ》が続く。その後に、道楽《みちがく》を奏する楽長・楽師、警蹕を唱える勅使随員と続き、勅使が絹垣のすぐ前を進む。続いて、大宮司・少宮司と禰宜に奉載された御神体が絹垣に秘められ、御道敷の上を新宮へと渡御する。

後陣は、赤紫綾御蓋の後に祭主、その後に菅御笠《すげのおんかさ》、梓御弓、革御靫《かわのおんゆぎ》、御鉾、御楯の御神宝が続き、御火と宮掌二人が入って、その後に供奉員、皇族代表が続かれ、その後を参列員が二列になって進むというものだ（191ページ参照）。

なお、**この御神体の出御と同刻の八時に、皇居では天皇陛下が「遙拝の儀」**を行われた。平安時代の第五十二代嵯峨天皇のときに制定され、天皇しか身に着けることができない**黄櫨染《こうろぜんの》御袍《ごほう》**をお召しになった天皇陛下は、**剣璽《けんじ》**を奉持した侍従《じじゅう》を従えて出御。**神嘉殿《しんかでん》前庭（南庭）**に特別に設けられた御座に進まれ、「**庭上下御《ていしょうげぎょ》**」という最も丁重な作法で、遷御の儀を遙拝されたという。剣璽とは、宮中に伝えられてきた皇位継承の証《あかし》である。庭上下御とは、やはり平安時代の第六十代醍醐天皇から始まり、今に伝わる神宮の遙拝作法だ。天皇陛下は毎年十月十七日の神嘗祭のとき、神嘉殿の浜床に設けられた御座で神宮を遙拝される。遷宮の際はとくに、庭上に春夏秋冬の景色が描かれた屏風をめぐらせて御座を設けられ、そこで遙拝されると

退下する祭主以下神職（内宮）

いう。今回の遷御の遙拝の儀には、皇族代表として常陸宮《ひたちのみや》殿下、そのほかに宮内庁長官、式部官長が参列。また、皇后陛下は御所で、皇太子・同妃両殿下は東宮《とうぐう》御所で遙拝になった。

午後八時四十分、消されていた明かりが再び点けられた。入御されたのだ。その瞬間、かすかに聞こえていた神楽歌の調べも変わった。旧御正殿から新宮御正殿まで三〇〇メートルほどの距離である。アナウンスが流れ、奉拝者たちは全員起立し、二拝二拍手一拝の作法で新宮に向けて拝礼を行った。

新宮では祭員が新殿階下東西に列立し、供奉員は内玉垣御門前に列立。参列員は板垣御門前の所定の位置に著いた。まず、宮掌と宮掌補によって道敷布が完全に撤せられた。祭主が殿内に伺候し、禰宜が大床と御階に伺候。再び召立文が読み上げられ、遷御に供奉した御装束神宝が次々に殿内に奉納されていく。次に御列の前陣後陣に供奉した諸員と供奉員が版（所定の座す場所）に著いた。また、これより先に古殿の燈を撤し、御扉を閉じてきた権禰宜が御鑰を宮掌に托して版に著いた。そして、禰宜と祭主が内院の版に著き、権禰宜が燈を撤して、神楽歌が奏されるなか、大宮司・少宮司によって御扉が閉じられた。

その後、勅使が御階下に進み、御神体が鎮まられた旨の**御祭文**《ごさいもん》を奏上。大宮司が勅使に遷御の儀が終わったことを申し上げた。中重に退出して、大宮司が御鑰を宮掌に托してこれに封を附したという。一同は八度拝の後、新宮を退出して、荒祭宮遙拝所で八度拝を行い、遷御の厳儀は滞りなく終了。九時四十五分ごろ、勅使はじめ祭員は斎館に退下した。参列員も拝礼の後、退下。これをもって新宮が御正宮となったのである。

外宮の遷御は十月五日の午後八時からほぼ同様に行われた。内宮と異なり、出御の際の鶏鳴

御装束神宝の渡御（外宮）

三声は「**カケロー**」である。また、外宮の玉串行事所は五丈殿前の大庭《おおば》に設けられた。
豊受《とようけ》大御神をお祀りする豊受大神宮（外宮）。豊受大御神は、天照大御神にお食事を差し上げる御饌都神《みけつかみ》で、広く産業の神として信仰されている。天皇陛下はこの日も同刻に、内宮同様に神宮を遙拝され、皇后陛下、皇太子・同妃両殿下もそれぞれ遙拝された。供奉員として神社本庁の中山高嶺評議員会議長や寺井種伯《たねのり》常務理事らも奉仕し、奉拝者は三六〇〇人に及んだ。台風二十三号の影響で、午後から強い雨の予報が出されていたが、出御の前に少しぱらついた程度で、外宮の重儀も祝着至極に終了した。

皇大神宮（内宮）渡御御列

宮掌　秉燭《へいしょく》　秉燭　御楯　御鉾　蒲御靫《がまのおんゆぎ》　梓御弓《あずさのおんゆみ》　菅御翳《すげのおんさしは》　羅紫《らのむらさきの》御翳
宮掌　秉燭　秉燭　御楯　御鉾　蒲御靫　梓御弓　菅御翳　羅紫御翳

金銅造御太刀《こんどうづくりのおんたち》　楽師
金銅造御太刀　玉纏《たままきの》御太刀　須賀利《すがりの》御太刀　赤紫綾御蓋《あかむらさきのあやのおんきぬがさ》　楽長　楽師

行障　絹垣　祭主　菅御笠《すげのおんかさ》
御
勅使随員　勅使　行障　絹垣　赤紫綾御蓋　菅御笠

梓御弓　革御靫《かわのおんゆぎ》　御鉾　御盾　御火　御火　宮掌
梓御弓　革御靫　御鉾　御盾　御火　御火　宮掌

■大御饌（おおみけ）――平成二十五年十月

遷御ののち初めて大御神に大御饌（神饌）を奉る「大御饌」の儀。遷御の後儀にあたる祭儀で、昭和四年の第五十八回の遷宮以降、遷御とこの大御饌の後に行われる「奉幣《ほうへい》」と並んで遷宮祭を構成する重要な祭儀に加えられました。皇大神宮は十月三日、豊受大神宮は同月六日、それぞれ遷御翌日の早朝から行われました。以下、その様子を紹介します。

＊

内宮の遷御の翌日三日の夜明け前、宇治橋前には千人以上の人が列をなしていた。新しくなった御正宮で、いち早く初参拝したいとの思いで待つ人たちである。遷御のときにも宇治橋前で多くの人が拝礼していたといい、なかには徹夜をして待っていたという人もいる。彼らは午前五時の開門を合図に、御正宮へと向かっていった。

六時前、夜が明けた。空はほのかに光っている。鳥のさえずりがのどかで清々しい朝だ。今日はまず六時から「大御饌」の儀がある。五時五十二分、第三鼓が鳴った。大宮司・少宮司を先頭に禰宜四人、権禰宜十一人が参進してきた。これから、まず、神饌を祓い清めるのだ。忌《いみ》火屋殿《びやでん》前にはすでに神饌が納められた辛櫃二合が置かれている。参進してきた神職たちが、忌火屋殿前で整列。祓詞を奏上し、大麻と御塩で辛櫃の中の神饌が清められていく。次に神職を祓うと、辛櫃は御正宮石階下の御贄調舎《みにえちょうしゃ》へと運ばれ、大宮司以下神職たちも参進していった。

御贄調舎は内宮だけに存在し、神嘗祭などで大御饌の代表的なお供えである鰒《あわび》の調理を行うところだ。御饌都神である豊受大御神の来臨のもと、忌箸《いみはし》と忌刀《いみがたな》で調理する。次第によると、御贄の調理を行った後、再び御贄は辛櫃に納められて御正宮へと運ばれた。大宮司以下の祭員が中重に進み、禰宜が瑞垣御門前に神饌を奉奠《ほうてん》、大宮司が祝詞を奏上して、新宮における初めての大御饌の儀を終えたのである。

外宮でも遷御の翌日、午前六時から大御饌の儀が行われた。外宮では御贄調舎での調理は行われていない。

■奉幣（ほうへい）――平成二十五年十月

遷御に際して天皇陛下から奉られる幣帛を奉納する「奉幣」の儀。古くは「一**社奉幣**」と称され、遷御とともにひときわ重んじられてきた祭典であり、日時は天皇陛下の御治定によります。皇大神宮は十月三日、豊受大神宮は同月六日、それぞれ遷御翌日の午前十時から行われました。以下、その様子を紹介します。

＊

大御饌に続き、午前十時から執り行われたのが奉幣である。これは遷御に際して天皇陛下から奉られる幣帛を奉納する祭儀だ。古くは「一社奉幣」と称され、この一社とは当然、神宮のことであり、遷御とともにひときわ重んじられてきた祭儀である。勅使、祭主はじめ奉仕員は、木綿鬘や明衣なども含め遷御と同じ装束を身に着ける。

九時半、多くの参列者が御正宮へ向けて参進していった。神社本庁の北白川道久統理、久邇邦昭顧問、田中恆清総長や神宮責任役員、崇敬者総代など遷宮委員と呼ばれる神社界、政財界

中重に奉安された幣帛（内宮）

玉串行事所（内宮）

天皇陛下からの幣帛を納めた辛櫃

の重鎮たちと、元皇族や神社関係者である。次に御鑰《みかぎ》が納められた辛櫃と神職九名が参進していく。そして九時四十五分、シルクハットを手に礼服姿の秋篠宮殿下が参進されていった。

九時五十五分、第三鼓が鳴った。斎館を出て、天皇陛下からの幣帛を納めた素木の辛櫃二合を先頭に、勅使一行と祭主はじめ大宮司・少宮司以下神職が参進し始めた。祭主は池田厚子様である。一行は、まず第二鳥居外で修祓。参道途中の玉串行事所へと向かった。

玉串行事所の大庭では、勅使一行と祭主以下神職が威儀を正して列立。二合の辛櫃は素木の高案《こうあん》（机）の前に置かれている。しんと空気が張りつめている。勅使随員により幣帛が辛櫃より取り出され、高案の上に置かれた。辛櫃は大庭から持ち運ばれ、祭主が**送文**《おくりぶみ》を被見する。送文とは、幣帛の品名を書いた送り状のことである。権禰宜二名が、幣帛が置かれた高案のところに行き、送文を読み上げ読合《とくごう》を行った。次に、勅使と勅使随員が玉串案に向かい、玉串所役から太玉串を受け取った。その作法は遷御のときと同じである。勅使と勅使随員がいったん、列に戻り、高案に載せられた幣帛はそのまま権禰宜に抱えられ、御正宮へと運ばれていった。その後に勅使一行が続く。続いて、祭主が太玉串を受け取り、両手に奉持して参進、以下、大宮司・少宮司、禰宜までが太玉串を受け取って、権禰宜以下はそのまま列に続いた。

次第によると、幣帛が載せられた高案は内玉垣御門まで手舁《てか》きされ、勅使と勅使随員および祭主、大宮司・少宮司、禰宜が太玉串を奉持して中重に進んだ。勅使が内玉垣御門前の案前で御祭文を奏上し、奉持していた全員の太玉串をそれぞれ内玉垣御門下に奉納。祭主以下が東宝殿前に移って、同殿に幣帛を奉納した後、勅使一行とともに御前を退いたという。

一同は荒祭宮遙拝所で八度拝を行った。参列者も御正宮を後にし、荒祭宮を遙拝。勅使一行

饗膳の儀（外宮）

と大宮司・少宮司、禰宜の二人が五丈殿に進み饗膳の儀に臨んだ。これは祭儀の後の直会《なおらい》にあたる。作法は杵築祭（172ページ参照）の項で記したように、三献勧杯《さんこんけんぱい》の古式饗膳である。勅使一行と大宮司・少宮司が檜葉机の前に着座し、勅使、勅使随員、勅使随行員、大宮司、少宮司の順番で盃が進められた。

外宮の奉幣も遷御翌日の午前十時から、ほぼ同様に行われた。玉串行事所は五丈殿前の大庭に設けられた。

古物渡（こもつわたし）——平成二十五年十月

古殿内の神宝や幣帛などを新宮に移す儀式が「古物渡」です。皇大神宮は十月三日、豊受大神宮は同月六日、それぞれ遷御翌日の午後二時から行われました。以下、その様子を紹介します。

＊

奉幣に続いて、三日の午後二時から行われたのが古物渡である。これは古殿内の神宝や幣帛などの御物《ぎょぶつ》を新宮に移納する祭儀だ。神宮式年遷宮では、御装束神宝も古式のままに新たに調進される。その御物のなかには神供としてとどめておく古物があり、遷御の翌日に新宮に移すことになっている。

次第によれば、その祭儀は以下のとおりだ。大宮司・少宮司以下神職が御正殿に参進、大宮司・少宮司で御扉を開く。次に、少宮司以下神職が古殿に至って御扉を開き、禰宜以下が幣帛・

神宝類の一部を御正殿に移しまつる。

外宮の古物渡も遷御の翌日の六日、午後二時から執り行われた。ちなみに、新調された御装束神宝は二十年間、各宮の殿内にお納めし、一部を除いて撤下《てっか》されることになる。明治以前までは、「神々の御料が人の手に渡るのは畏れ多い」との考え方から、燃やせるものは燃やし、その他は土中に埋められていた。現在ではこれを改め、伝統技術保存などの理由からも大切に保管されている。

■御神楽御饌（みかぐらみけ）――平成二十五年十月

遷御の後、天皇陛下は神宮に宮中の楽師を差し遣わされ、御神楽を奉納されます。**これに先立ち、御饌（神饌）を奉る儀式が「御神楽御饌」**です。皇大神宮は十月三日、豊受大神宮は同月六日、それぞれ遷御翌日の午後五時から行われました。以下がその概要です。

＊

遷御の翌日午後七時からは、天皇陛下が宮内庁楽部《がくぶ》の楽長・楽師を差し遣わされて行われる御神楽の奉納がある。これは、明治二十二年の第五十六回式年遷宮より始まったものだ。その祭儀を寿《ことほ》ぐ心映えをもって行われるのが御神楽御饌で、大御神に特別の御饌が奉られる。御神楽御饌は、御神楽に先立つ午後五時、大宮司・少宮司以下神職の奉仕によって行われた。次第は大御饌とほぼ同じだが、その祭儀は恒例祭典である元始祭《げんしさい》に準じ、瑞垣御門前で御饌の奉奠《ほうてん》が行われたという。ちなみに元始祭とは正月三日に行われ、皇室の永遠の発展と国運が最大に

参進する臨時神宮祭主以下神職。写真右手が宮内庁楽部の楽師たち（内宮・神楽殿前）

なることを願う祭儀である。

外宮の御神楽御饌も遷御の翌日、六日の午後五時から行われた。

■御神楽（みかぐら）――平成二十五年十月

御神楽の奉納の日時は天皇陛下の御治定によります。皇大神宮では十月三日、豊受大神宮は同月六日、それぞれ遷御の翌日の午後七時から行われました。この御神楽をもって、内宮・外宮でそれぞれ三日間にわたって行われる遷宮祭が終了します。以下、その様子を紹介します。

＊

午後六時五十分、内宮の神域に第三鼓が鳴り響いた。閉門時間をとうに過ぎて、参拝者は誰もいない。明かりが消された暗闇のなか、第二鳥居方向から、玉砂利を踏む音と同時に松明と提灯の光が近づいてきた。神楽殿前には、人長《にんじょう》と楽長三名、楽師八名が並んでいるが、その姿は定かではない。松明の明かりが近づいてきて、その先頭は勅使と勅使随員であることが分かる。すると、その後ろに人長以下、楽長・楽師が合流した。

松明に照らされ、おぼろげにその姿が浮かび上がる。人長は冠に白袍の束帯を身に着け、太刀を佩《は》いている。人長とは、御神楽の演奏に際し、指示を与え進行係となる人のことをいう。そして、赤袍束帯を身に着けた楽長と緑袍束帯の楽師が続く。

その後に続いていたのが、臨時神宮祭主の黒田様だ。檜扇を手に麗しい遷宮奉仕服を身に着けたその姿は、ほのかな明かりに照らされ、やさしい威厳に満ちている。そして、大宮司・

少宮司、神職数名が続く。これから御正宮で御神楽が始まるのだ。御正宮の四丈殿に着き、庭燎の明かりのみのもと、宮内庁楽部の楽師たちが深更まで歌舞《うたまい》を演じるという。その一部は**秘曲**だ。この式年遷宮と天皇即位の大嘗祭《だいじょうさい》のときに演じられる御神楽の楽譜は直前に渡され、演奏後はすぐに忘れろと言われると聞いたことがある。しかも、その演奏は無音だという。心に念じて音を出さずに演奏するのだ。ここに、聴衆にではなく神様に心を奉納する芸能の原点がある。天石屋戸の前で天宇受売命《あめのうずめのみこと》が舞ったことから始まったといわれるのが日本の芸能だ。その心を皆で共有し、無事に遷御された神様の鎮まりを願い日ごろの感謝を捧げる。そして、この盛儀を祝福し、国家・国民の無窮《むきゅう》を祈るのだ。

虫の音が響き、空では星がまたたいている。参進の列が遠ざかっていく。その光はおぼろに、そして、見えなくなった。

外宮の御神楽も遷御の翌日、六日の午後七時から行われた。これをもって、両正宮の式年遷宮は無事に終了した。また、この時点で黒田清子臨時神宮祭主はその役目を終えられた（なお、平成二十九年六月十九日付で、池田厚子様は神宮祭主を退任され、黒田様が後任として就任された）。

＊

遷御の翌々日に両正宮を参拝して、驚いたことがある。以前、神様が入られた御正殿は、遷御前とはまったく違うと聞いていたが、確かに違うのだ。こうして拝見すると、失礼ながら遷御の前の御正殿は、端正で豪華なモデルルームだったと感じざるをえない。空は雲に覆われていたが、それでも若々しく、どっしりとして光っている御正殿。そのたたずまいを目に焼きつ

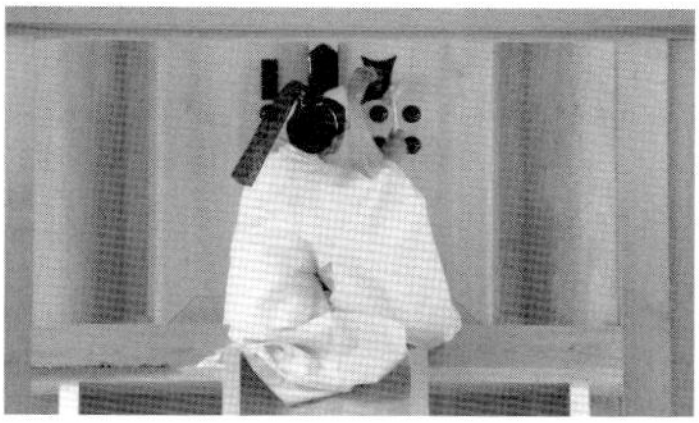

御戸祭（瀧原宮）

けて、再度お辞儀をしてその場を去った。なお、十月十二日午後二時に、神宮の平成二十五年の参拝者は、内宮・外宮あわせて一千万人を超えた。これ以前の年間最高参拝者数は、平成二十二年の八八二万八八五一人であった。「尊さに皆おしあひぬ御遷宮」。元禄二年（一六八九）、第四十六回神宮式年遷宮に際して参拝した松尾芭蕉はこの句を残しているが、それ以上の状況を表した数字といえよう。

■別宮以下の遷宮

両正宮の遷宮が終わった後も、別宮や摂末社《せつまっしゃ》などの遷宮が続きます。両正宮の遷宮に続いて、同月十日には内宮第一別宮の荒祭宮、同月十三日には外宮第一別宮の多賀宮の遷御が斎行されました。神宮は、両正宮に十四の別宮と一〇九の摂社、末社、所管社を合わせた一二五社から成ります。そのうち、月読宮《つきよみのみや》以下十二別宮の遷御が、平成二十六年十月六日から二十七年三月十五日にかけて行われました。

別宮の遷宮にともなう諸祭・行事は、両正宮とほぼ同様に行われ、御神体が新宮へ遷られる遷御の二日前には、御戸祭、御船代奉納式、洗清、前日には、杵築祭、後鎮祭、川原大祓、当日の日中には御飾の儀を斎行。遷御は夜間に行われ、翌日午前には大御饌の儀ののち、奉幣では天皇陛下よりの幣帛が奉られます。このうち、杵築祭、後鎮祭、遷御、奉幣の各日時は、天皇陛下の御治定によります。以下、平成二十六年十一月七日に斎行された瀧原宮《たきはらのみや》および瀧原《たきはらの》竝宮《ならびのみや》の遷御の様子を紹介します。

遷御で参進する大宮司（瀧原宮）

＊

三重県度会郡大紀町《わたらいぐんたいきちょう》の森の中に鎮座する瀧原宮と瀧原竝宮は、それぞれ天照大御神の御魂《みたま》を祀り、「大御神の遙宮《とおのみや》」とも呼ばれる。細い参道を進むと、向かって左に現宮（取材当時）、右に新宮の御敷地があり、現・新宮とも左に瀧原竝宮、右に瀧原宮が並び建つ。現宮と新宮をつなぐ雨儀廊の端には奉拝席が設けられ、この日は約二八〇名の関係者らが集まっていた。辺りには明々と燃える庭燎の煙が漂い、背後に流れる大内山川の支流・頓戸川《とんどがわ》のせせらぎの音が聴こえる。しんとして、星影さやかな夜である。

午後七時すぎ、太鼓の音が森閑とした闇に響く。参進の砂利を踏む音と提灯の明かりが、現・瀧原宮へと進んでいく。両正宮と異なり、別宮の遷御では勅使と祭主は奉仕しない。瀧原宮・瀧原竝宮の遷御に奉仕する祭員は、大宮司・少宮司以下神職など計四十八名。祭員の装束は両正宮の遷御と同様で、禰宜以上の神職は木綿鬘と木綿襷、権禰宜と宮掌は掛明衣を着けている。しばらくすると、出仕一名が浅沓《あさぐつ》二足を抱えて雨儀廊を現宮から新宮へ渡っていった。遷御の際、「御《ぎょ》」と呼ばれる御神体を奉戴する禰宜二名のもの。祭員のなかでこの役だけは浅沓を履かずに雨儀廊に敷かれた「道敷」の上を進むので、新宮到着時に履けるよう先に持っていくのだ。

現宮では、大宮司がこれから神様に新宮へお遷りいただく旨の祝詞を奏上。御殿の御扉が開けられ、殿内に明かりが灯される。その後、禰宜一名が雨儀廊を進んで新宮へ入り、殿内に明かりを点けて待機する。このころ、現宮では奉仕者の所役を読み上げ御列を整える召立が始まり、雨儀廊には数名の出仕により葉薦《はごも》が敷かれ、さらにその上に白い麻の道敷布が敷き延べられて、道敷が整えられた。

現宮から、「カケコー、カケコー、カケコー」と尾を引くような声が聞こえてきた。この宮掌による鶏鳴三声を合図に、すべての明かりが落とされた。大宮司の「出御、出御、出御」の三声があり、午後八時に出御。道敷の白い一本道が、ふわりと夜闇に浮かび上がる。遷御の御列が、ゆっくりと雨儀廊を渡り始めた。御列は、御楯、御鉾などの御神宝の後に大宮司、そして行障《こうじょう》と絹垣《きんがい》に囲われた御《ぎょ》、さらに少宮司、御神宝が続く。浄闇《じょうあん》にゆらめく白布に覆われて、御を捧持する禰宜二名は白い道敷の上をしずしずと歩む。御が通り過ぎたそばから、出仕が道敷をくるくると丸め取っていく。

御が完全に新宮に入御《じゅぎょ》すると、明かりが灯され、御神宝が御殿に納められた。その後、大宮司が遷御が無事終わった旨の祝詞を奏上。新宮の御扉が閉じられ、全員で八度拝を行って、祭儀は終了。祭員は引き続いて瀧原竝宮へ参進し、同様の次第で遷御を行った。

＊

平成二十七年三月に風宮《かぜのみや》の遷宮が執り行われ、この時点で第六十二回神宮式年遷宮の諸祭儀は終了しましたが、摂末社・所管社まですべての遷座が終わるのは平成三十五年の予定です。

第六十二回神宮式年遷宮 主要諸祭行事一覧

平成17年	5月	山口祭《やまぐちさい》 ※	遷宮のご造営にあたり、御用材を伐採する「御杣山」（みそまやま）の山の口に坐（ま）す神を祀り、伐採と搬出の安全を祈る祭儀。	山作り
	5月	木本《このもと》祭 ※	新宮（にいみや）の御正殿の御床下中央に奉建する特別な柱である「心御柱」（しんのみはしら）の御用材を伐り出すにあたり、御木の本に坐す神を祀る祭儀。	
	6月	御《み》杣始《そまはじめ》祭	御用材の伐採を始めるに際して、御杣山に坐す神を祀り、安全とご造営の立派な完成をお祈りする祭儀。御神体をお納めする「御樋代」（みひしろ）という円筒形の御器（おんうつわ）を奉製する御料木を伐り出す。	
	6月	御《み》樋代木《ひしろぎ》奉曳《ほうえい》式	御杣山で伐り出された御樋代木を伊勢へと陸送し、両宮域内に曳き入れる儀式。	
	9月	御《み》船代《ふなしろ》祭 ※	御樋代をお納めする御器「御船代」の御用材を伐採するに際して、両宮域内に祭場を定めて木本（このもと）の神を祀る祭儀。	
平成18年	4月	御《お》木曳初《きひきぞめ》式	両宮宮域内に御用材を初めて搬入する儀式。伊勢市民の奉曳団が木遣も勇ましく奉仕する。	
	4月	木造始《こづくりはじめ》祭 ※	御用材の木取り作業を始めるにあたって、作業の安全を祈り御木に忌斧（いみおの）を打ち入れる祭儀。	
	5月	仮御樋代木《かりみひしろぎ》伐採式	「遷御」の際に、御神体は「仮御樋代」と呼ばれる御器にお納めし、仮御樋代は「仮御船代」に納められる。仮御樋代と仮御船代の御用材を伐採するにあたり、木の本に坐す神を祀り、忌斧を入れる祭儀。	
	5月〜7月	御《お》木曳《きひき》行事（第一次）	伊勢市民および全国の崇敬者により、御用材を古式のままに両宮宮域内に奉曳する伝統行事。	
平成19年	5月〜7月	御木曳行事（第二次）	第一次と同様に内宮は五十鈴川を「川曳」（かわびき）し、外宮は御木曳車で「陸曳」（おかびき）する。遷宮諸祭のなかで最もにぎやかな行事。	
平成20年	4月	鎮地《ちんち》祭 ※	新宮造営にあたり大宮地（おおみやどころ）に坐す神を鎮め、御敷地（みしきち）の平安と造営の安全を祈願する祭儀。	庭作り
平成21年	11月	宇治橋渡始《わたりはじめ》式	宇治橋も二十年に一度、新しく架け替えられる。その竣功を祝い、橋の安全を祈願する祭儀。古式による渡始が行われる。	
平成24年	3月	立柱《りっちゅう》祭 ※	新宮の御正殿の御柱（みはしら）を立てるに際して行われるお祭り。	
	3月	御形《ごぎょう》祭	新宮の御正殿の東西の妻の梁上にある束柱（つかはしら・建物を支える短い垂直材）に、「御形」と呼ばれる円形の穴を穿つ祭儀。御形は「御鏡形」（みかがみがた）とも称する装飾の一種。立柱祭と同日に行われた。	
	3月	上棟《じょうとう》祭 ※	新宮の御正殿の棟木（むなぎ）を揚げるに際して執り行われる祭儀。多数の関係者が参列して盛大に行われた。	
	5月	檐付祭《のきつけさい》	新宮の御正殿の御屋根の萱（かや）を葺き始めるにあたって執り行われる祭儀。	
	7月	甍祭《いらかさい》	新宮の御正殿の御屋根に、御金物（おんかなもの）を飾り奉るに際して行われる祭儀。	

平成25年

月	祭儀	内容	区分
7月〜9月	御白石持行事《おしらいしもち》	新宮の御敷地に敷きつめる「御白石」を伊勢市民はじめ全国の崇敬者が奉献する盛大な行事。	庭作り
9月	御戸祭《みとさい》	新宮の御正殿の御鑰穴（おんかぎあな）を穿ち奉るにあたり、建物の神である屋船大神（やふねのおおかみ）をお祀りして、御扉（みとびら）を取り付ける祭儀。	庭作り
9月	御船代《みふなしろ》奉納式	御神体をお納めする御船代を新宮の御正殿に奉納する祭儀。	庭作り
9月	洗清《あらいきよめ》	新宮の御正殿の竣工にともない殿内を洗い清める儀式。	庭作り
9月	心御柱《しんのみはしら》奉建	新宮の御正殿の御床下に奉建される特別な柱である心御柱を奉建する祭儀。	庭作り
9月	杵築祭《こつきさい》 ※	新宮の御正殿の竣工を祝い、その御柱の根元をつき固める祭儀。	庭作り
10月	後鎮祭《ごちんさい》 ※	新宮の御正殿の竣工に感謝を捧げ、御敷地である大宮地の平安を祈る祭儀。	庭作り
10月	御装束神宝読合《おんしょうぞくしんぽうとくごう》	新たに調進された御装束神宝を、新宮の四丈殿（よじょうでん）で式目（品名を書き並べた目録）に照らして読み合わせる祭儀。	遷宮祭
10月	川原《かわら》大祓《おおはらい》	遷御に先立ち、仮御樋代・仮御船代をはじめ、御装束神宝、遷御に奉仕する祭主以下すべての奉仕員を祓い清める祭儀。	遷宮祭
10月	御飾《おかざり》	調進された御装束で新殿内を装飾して遷御の準備をする祭儀。	遷宮祭
10月	遷御 ※	大御神が本宮（現在の御正宮）から新宮（新しい御正宮）へと渡御される、遷宮の中核をなす祭儀。	遷宮祭
10月	大御饌《おおみけ》	遷御の翌日、初めて大御神に大御饌（神饌）を奉る祭儀。	遷宮祭
10月	奉幣《ほうへい》 ※	遷御の翌日、新宮の大御神に天皇陛下から奉られる幣帛を奉納する祭儀。	遷宮祭
10月	古物渡《こもつわたし》	遷御の翌日、古殿内の神宝や幣帛などの御物（ぎょぶつ）の一部を新宮に移納する祭儀。	遷宮祭
10月	御神楽御饌《みかぐらみけ》	遷御の翌日の夕方、御神楽に先立ち、大御饌（神饌）を奉る儀式。	遷宮祭
10月	御神楽 ※	新宮の四丈殿にて勅使および祭主以下参列のもと、宮内庁楽部の楽師により御神楽が奉納される。	遷宮祭

※は天皇陛下の御治定を仰ぐ祭儀

遷宮をより深く知るために

――「神宮徴古館」と「式年遷宮記念 せんぐう館」

神々の御料である御装束神宝《おんしょうぞくしんぽう》は、二十年に一度、遷宮のたびに新調され、古いものは撤下《てっか》されます。撤下された御装束神宝の一部を常時展示しているのが、明治四十一年に日本最初の私立博物館として開館した**神宮徴古館《ちょうこかん》**です。

神宮徴古館のルネサンス式の建物は、赤坂離宮など宮廷建築に多く関わった明治期の建築家・片山東熊《とうくま》の設計によるもの。昭和二十年の戦災により建物と収蔵品の大部分を焼失しましたが、昭和二十八年の第五十九回式年遷宮を記念して、外壁はそのままに二階建てに改築されました。以来、御装束神宝をはじめ国の重要文化財十一点を含む、歴史・考古・美術工芸品など約一万三〇〇〇点を収蔵展示しています。

華麗な拵えをもつ**玉纏御太刀《たままきのおんたち》**、白と黒の斑の毛並みの馬を檜《ひのき》材に彩色で表した**鶴斑毛御彫馬《つるぶちげのおんえりうま》**、磨かれた**御鏡《みかがみ》**など、実際に展示された御装束神宝は、いずれをとっても息を呑むほどの見事さで、先人の神々を敬う気持ちに圧倒されます。

もう一つ、遷宮をより深く知るためにぜひ訪れたいのが、平成二十四年春、外宮の入り口に近い勾玉池《まがたまいけ》のほとりに開館した**式年遷宮記念 せんぐう館**です。こちらは、神宮式年遷宮によって伝えられた技術や精神を示す資料を展示し、未来に継承していくことを目的とする資料館です。

エントランスを入ると、正面に昭和二十八年の第五十九回式年遷宮で調えられた豊受大神宮《とようけだいじんぐう》（外宮《げくう》）御正殿《ごしょうでん》の御扉《みとびら》が展示されています。役目を終えてはいても、実物ならではの存在感です。御扉の背後には「遷宮シアター」があり、神宮の式年遷宮やお祭りを紹介する美しい映像を視聴できます。

数々の展示品のなかでもぜひじっくり見ておきたいのが、遷宮の渡御御列《とぎょぎょれつ》の様子や、外宮殿舎の配置、外宮御正殿など、実際にはほとんど目にすることができない光景や建築物の模型展示。遷宮や社殿の造形を具体的にイメージでき、まるで本物を目の当たりにしたような気分になります。また、社殿の造営に用いられる御用材や道具類が並んだ展示室もあります。御装束神宝のコーナーでは、実際の調進者による実物同様の展示品とともに、制作過程や匠の技が詳しく紹介されており、こちらも貴重なものです。

神宮徴古館

【所在地】　三重県伊勢市神田久志本町1754-1
近鉄宇治山田駅または
五十鈴川駅・JR伊勢市駅より
徴古館経由の外宮内宮循環バスで
徴古館前下車徒歩約3分
【入館料】　大人500円
小・中学生200円
【開館時間】　9:00〜16:30
（入館は16:00まで）
【休館日】　木曜日（祝日の場合はその翌平日）、
12月29日〜31日、臨時休館あり
【電話】　0596-22-1700

式年遷宮記念 せんぐう館

【所在地】　三重県伊勢市豊川町前野126-1
（外宮・勾玉池のほとり）
【入館料】　大人300円　小・中学生100円
【開館時間】　9:00〜16:30（入館は16:00まで）
【休館日】　第4火曜日（祝日は開館、翌日休館）
【電話】　0596-22-6263
※平成29年12月現在、台風21号の影響により
臨時休館中

第2章

それぞれの遷宮

石清水八幡宮
（いわしみずはちまんぐう）

平成の正遷座

古《いにしえ》には伊勢の神宮に次ぐ「第二の宗廟《そうびょう》」とも称されたのが、京都の石清水八幡宮です。

同宮では、平成五年より境内の大規模な修復事業「平成の大修造」が開始され、平成二十一年四月には、御本殿の改修工事が完了。同月、勅使の参向のもと、厳かに華々しく「本殿遷座祭」が行われました。

人びとの熱い思いが込められた、その遷座祭の模様をお伝えします。

石清水八幡宮の社殿

■石清水八幡宮の創祀と造営の歴史

京都の南西に位置する石清水八幡宮の鎮座地は、木津川と宇治川、そして桂川の三川の合流点近くにある標高一四二・五メートルの男山《おとこやま》。その三川の合流点を挟んで対峙するのが、羽柴秀吉と明智光秀の戦いで有名な天王山《てんのうざん》です。京・難波間の交通の要地でもあり、方角的には**京都の裏鬼門**にあたります（神社検定公式テキスト①『神社のいろは』60ページ参照）。

男山に八幡大神《はちまんおおかみ》が鎮座されたのは、平安初期の貞観《じょうがん》二年（八六〇）のこと。その前年に宇佐《うさ》宮《ぐう》（大分県・宇佐神宮）に籠《こも》っていた南都（奈良）大安寺の僧・行教《ぎょうきょう》は、「都の近くに移座し、国家を鎮護せん」との八幡大神の託宣を受けます。そして、男山近辺にまで戻って来たときに、「移座すべき所は石清水男山の峯なり」との託宣を再び受けました。このことを聞かれた第五十六代清和《せいわ》天皇がここに宝殿を造営され、八幡大神がお鎮まりになったのです。八幡大神とは、第十五代応神《おうじん》天皇と比咩大神《ひめおおかみ》、神功《じんぐう》皇后の三座の神々のことで、八幡三所大神とも称します。

以来、平安時代の平将門の乱や、鎌倉時代の元寇の役でのご祈願など、国家鎮護の社として朝廷の篤い崇敬を受けました。天皇・上皇の行幸《ぎょうこう》や御幸《ごこう》に限っても、第六十四代円融《えんゆう》天皇の天《てん》元《げん》二年（九七九）のご参拝以後、二四〇回に及びます。また、創祀に関わられた清和天皇を祖とする源氏一門は、武門の神でもある八幡大神を氏神として尊崇し、八幡信仰はさらに全国に広まりました。

創建以来、六度建て替えられた石清水八幡宮の現在の社殿は、織田信長、豊臣秀吉、秀頼の修造を経て、最終的には徳川家光により造営されたものです。御本殿をはじめ建造物十六棟は

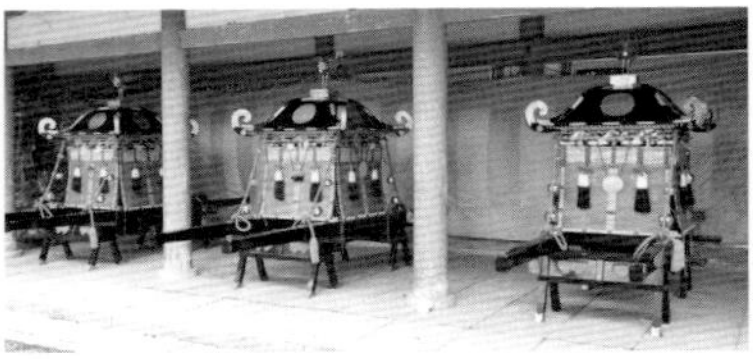

三基の御鳳輦

社殿を飾る木彫の竜も
塗りなおされた

国の重要文化財に指定されています。三七〇年余の時を幾度の修理によって耐えてきましたが、老朽化は進み、平成五年より平成の大修造が始まりました。さらに、平成十六年には台風に襲われたため、翌年三月から御本殿はじめ舞殿などの修理にとりかかりました。

そして、御本殿の改修工事が終了した平成二十一年四月、石清水八幡宮では本殿遷座祭が執り行われました。天皇陛下のお遣いである勅使が参向して特別の祭祀が執り行われる勅祭社のひとつである同宮では、毎年九月十五日には勅祭の**石清水祭**が行われていますが、本殿遷座祭も勅使参向のもとに執り行われました。以下、その模様を紹介します。

■権殿から御鳳輦で御神霊が渡御される

平成二十一年四月二十五日、夕刻。朝からの雨は小降りになった。石清水八幡宮が鎮座する男山の森は水を含み、新緑はしっとりと深さを増している。うっすらと霧が覆い、その自然の景観は古代の森もこうであったかと思わせる佇まいである。流れていく灰色の雲を背に、ひと際高い楼門の朱塗りが鮮やかに宙に浮かび上がっている。ともに新しくなった檜皮葺《ひわだぶき》の濃い茶色と錺《かざり》金具の金とのコントラストが美しい。

午後五時五十分。宮司以下神職たちが装束に身を包み、御本殿前の南総門を抜けて参進してきた。庭燎《ていりょう》が焚かれ、薪が時折、音をたてている。お祓いをし、御本殿奥にある若宮社へと向かう。このとき若宮社は権殿《ごんでん》（仮本殿）となっており、御本殿の工事に先立ちここに八幡大神をお遷ししていたのだ。近くに、応神天皇と比咩大神、神功皇后の八幡大神三座をお運びする

勅使一行の参進

三基の御鳳輦《ほうれん》が置かれている。約二五〇人の参列者が見守る権殿前は、厳粛な雰囲気である。一方、御本殿前の境内では、奉仕者たちが装束を身に着け出番を待っている。めいめい言葉を交わし、こちらは「われらが神様」的な和気藹々《わきあいあい》の感じだ。

六時十五分、修祓《しゅばつ》を終えた勅使一行が権殿前に参進してきた。時折、雨が落ちるなか、辺りはいつしか薄暮の世界に変わっている。古代では一日の終わりとされた時間で、新たな一日が始まる時間帯だ。宮司が権殿の御簾《みす》を上げ、勅使が御祭文《ごさいもん》を奏上。八幡大神に**遷座之儀**が行われる旨が奏された。続いて、権殿内から神宝である**一の御剣《ぎょけん》**、**二の御剣**、**三の御剣**が取り出される。雅楽の調べが流れるなか、宮司が権殿内に入っていった。

夕闇が濃くなるにつれ、庭燎の光が明るさを増していく。白い直垂《ひたたれ》姿の奉仕者たちが、**一の御鳳輦**を担ぎ権殿前に移動。御鳳輦を権殿の大床《おおゆか》へ上げて固定し、階段下に控える。しばしの静寂が流れた後、「オー」という警蹕《けいひつ》の声が響き渡る。御神霊がお遷しされたのだ。奉仕者により御鳳輦が移動され、同様に、**二の御鳳輦**、**三の御鳳輦**と御神霊が**渡御《とぎょ》**されていく。

六時五十五分。雨は上がり、すでに辺りは闇に覆われている。次は、**神幸《しんこう》**である。五〇〇人もの**神人《じにん》**と呼ばれる奉仕者のお伴により御鳳輦三基が男山を途中まで下り、山腹をぐるりと回って御本殿へと登るのだ。地元には累代《るいだい》、神人を務める家も多く残り、石清水祭でも毎年奉仕を行ってきた。御鉾《みほこ》を捧持する「御鉾神人」や「御神宝《ごしんぽう》神人」など二十九の諸役を務める奉仕者たちの行列が、松明《たいまつ》と提灯の灯りだけを頼りに進んでいく。

御鳳輦に祈りを捧げる

神幸の後、御神霊が入御される

御鳳輦に朱綱がつけられると、勅使が拝礼。準備が整うと、行列が御本殿右脇の東総門から出てきた。十五メートルほどの石段だが、坂は急で幅が狭く、暗い。先頭は「御前《みさき》」と書かれた高張《たかはり》提灯で、侍《さむらい》烏帽子《えぼし》に裃《かみしも》姿の二人が錫杖《しゃくじょう》を鳴らしながらゆっくりと降りてくる。童子・童女、獅子頭を着けた人などが、石段を降りては参道へと向かっていく。

五色の絹をつけた一対の大榊《おおさかき》が担がれて通っていった後、石段の上から雅楽が聞こえてきた。雨に濡れて仄かに光る石段上の門の脇に、提灯がいくつかぼんやりと浮かんでいる。さながら夢幻の世界だ。松明で足元を照らされながら、勅使が降りてきた。いよいよ、これから御鳳輦の**発御**《はつぎょ》である。菊花御紋章入りの赤丸提灯四張《はり》を先頭に、御剣を捧げ持った人が近くに侍り、御鳳輦がゆっくりとゆっくりと渡っていく。黄衣《おうえ》を着けた「御綱曳神人《みづなひき》」が、御鳳輦の前後に結びつけられた朱綱で昇降を助け、鳥兜《とりかぶと》、裲襠《りょうとう》、藁沓《わらぐつ》姿の「駕輿丁《かよちょう》神人」十六名が御鳳輦を奉舁《ほうよ》（担ぐ）する。近侍するのは、神聖なお姿を隠すため大翳《おおさしば》を捧げ持った「御翳《みさしば》神人」だ。最後に、宮司以下神職が石段を降りて、御本殿へと向かっていった。

時を置き、御本殿正面の境内では、役目を終えた神人や童子・童女たちが、神幸してくる御鳳輦を取り囲むようにして拝んでいる。神様が御本殿に戻って来られたのだ。提灯の灯りに照らされた童子・童女の姿は可愛らしくも神々しい。御鳳輦が御本殿前の舞殿に到着すると、暗闇のなか、御剣が御本殿内に納められ、御神霊が御本殿内に**入御**《にゅうぎょ》された。雪洞《ぼんぼり》に灯りが入れられると、勅使により御祭文が奏上され、参列員による拝礼などがあって、「遷座之儀」は八時

勅使随員から宮司に御幣物が渡される

舞楽「蘭陵王」の奉納

四十五分に終了した。

■遷座祭翌日、「奉幣之儀」「饗膳之儀」が行われる

明けて二十六日は天皇陛下よりの幣帛《へいはく》を神前に献じる**奉幣之儀**《ほうべいのぎ》だ。

四月下旬とはいえ山上に寒さが残る午前九時五十分、太鼓の音が境内に響き渡ると、宮司以下神職が御本殿に参進してきた。真新しい御本殿前の舞殿の石畳は美しく、橘の樹の下に敷き詰められた白砂が清々しい。

十時、同じく太鼓の合図とともに、辛櫃《からひつ》に入れられた幣帛（御幣物《ごへいもつ》）を奉じて勅使一行が厳かに参進してきた。高坏《たかつき》三十三台に及ぶ神饌が供えられ、宮司が祝詞を奏上。続いて、勅使随員より御幣物が宮司に渡された。辛櫃より出された御幣物は長さ五十センチ、幅、高さ二十五センチくらいの白い布に包まれた柳箱に奉安されていて、宮司により三座の神前へと奉られた。

次に、勅使が御祭文を奏上。黄色の料紙に記された御祭文も宮司により神前に納められた。

神饌が撤下された後、宮司が一拝、勅使以下が退出した。参列者は四七〇人。社務所の書院で**饗膳《きょうぜん》之儀**が行われ、神前では舞楽「蘭陵王《らんりょうおう》」が奉納されて、十二時半に祭典は終了した。

勅使をお迎えし、古式ゆかしく緊張感のもとに執り行われた本殿遷座祭。御本殿前には、「天皇陛下御下賜」の立札に並んで、秋篠宮家はじめ各宮家、また、旧宮家である伏見家、久邇《くに》家、朝香家、東久邇家、北白川家、竹田家からの「神饌料」の各立札が並ぶ。雲間から射す光を浴びて、男山の山上の新緑は力を増し、また新たな年輪を刻み始めている。

石清水八幡宮の平成の正遷《しょう》座の諸祭は、同月二十二日の**御鳳輦・祭具飾付**に始まり、二十五、二十六の両日に斎行された本殿遷座祭を経て、二十九日の奉祝崇敬者大祭まで八日間にわたって行われた。

同宮は、翌平成二十二年にご鎮座一一五〇年を迎えている。本殿遷座祭以降は、廻廊などの大修造二期工事に入り、修復工事が完了するのは、平成三十年の予定である。

熱田神宮（あつたじんぐう）

創祀一九〇〇年記念造営

三種の神器《じんぎ》の一つ「草薙神剣《くさなぎのみつるぎ》」を祀り、格別の崇敬を集める尾張名古屋の熱田神宮。

同神宮では、おおむね五十年に一度の造営事業を行ってきましたが、平成二十五年に創祀一九〇〇年を迎えるに先立ち、御社殿および境内の大規模な改修工事に着手しました。

そして平成二十一年、新たな御社殿が竣功。同年十月、勅使の参向のもと行われた本殿遷座祭と臨時奉幣《ほうべい》祭の模様をお伝えします。

熱田神宮の臨時奉幣祭

熱田神宮拝殿

熱田神宮の創祀と造営事業

三種の神器の一つである草薙神剣《くさなぎのみつるぎ》をお祀りする尾張・名古屋の熱田神宮。ご祭神は熱田大《あつたのおお》神《かみ》で、熱田大神とは草薙神剣を御霊代《みたましろ》としてよらせられる天照大神《あまてらすおおかみ》のことです（神社検定公式テキスト①『神社のいろは』88ページ、公式テキスト②『神話のおへそ』212、281ページ参照）。日本武尊《やまとたけるのみこと》ゆかりの熱田神宮は、古《いにしえ》より国家鎮護の神社として特別の扱いを受ける一方、「熱田さま」「宮」と呼ばれ親しまれてきました。また、武人たちからの崇敬も篤く、織田信長、豊臣秀吉、徳川家康や、歴代の将軍、尾張藩主が造営に関わっています。

熱田神宮は、平成二十五年に創祀一九〇〇年を迎えました。同神宮では、創祀の時を日本武尊が亡くなられた景行《けいこう》天皇四十三年としています。景行天皇四十三年は皇紀《こうき》七七三年ですから、計算すると、一九〇〇年目は皇紀二六七三年、つまり平成二十五年になるのです。皇紀とは、神武天皇即位紀元の略称で、初代神武天皇が即位した年を紀元とする日本の紀年法。西暦に六六〇年を足すと皇紀となります。

その記念すべき年を前にして、熱田神宮では、御本殿の銅板葺き替えをはじめとする御社殿および境内の大規模な改修工事を行いました。平成二十五年が伊勢の神宮式年遷宮と重なるため、平成二十一年の竣功となったのです。同神宮では、おおむね五十年に一度、造営事業を行ってきており、前回の遷座祭は昭和三十年です。

造営事業は平成二十一年の九月三十日に竣功、輝きもまぶしい御社殿が出現しました。また、昭和三十三年と三十四年に建てられた授与所・神楽殿が老朽化したことから、本宮の改修工事とあわせて建て替えられました。この造営に際し、天皇陛下から賜金を賜り、各宮家、旧皇族からもお供えを頂戴したといいます。

そして、平成二十一年の十月十日と十一日に、勅使参向のもと、**本殿遷座祭**と**臨時奉幣祭**が執り行われました。熱田神宮は勅使が参向して特定の祭典が執り行われる勅祭社の一つで、毎年六月に勅使が参向して例祭が行われます。そのため、今回の奉幣祭は、〝臨時〟奉幣祭と称されました。以下、その様子を紹介します。

■御本殿にお還りいただくために設けられた道

台風一過。五十年ぶりといわれた強い勢力の台風が日本列島を縦断した翌日の十月十日、境内には爽やかな秋の風が渡っている。御本殿の銅板葺きは真新しく、激しかった雨の跡をわずかに残していた。屋根の上の勝男木《かつおぎ》が存在感を増し、雲の流れのなか、陽光にきらめいている。七五三詣でと相まって、境内はにぎやかだ。母親が晴れ着姿の子供と一緒の記念写真に満面の笑みをたたえている。

御本殿をとりまく垣《かき》の素木《しらき》も清々しく、垣に囲まれた中重《なかのえ》には、拝殿から本殿に向けて筵《むしろ》が敷かれ、屋根のついた道が一直線に続いている。これは**筵道**《えんどう》と呼ばれ、改修工事のため、本殿奥の垣を隔てた場所にある仮殿《かりでん》にお遷ししていた御神体に、御本殿にお還《かえ》りいただくために設けられた道だ。雨でも対応できるよう屋根のついた雨儀廊《うぎろう》で、屋根を支えるすべての柱には紙垂《しで》と榊がつけられている。全長三三〇メートルに及ぶ雨儀廊が仮殿から本殿の周りの垣の外を半周して囲み、拝殿から垣内の本殿へと連なっているのだ。

中重に敷き詰められた白石の上には、参列者のための木の椅子が端正に並べられている。一方、参道には近在の商店などから贈られた遷座祭を祝う提灯がずらりと並び、夕暮れのなか、ぼんやりと赤い光を放っている。続々とお参りに来た人たちは、鳥居の前で必ずお辞儀をし、拝殿へと向かっていく。傍らの鶏も、誇らしげな様子で頭を上下させながら歩を進めていた。

■浄闇のなかを、絹垣がゆっくりと動いていく

午後六時半、太鼓の音が響き渡った。拝殿から少し離れた斎館の前に、諸役の奉仕者たち七十八名が並んでいく。続いて神職二十七名が位置につき、宮司が列に加わった。すでに上空では星が瞬いている。祭場では庭燎《ていりょう》が焚かれ、これから始まる祭儀の雰囲気を高めていく。

天皇陛下のお使いである勅使ならびに随員が、斎館前の宮司以下奉仕者たちの列に向き合う形で並んだところで、太鼓が断続的に打ち鳴らされる。互いに一礼の後、勅使ならびに随員を先頭に参進が始まった。玉砂利を踏む音が厳かに響き渡る。

正参道に入り、第三鳥居を抜けた所で修祓《しゅばつ》を行った。午後七時過ぎ、約一六〇〇名の参列者が見守るなか、一行は拝殿前から雨儀廊へ入り仮殿へと向かった。

午後七時二十五分、雅楽の調べがかすかに聞こえてくる。「本殿遷座祭を開始いたします」とのアナウンスが告げられた。宮司一拝の後、仮殿の御扉《みとびら》を開け、勅使が御祭文《ごさいもん》を奏上。

仮殿での祭儀の模様が、マイクを通じて順次伝わってくる。「午後八時に、笏拍子《しゃくびょうし》の音を合

図に出御《しゅつぎょ》の予定」とのアナウンスが流れた後、境内のすべての灯りが落とされた。「オー」という警蹕《けいひつ》の声が響き渡る。御神体が仮殿から出御されたのだ。

やがて、雨儀廊を進んでくる松明《たいまつ》の灯りが見えてくる。遷御《せんぎょ》の列の前と後を照らす火だ。御神体は**御羽車**《おはぐるま》にお遷しされ、宮司の奉仕のもと白い絹垣《きぬがき》に囲まれて進んでくる。絹垣の側面と後方は素木《しらき》八本によって支えられ、神職八名が白絹とともにその木を外側から持つ。絹垣の前部分は、素木に白絹を垂らした二条の行障《こうじょう》を持った二人の神職によって閉じられているという。絹垣は布単《ふたん》と呼ばれる白布の上を進む。布単は奉仕者六名によって、絹垣の先々に敷かれ、通った後を巻き収めつつ進むのである。

絹垣の前を勅使ならびに随員が進み、その前を雅楽を奏でる伶人《れいじん》が行く。その前後に構えるのが執物《とりもの》所役だ。彼らは御楯《おんたて》や御鉾《おんほこ》、御靭《おんゆぎ》、御弓、金銅造御太刀《こんどうづくりのおんたち》を持つ。これらは即位式で武官が捧持する五種の武器で、祭儀に威儀を添える威儀物だ。また、紫御蓋《むらさきのおんきぬがさ》や菅御笠《すげのおんかさ》など、本来、遷御の際に神聖なものに差しかけ覆う具で、現在は儀飾として使われるものが遷御の列を構成する。

風が吹くたびに松明が揺れる。列の中ほどには光は届かない。沓音《くつおと》と道楽《みちがく》、そして、時折あげられる「オー」という警蹕の声が響くだけだ。浄闇《じょうあん》のなかを、奉仕者と絹垣がゆっくりと動いていく。おぼろげな白い列が拝殿を抜けて中重へと入り、本殿へと向かっていった。

午後八時半過ぎ、入御《じゅぎょ》を告げるアナウンスが響く。神様が御本殿へとお還りになられたのだ。その後、御本殿で勅使により御祭文《ごさいもん》の奏上があり、勅使、宮司による玉串奉奠《ほうてん》、参列者代表による拝礼などがあって、本殿遷座祭は終了した。

勅使の参進

宮内庁楽師の参進

御幣物が本殿へ奉られる

なお、仮殿から出御の時間には、皇居において天皇陛下が同神宮を遙拝されたという。

宮内庁楽師による雅やかな舞の奉納

明けて十一日は、天皇陛下よりの幣帛を神前に献じる「臨時奉幣祭」が行われた。空は前日にも増して澄みわたり、陽射しはまぶしいほど。まさに日本晴れの朝である。臨時奉幣祭では、**宮内庁楽師《がくし》による「東游《あずまあそび》」の奉納**が行われる。明治以降、同神宮での本殿遷座祭に際して、奉納されることが慣例となっているのだ。

午前十時、勅使ならびに随員と宮内庁楽師、神職たちが参進してきた。先頭を行くのが、幣帛（御幣物《ごへいもつ》）が納められた辛櫃《からひつ》だ。辛櫃は緑の絹布で覆われ、菊の御紋が日差しで光っている。拝殿前の「大前《おおまえ》」で修祓を行い、中重へと参進して全員が所定の位置につく。宮司一拝の後、宮司が本殿へ進み、御扉を開いた。神職たちにより神饌が献ぜられた後、祝詞奏上。御幣物が神前に奉られ、勅使が御祭文を奏上した。

御本殿での祭儀の様子は窺い知ることはできない。足元では中重の白石がきらめき、頭上には木々の緑。その中間に、赤銅色と金色に輝く御本殿が静かに鎮座しているのみだ。

東游の奉納が始まった。東游は、三保の松原に天女が降り立って舞った姿を模したものという。いったんの静寂の後、雅やかな雅楽の旋律が中重に響く。白を基調に紺や緑、赤の模様が入った装束が優雅に動き、冠に着けた黄色の挿頭花《かざし》が揺れている。時折、上空を鳥が飛行する。

神饌が撤せられた後、御幣物が御本殿内に納められた。勅使、宮司が玉串を奉り、参列者代

御白石持行事

表などが玉串拝礼を行って、臨時奉幣祭は二時間ほどで終了した。

その後、舞楽や舞踊、手筒花火などの奉納行事が拝殿前で行われ、竣功を祝う「神賑わい」は一週間にわたって続いた。

なお、本殿遷座祭に先立っては、前日までに、御本殿を洗い清める**洗清**《あらいきよめ》、本宮などを祓い清める**清祓**《きよはらい》、新調した御装束・神宝の数を点検する**御装束神宝読合**《とくごう》、御装束・神宝や奉仕員などを祓い清める**川原大祓**《かわらのおおはらえ》があり、当日朝には、本殿内に新調された御装束・神宝を装飾する**御**《お》**飾**《かざり》が執り行われた。また、九月四日から三日間にわたっては、崇敬者が御垣内《みかきうち》に白石《しらいし》を敷き詰める**御**《お》**白石**《しらいし》**持**《もち》**行事**が行われた。

出雲大社（いづもおおやしろ）

平成の大遷宮

古来、「だいこくさま」と親しまれてきた大国主大神《おおくにぬしのおおかみ》をご祭神とし、多くの神話の舞台となった聖地・出雲の中心をなすのが出雲大社です。

出雲大社では、およそ六十年ごとに御本殿を修造してきました。平成二十年から平成二十八年にかけては、境内外の摂末社などもあわせた大規模なご修造「平成の大遷宮」が行われました。そのうち平成二十五年五月に斎行された「本殿遷座祭」前後の模様を紹介します。

出雲大社の御本殿の屋根

古代における出雲

『古事記』『日本書紀』に掲載されている神話のうち、じつに三分の一が出雲に関わりのあるもので占められています。これは、出雲が古代日本においていかに重要な地であったかを示す証左に他なりません（神社検定公式テキスト②『神話のおへそ』69ページ以降参照）。

その出雲の聖性の中心をなすのが、出雲神話の主人公ともいうべき大国主大神《おおくにぬしのおおかみ》をお祀りしている出雲大社です（公式テキスト①『神社のいろは』90ページ参照）。

記紀とは異なる神話を多数伝える『**出雲国風土記**《ふどき》』によれば、八束水臣津野命《やつかみずおみづののみこと》が国土を広げるため、中国山地の大山《だいせん》と三瓶山《さんべさん》に杭を立て、朝鮮半島や能登半島などから島を縄で結わえて「国来い！　国来い！」と国を引き寄せました。『日本書紀』によると、大国主大神は国づくりの大業が完成すると、天照大神《あまてらすおおかみ》に国を譲られ、幽世《かくりよ》という目に見えない世界をお治めになります。天照大神は大国主大神の私心のない「国譲り」にいたく感激され、大国主大神のために**天日隅宮**《あめのひすみのみや》をおつくりになり、第二子である**天穂日命**《あめのほひのみこと》を大国主大神に仕えさせられました。

この天日隅宮が今の出雲大社であり、天穂日命の子孫は代々**出雲国造**《いづもこくそう》と称し、今日まで八十四代にわたって祭祀を伝えてきました。また、『出雲国風土記』では大国主大神を「天の下造《つく》らしし大神」と称え、大国主大神のお住まいを多くの神々に命じて築かれたことにちなみ、この地域を「キヅキ」というとあります。出雲大社の古名は**杵築大社**《きづきのおおやしろ》です。

出雲大社御本殿の歴史

天禄《てんろく》元年（九七〇）に成立した子供向け教科書『口遊《くちずさみ》』（源為憲《みなもとのためのり》作）は、天文・時節・官職など十九の項目にわたるさまざまな知識を暗唱しやすいよう短句としてまとめたものですが、そのなかに「三大建築物」として「雲太《うんた》・和二《わに》・京三《きょうさん》」なる短句が掲載されています。「雲太」は「出雲太郎」、「和二」は「大和二郎」、「京三」は「京都三郎」で、それぞれ出雲大社、東大寺大仏殿、京都御所大極殿《だいごくでん》を指します。つまり、往時の出雲大社は東大寺大仏殿を凌《しの》ぐ大きさであり、そのため「天下無双の大廈《たいか》」と讃えられてきたのです。

出雲大社の口伝では、上古三十二丈、中古十六丈、その後八丈といいます。一丈は三メートル強ですから、出雲大社御本殿の高さは上古時代九十六メートル、中古時代四十八メートル、その後が現在に至るまで二十四メートルという計算になります。ビル一階分を三・五メートルとすると、九十六メートルは二十七階建て、四十八メートルは十三階建てビルに相当します。

三十二丈の上古時代はさておき、中古の御本殿については、平安時代末ごろとされる平面図が残っています。三本柱を鉄の輪で縛るので「金輪御造営差図《かなわのごぞうえいさしず》」と呼ばれるこの図を見ると、「三本柱」の御柱《みはしら》九本（計二十七本）が聳《そび》え立つ十六丈の御本殿に、長さ一町（一〇九メートル）の階段が付設されています。

千年も昔の建築物としては信じがたい大きさですが、平成十二年、金輪御造営がほぼ真実であったことが判明しました。御本殿前の地下から巨大な御本殿跡の一部が確認されたのです。発見されたのは、推定幅約六～八メートルの細長い柱穴ですが、驚くべきことに、柱穴には金

平安時代の
出雲大社御本殿の復元模型

輪御造営差図どおりの柱材（長径約一・三五メートル）三本を一本に束ねた直径約三メートルの柱の根本部分が遺存していたのです。建久元年（一一九〇）ごろ、参詣した寂蓮《じゃくれん》法師が御本殿を仰いで「雲にわけ入るちぎのかたそぎ」（出雲大社御本殿の千木は、雲のたなびく八雲山のなかばの高さまで聳え立っている）と詠じ、「此世の事ともおぼえざりける……」（現実のこととは思えない）と詞書《ことばがき》を添えたとおりの、まさに雲の合間から千木が顔を出すような壮大な御本殿があったのです。

出雲大社御本殿は、その高さゆえに幾度となく「顛倒《てんとう》」したため、中古以降、数度にわたって建て替えられています。

治暦《じりゃく》三年（一〇六七）に造営された御本殿が、天仁《てんにん》元年（一一〇八）に顛倒した際のご遷宮ご造営は、「寄木《よりき》のご造営」と呼ばれており、以下の話が伝わっています。

天仁三年（一一一〇）七月四日、出雲大社近くの稲佐《いなさ》の浜辺に長さ十丈（約三十メートル）の巨木、約百本が漂着し、因幡《いなば》の国（鳥取県東部）の上宮《かみのみや》の神様の「出雲大社のご造営は諸国の神様が受け持たれて行われる。今度は自分の番であり、すでに御用材は納めた（稲佐の浜辺に打ち上げられた〝寄木〟）」との神託が下りました。この話は「国日記伝《くににっきでん》」として古代の文献に載録されているもので、こうして、永久三年（一一一五）、寄木のご造営が行われたのです。

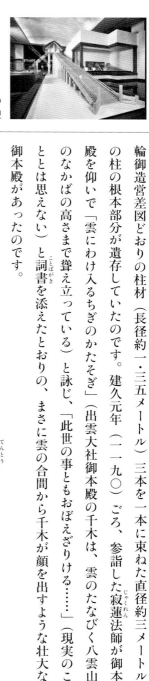

鎌倉時代には御本殿の規模が縮小されてのご造営となり、慶長十四年（一六〇九）のご造営では、御本殿の高さが五丈七尺四寸（約十七・五メートル）でした。このご造営では、建築様式が掘立柱様式から礎石建物様式に変更され、以降は現在に至るまでこの様式が踏襲されています。

徳川時代には大きな社寺の普請には幕府の許可が必要でしたが、当時の社家や崇敬者の尽力

拝殿（御仮殿）の大注連縄

により、寛文七年（一六六七）、鎌倉時代に縮小されて造営された御本殿を本来の姿にお戻ししたご造営が行われました。高さこそ〝雲太〟時代の半分の八丈となりましたが、平面規模は〝雲太〟に匹敵する御本殿が造営されたのです。

その後の、そして直近のご造営が、延享《えんきょう》元年（一七四四）十月七日に行われた延享のご造営です。前回同様に幕府に造営許可を求めたところ、許可は出たものの、財政的援助には良い返事が得られませんでした。そこで出雲大社では、幕府の許しを得て募財活動を展開。全国各地の町や農村を巡って浄財を募っていったのです。

現在の御本殿は、このご造営で建て替えられたものです。その後、文化六年（一八〇九）、明治十四年（一八八一）、昭和二十八年（一九五三）と三度のご遷宮ご修造（大規模修理）を経て、今回が四度目となります。また、昭和二十七年三月二十九日には、出雲大社御本殿は国宝に指定されています。

今回のご修造は、前回の昭和二十八年からじつに六十年ぶりのことです。御本殿のみならず、境内外の摂社・末社などもあわせてのご修造で、平成二十七年度にそのほとんどが終了しました。そのうち、平成二十五年五月十日に行われた「本殿遷座祭」前後の模様を紹介します。

■清祓《きよはらい》式と大殿祭《おおとのほがい》

平成二十五年四月七日、本殿遷座祭を約一か月後に控えたこの日、御本殿に注連縄《しめなわ》が奉納された。

お清めのため進む所役

切麻と散米

楼門を入ってお清めする所役

四月二十二日には、出雲市に隣接する雲南市大東町の須我《すが》神社の氏子たちと須賀注連保存会の方々により、御仮殿《おかりでん》大注連縄の奉納および掛け替えが行われた。御仮殿は従来の拝殿である。そのため、従来の拝殿の横には仮拝殿が設けられた。御仮殿の大注連縄は大きすぎるため、ご遷座の際に大国主大神の御神輿《おみこし》が通れない。そこで、ご動座に差し支えのない大きさの仮の注連縄を設置し、ご遷座祭の終了後に改めて大注連縄を掛け替えるのである。

遷座祭を翌日に控えた五月九日。広い境内には、遷座祭参列者のための椅子やテントがそこかしこに並べられていた。六十年ぶりのお祭りを目前にした華やいだ空気のなか、午前九時から十時にかけ「清祓式」が行われた。**清祓**は神様がお戻りになる前に、ご修造の調った御本殿をお清めし、神様が心穏やかにお鎮まりになられることをお祈りする祭儀である。

御本殿などを囲む瑞垣《みずがき》内に設けられた祭場に神籬《ひもろぎ》を立て、清祓のため御本殿をお守りする神様をお呼びした後、神饌を捧げて清祓詞《きよはらいし》（祝詞）を奏上。所役が細かく切った麻と米を撒き（切麻《きりぬさ》・散米《さんまい》）、御内殿《ごないでん》（御神座）・客殿（235ページ参照）・御本殿四隅《よすみ》・東西神饌所、そして御本殿南側に奉安する御太刀などの威儀物、神職をはじめとする奉仕者や遷座祭で用いる旗や提灯、神職の着用する装束などを清めた。

引き続き午前十一時からは、御本殿で「**大殿祭**」が執り行われた。これは宮殿に災いのないことを祈る儀式で、皇位継承にともなう大嘗祭《だいじょうさい》や天皇親祭の毎年の新嘗祭《にいなめさい》・**神今食**《じんこんじき》の前後、皇居の遷移の際など、古代より宮中祭祀の一つとして行われてきた。神今食とは中世まで行われていた宮中祭祀の一つで、陰暦六月・十二月の十一日に行われる**月次祭**《つきなみさい》の夜、神嘉殿《しんかでん》に天照大御神を迎えてともに食する神事である。出雲大社における大殿祭の起源の詳細は不明だが、

御本殿の周囲に大餅を置く

大餅７個

楼門下で神饌と大餅を捧げる國造

前回の昭和二十八年のご遷宮の際にも本殿遷座祭に先立ち、同日にこの祭儀が行われている。

午前十一時、斎館より神職が参進し、御本殿正面の楼門下に設けられた祭場に神籬を立て、この祭儀のための神様をお呼びする**降神《こうしん》の儀**を行った。大殿祭には御本殿修繕に関わった工事関係者代表六人も斎服《さいふく》・素襖《すおう》に身を包んで参列している。神饌と大餅七個を捧げて、千家尊祐《せんげたかまさ》宮司（國造《こくそう》）が祝詞を奏上した後、参列者代表が玉串拝礼。その後、國造が御本殿の階段を上がり、七個の餅のなかの「天の餅」を神前に奉納した。次に、「地の餅」を御本殿階段下に、「中央の餅」を御本殿内に置いて、祭儀は終了した。東西南北の四個の大餅は、大殿祭に参列した工事関係者が御本殿の周囲に置き、御本殿の安泰を願った。祭儀終了後には御仮殿前で紅白の祝い餅三千個が参列者に配られた。祝い餅の入った小袋の中には大餅との引換券も入っており、大餅を引き当てた参列者は顔をほころばせていた。

明日に迫った遷座祭に向け、境内では準備が大詰めを迎えていた。全国から参集する参列者のための椅子が瑞垣の内側にも並べられている。すでに紹介したとおり、御仮殿の注連縄も小さなものに掛け替えられている。御本殿の入り口となる八足門《やつあしもん》の前まで歩いてみた。新緑の陽射しのなか、すべてが清らかさに包まれているようである。少し離れた場所へ移動して全景を眺めてみると、八足門の向こうに御本殿の檜皮葺《ひわだぶき》の大屋根が陽射しを跳ね返すように光っている。その檜皮葺の黄金色、千木・勝男木《かつおぎ》の黒色、さらには破風板《はふいた》の深い緑色が背後に迫った山々の新緑に映え、爽やかな重厚さとでもいうべき美しさを放っている。明日の夜、この御本殿に大国主大神はお還りになるのである。

御仮殿へと参進する國造以下神職

一万二〇〇〇人が見守った遷座祭

五月十日、六十年ぶりに迎える本殿遷座祭は、昭和のご遷宮と同じ日である。出雲地方は快晴だった昨日とは打って変わり、朝からまるで嵐のような天気に見舞われた。しかし、関係者の顔は一様に明るい。出雲大社では、荒天でもお祭りの直前には雨が上がることが多いのだという。今回もきっとそうなると誰もが確信しているようだ。実際、昼過ぎには雨が小降りとなり、午後一時ごろには雨は完全にあがった。しかし、風はまだ強く、雨もいつ再び降り出してもおかしくはない状況ではある。

夕方四時、境内にはすでに参列者たちが列をなし、割り当てられた席へと向かっている。その合間を神職や職員が最後の確認のために忙しく立ち動き、祭典前の総仕上げをしている。テントの前など境内の数か所には大きなモニターがしつらえられており、八足門や御本殿での様子などが中継で参列者に提供されるようになっている。

御仮殿前のテントには、三笠宮家の彬子《あきこ》女王殿下と高円宮《たかまどみや》家の典子女王殿下（現・千家典子さん）が控えておられる。なお、今回の大遷宮に対して天皇陛下からはご下賜金が、本殿遷座祭に対しては各宮家および旧宮家から神饌料が贈られている。

七時少し前、斎館前に神職が整列し、修祓《しゅばつ》の後、参進が始まった。奉仕者には出雲大社の神職のみならず島根県内外の縁故神社の神職たちも加わっており、大社國學館《たいしゃこくがくかん》卒業生も助勤神職として奉仕している。全員が御仮殿へ入ったころ、境内に夜の帳《とばり》が下り始めた。

式次第によれば、御仮殿では祭員一同が一拝の後、國造が御扉《みとびら》を開いて御簾《みす》を巻き上げたのちに拝礼。國造が大国主大神に御本殿へお遷りいただく旨の祝詞を奏上した。國造が祝詞を奏上し始めると同時に、天皇陛下のお使いである勅使の筑波和俊掌典《しょうてん》が参進、修祓を受けたのちに御仮殿へと入り、御祭文《ごさいもん》を奏上した。勅使が御仮殿から退出すると、御仮殿前で遷御の行列のための召立《めしたて》が始まった。提灯《ちょうちん》や御鉾《おんほこ》、御弓などの威儀物を捧持する所役が次々と名を呼ばれていく。この行列には神職だけではなく、威儀物を捧持する出雲大社氏子会役員、出雲大社御遷宮奉賛会役員ら多くの関係者も供奉《ぐぶ》として参加する。行列の人数は、供奉者を除いて計一二〇名、供奉者も入れると二六〇名を超える。所役が呼び上げられるたびに「おー」と声を発し、威儀物を受け取り、粛々と列が整えられていく。静けさのなか、夕闇に奉仕者たちの白い装束が動くのが見える。

　遷座祭は神社にとって重い祭儀である。奉仕者の装束も神様に失礼がないよう定められている。正装である正服あるいは斎服を着用したうえで、さらに清浄さを表す木綿《ゆう》鬘《かずら》を冠に着け、木綿襷《だすき》をかける。神職ではない威儀物捧持者や供奉捧持者らも正装で臨む。古式にのっとった装束姿の奉仕者がずらりと並ぶさまは壮観である。やがて神様を秘すための絹垣《きぬがき》が御仮殿へと向かった。絹垣を支えるのは二列六人ずつの計十二人だ。太鼓が打ち鳴らされ始め、続いて笛の音も加わった。境内は見渡す限りの参列者で埋まっている。発表によると、予定の八七〇〇名をはるかに上回る一万二〇〇〇名が参集したという。しかし、辺りは静寂に包まれている。時おり咳ばらいが聞こえるくらいで、大勢参列しているはずの子供の声も聞こえてはこない。

神幸路に張り巡らされた雲形

等間隔に並べられた立砂

八足門に入る絹垣

「御箸《みはし》の儀」と神語《しんご》の唱和

七時四十分ごろ、御仮殿からひときわ大きな警蹕《けいひつ》が響きわたった。大神様のご動座が始まったようだ。ふと見ると、モニターが消されていた。

絹垣に秘められた大国主大神の御神輿が行列に加わり、御本殿へ向けてのご神幸《しんこう》が始まった。小丸提灯を先頭に切麻や警蹕、御楯、御弓、錦旗、絹垣、御太刀、國造、御衣唐櫃などといった具合に長い行列が進んでいく。勅使は絹垣の前を進む。遷御の行列が通る神幸路《しんこうろ》の道筋には斎竹《いみだけ》、注連縄、さらに「**雲形**《くもがた》」と書かれた布が張り巡らされ、その中央には等間隔に**立砂**《たてすな》が置かれている。立砂とは円錐形に盛られた砂で、清らかさを象徴するものである。遷御の行列では、絹垣に秘められた大国主大神がお通りになる直前に立砂をならし、掃き清められた砂の上をお通りいただくことになっている。見れば、二人の所役が竹箒状の祭具でならしていく立砂の上を、絹垣に守られた大神が進まれていく。浄闇《じょうあん》のなかを白く浮かび上がる絹垣が進むさまは幽玄そのものだ。神幸路上に置かれた灯火、八足門・楼門の提灯以外のすべての照明も消され、道楽《どうがく》の太鼓・笛の音と警蹕のみが響く境内は、厳粛な空気に包まれている。

途中で彬子女王殿下、典子女王殿下も加わられた行列は、御仮殿を向かって右側から回り、八足門の前を通り過ぎ、瑞垣に沿って御本殿を一周し、再び八足門から楼門を経て御本殿へと入った。行列の様子はモニターで中継されている。行列の先頭が八足門をくぐったころ、後ろのほうはまだ瑞垣近くの神幸路に入ったところであった。絹垣に守られた神輿が八足門をくぐったのは八時ごろだったろうか。

いつの間にか警蹕が止み、太鼓と笛の音だけが漏れ聞こえてくる。すると、雨がパラパラ落ちてきた。しかし、本降りになることなくすぐに止んだ。式次第によれば、行列が楼門をくぐると、威儀物奉仕者は楼門内で各自の威儀物を所役に渡した後、それぞれ所定の参列席へ着いた。勅使が楼門内の所定の座に着くと、御神輿が御本殿御扉内へと入られ、御内殿へとお還りになった。その瞬間、御本殿内で「オーオーオー」と警蹕三声《さんせい》があがり、大国主大神が御本殿内の御神座へお還りになったことが参列者に知らされた。この声を合図に、勅使がいったん御仮殿へと下がった。御本殿では國造が御神剣と御太刀をお納めして拝礼。その後、神饌が御本殿内へと供され、國造が御箸をお供えする「**御箸の儀**」の神事が進められた。御箸を供した後、國造は祝詞を奏上。引き続き参列者全員で**神語**「**幸魂奇魂《さきみたまくしみたま》　守り給ひ幸《さきは》へ給へ**」を唱和し、國造が玉串拝礼を行った。

一方、勅使は國造による祝詞奏上が終了するころ、再び御仮殿より参進し、御祭文を奏上した。その後、楼門下で二名の巫女による神楽舞が始まった。直接、見ることの叶わない一万名もの参列者がじっとモニターを見つめている。巫女舞終了後、勅使が玉串拝礼を行い、勅使館へ下がった。その後は女王殿下方はじめ國造家や氏子代表などの各界参列者代表が玉串を捧げた。そして、國造が御内殿の御扉ならびに御本殿の御扉を閉じ、一拝。祭員全員が退出し、六十年ぶりの本殿遷座祭は滞りなく終了した。大国主大神は無事に本来のお住まいに戻られたのである。

張りつめた空気が少しゆるんだころ、再び雨が落ちてきた。そこへ本殿遷座祭終了のアナウンスが流れたと思ったら、雨風が急に激しくなってきた。あまりのタイミングに、参列者の驚

祝詞を
奏上する國造

八足門から御本殿に向かわれる勅使

神前に奉納される御幣物

く声がどよめきとなって伝わってくる。太鼓と笛、降りしきる雨音のなか、奉仕者たちは八足門から出て斎館へと向かった。神職たちの差す和傘に跳ねる雨が照明に光っていた。

■本殿遷座奉幣《ほうべい》祭と神賑わい

翌五月十一日、昨日の雨は夜中にあがったようで、薄曇りの空が広がっている。御仮殿として用いられていた拝殿の注連縄は通常の大きなものに掛け戻されている。編まれたばかりの青味の残る注連縄が清らかだ。今日は午前十時より本殿遷座奉幣祭が執り行われる。これは本殿遷座祭に際して天皇陛下よりの御幣物《ごへいもつ》を奉るお祭りである。今日も皇室から彬子女王殿下、典子女王殿下が参列されている。参列者が一万名と昨日の遷座祭より少ないためか、境内にしつらえられた椅子はぐっと少ない。また、今日は昨日と異なり、一般の参拝者も境内に入ることができ、据え付けられたモニターで奉幣祭を見守っている。

午前十時、修祓を終えた神職たちが参進、御本殿へと入っていった。次第によると、國造が神前に進んで拝礼し、御本殿の御扉が開けられた。献饌、國造による御箸の儀、謝恩詞《しゃおんじ》・祝詞奏上と神事が進む。遷座祭同様、神語「幸魂奇魂　守り給ひ幸へ給へ」を参列者とともに唱和したのち、玉串拝礼を行った。

謝恩詞が終わると同時に、勅使が御幣物とともに参進。修祓の後、御本殿に向かった。勅使の行列は前導《ぜんどう》、御幣物を納めた唐櫃、勅使随員、勅使、後衛と続く。モニターでの中継画面によると、行列は御本殿に参入すると、勅使は楼門内の所定の座に着き、御幣物唐櫃は楼門内の

楼門下での巫女舞

記念式典・直会の様子

所定の位置に据えられた。勅使随員が國造に御幣物を伝達すると、國造が御本殿階段を上がって神前に奉った。十時五十分、勅使が御扉の前で御祭文を奏上。國造がその御祭文を神前にお納めすると、楼門下で二名の巫女による巫女舞が奉納された。勅使は玉串拝礼を終えると、勅使館へと退下した。

続いて彬子女王殿下、典子女王殿下が楼門下での玉串拝礼に臨まれた。その後、國造家、氏子代表などの各代表による玉串拝礼が続き、宮司が御幣物を大神に供進。十一時十八分、御本殿の御扉が閉じられ、本殿遷座奉幣祭も無事に終了となった。

正午からは勅使、典子女王殿下、北白川道久神社本庁統理をはじめ関係者八〇〇人を招いての記念式典・直会《なおらい》が特設会場で開かれた。神社界関係者だけでなく、御本殿の修繕を請け負った企業の代表者らも招かれ、千家尊祐宮司、出雲大社御遷宮奉賛会会長から感謝状が贈られた。

＊

本殿遷座祭に先立ち、瑞垣内摂社《せっしゃ》などの遷座祭も執り行われた。まず、四月二十四日には東西の「門神社《もんじんじゃ》」の「清祓・遷座祭」が行われた。門神社は御本殿の前面に東西に相対して鎮座する御社で、東側西面の御社には宇治神《うぢのかみ》を、西側東面の御社には久多美神《くたみの》をお祀りしている。いわば大国主大神様のご門衛の役をされている神々である。

続いて二十六日には、同じく瑞垣内の「内三社《うちさんしゃ》」の清祓・遷座祭が執り行われた。内三社は御本殿の東西に鎮座する御向社《みむかいのやしろ》・筑紫社《つくしの》・天前社《あまさきの》の呼称である。

御向社は正式には大神大后神社《おおかみおおきさきのかみのやしろ》と称し、大国主大神の嫡后にして素戔嗚尊《すさのおのみこと》の娘神である**須勢理毘売命**《すせりひめのみこと》をお祀りしている。筑紫社の正式名称は神魂御子神社《かみむすびみこの》で、ご祭神は大国主大神

奉祝行事での石見神楽

の后、**多紀理比売《たぎりひめの》命**。天前社の正式名称は神魂伊能知比売《かみむすびいのちひめの》神社で、ご祭神は**蚶貝《きさがい》比売命**と**蛤《うむ》貝《がい》比売命**である。両神は大火傷をなさった大国主大神の治療をされ、命をお救いになった神々である（『神話のおへそ』74ページ以降参照）。

また、本殿遷座祭前日の五月九日の夜七時から九時には「客殿《きゃくでん》、牛飼神《うしかいじん》遷座祭」が執り行われた。客殿は御客座とも称し、御本殿内北東で祀られている五柱の神々（**天之御中主《あめのみなかぬしの》神**・**高御産巣日《たかみむすひの》神**・**神産巣日《かみむすひの》神**・**宇麻志阿斯訶備比古遅《うましあしかびひこじの》神**・**天之常立《あめのとこたちの》神**）のことである（『神話のおへそ』34ページ以降参照）。また、牛飼神は和加布都奴志《わかふつぬしの》命とも呼ばれ、神像と牛のお姿をされており、御本殿内**心御柱《しんのみはしら》**の側でお祀りされている。心御柱とは御本殿の中央を通るひときわ太い柱のことだ。客殿・牛飼神は平成二十年四月十五日に仮御殿へ遷御されたが、大国主大神に先立って御本殿へとお戻りになられた。

本殿遷座祭終了後の五月十二日から二十六日にかけては、本殿遷座奉祝祭が十回にわたって行われた。また、ご遷宮を祝うさまざまな奉祝行事も五月十二日から六月九日まで二十九日間にわたって行われた。島根県内からは見々久《みみく》神楽（出雲市）、石見《いわみ》神楽（益田市）、万九千《まんくせん》社立《たち》虫《むし》神社神代神楽（出雲市）などの**神楽**、松江市の**佐陀神能《さだしんのう》**、弥栄《やさか》神社の（津和野町）の**鷺舞《さぎまい》**、県外からも岩手県山田町の大浦大神楽、金刀比羅宮蹴鞠《しゅうきく》会による**蹴鞠《けまり》**などが奉納された。

神威の高まりを祝して神々を歓待すると同時に、人々もまた楽しみ、気持ちを新たにして日々の営みに立ち戻る。ご遷宮の奉祝行事はまさに神々と人々が交歓しあう神賑わいであった。

香取神宮（かとりじんぐう）

式年大祭に際してのご社殿などの修復

利根川下流に広がる水郷地帯に鎮座する香取神宮。古来、鹿島神宮と並んで国家鎮護の軍神として信仰され、東国経営の拠点とされました。

両神宮では十二年に一度、午《うま》の年に連携して行われる式年大祭があります。この大祭を前に、ご社殿などの保存修理事業が進められ、平成二十五年十一月には、遷座祭および勅使を迎えての奉幣祭が行われました。平成二十六年四月の大祭「式年神幸祭《しんこうさい》」とあわせて紹介します。

平成25年秋に修理を終えた香取神宮の拝殿

鹿島神宮と並ぶ東国の古社

利根川を挟んで南に鎮座する香取神宮（千葉県香取市）と、北に鎮座する鹿島神宮（茨城県鹿嶋市）。両神宮は古来「香取・鹿島」と並び称され、東国の守護として、また武神として信仰されてきました（神社検定公式テキスト①『神社のいろは』76ページ参照）。勅祭社である両神宮の例祭には毎年、天皇陛下からの幣帛《へいはく》が供えられ、**六年に一度、午の年と子《ね》の年に勅使が参向しての奉幣《ほうべい》**があります。

香取神宮のご祭神である**経津主大神《ふつぬしのおおかみ》**は、鹿島神宮のご祭神である武甕槌《たけみかづちの》大神とともに「国譲り神話」で活躍された神です。『日本書紀』によれば、二神は天照大神《あまてらすおおかみ》の命を受けて高天原《たかまのはら》から出雲国の稲佐《いなさ》の浜へ降臨し、葦原中国《あしはらのなかつくに》（日本）を治める大国主神《おおくにぬしのかみ》と交渉の結果、この国を譲らせることに成功されました。その後、二神は国内の荒ぶる神々を平定したとされます。

香取・鹿島の両地は、大和朝廷の時代から東国開拓・経営の拠点とされ、武家政権の時代になると、両神宮は武神として篤い崇敬を集めました。

ご造営と遷座祭

神武天皇十八年（約二六五〇年前）に創祀されたと伝わる香取神宮。弘仁三年（八一二）以前から式年造営の制が定められていましたが、戦国時代に途絶えます。江戸時代に入ると、慶長十二年（一六〇七）には初代将軍・徳川家康により、元禄十三年（一七〇〇）には五代将軍・

拝殿の組物

徳川綱吉により、大規模な造営が行われています。

戦国時代に式年造営の制が絶える以前、香取神宮では「式年遷宮大祭」の名で式年神幸祭が行われていたといいます。これはご祭神の経津主大神の東征の模様を擬したものとも、神功皇后《じんぐうこうごう》の三韓遠征を模したものともいわれますが、定かではありません。明治期に復興された神幸祭は十二年に一度の式年となり、戦前には「神幸軍神祭」の名で行われていました。

現在、香取神宮では毎年例祭の翌日に神幸祭を行っていますが、**十二年に一度の午の年には「式年神幸祭」**として盛大に行われます。平成二十六年には、明治時代に十二年に一度となって以降、十二回目の式年神幸祭が行われました。また、これに合わせ、香取神宮ではご社殿などの修復事業が行われました。

香取神宮のご社殿は、本殿、幣殿、拝殿が連なって配置されています。本殿は三間社流造《さんげんしゃながれづくり》で屋根は檜皮葺《ひわだぶき》、壁や柱は漆塗りで黒を基調とした外観が特徴です。現存する本殿は元禄期、拝殿と幣殿は昭和十五年に造営されたもので、本殿と朱塗りの楼門は重要文化財に指定されており、明治以降は時々に修理がなされています。

平成二十四年より開始された今回の修復事業では、本殿と拝殿の檜皮葺《ひわだぶき》屋根の葺き替え、拝殿の漆の塗り替え、朱鳥居の塗り替えなどが行われました。本殿の工事が始まる前には、御神体は拝殿内に設けられた仮殿《かりでん》にお遷しされました。

平成二十五年秋に工事が竣工。十一月八日には、本殿に約一年半ぶりに御神体をお戻しする**「遷座祭」**が勅使を迎えて行われました。参列者が見守るなか、午後八時に祭典を執行。勅使が御祭文《ごさいもん》を奏上した後、すべての明かりが落とされ、宮司が御神体を仮殿から本殿内の御神座

例祭で参進する宮司以下神職

勅使と御幣物の唐櫃

へお戻ししました。翌九日の「**奉幣祭**」では、天皇陛下からの御幣物《ごへいもつ》が神前に供えられました。

その翌年に行われた例祭と式年神幸祭の様子を以下に紹介します。

■例祭での勅使による奉幣

平成二十六年四月十四日の朝、例祭を迎える香取神宮へ向かった。遷座を終えて屋根の檜皮も美しい拝殿前に、参列者のテントが設けられ、注連縄《しめなわ》が巡らされている。

午前十時前、宮司以下神職が参進、祓所《はらえじょ》での修祓《しゅばつ》の後、御本殿へ進む。「おー」と警蹕《けいひつ》が三声かかり、御扉《みとびら》が開かれた。献饌、祝詞奏上の後、勅使の参進が始まる。

御幣物の唐櫃《からひつ》が運ばれ、その後に黒袍《くろほう》の衣冠《いかん》に身を包んだ勅使の北島清仁掌典《しょうてん》、勅使随員らが続く。勅使一行は祓所での修祓の後、拝殿の木階《もっかい》を上がり、殿内へと進んだ。

勅使随員が唐櫃から白布で包まれた御幣物を取り出して宮司に捧げ渡し、御幣物が神前に奉安された。その後、勅使が御祭文を奏する。神前で拝礼する勅使の後ろ姿は薄暗がりに紛れがちだが、白い足袋《たび》だけが浮き上がって見える。宮司が御祭文を受け取って神前へ納めた後、巫女が「浦安の舞」を舞った。雅《みやび》な神楽歌に、巫女が手にする鈴の音が混じる。

玉串拝礼を終えた勅使の一行が退下し、続いて参列者の玉串拝礼。その後、御扉が閉じられて、祭儀は終了した。

扇島地区「おらんだ楽隊」

津宮地区「三匹獅子」

神幸祭に参加する稚児

式年神幸祭

例祭翌日の十五日から十六日にかけては、式年神幸祭が行われた。

十五日は、澄み渡った空に太陽が輝く絶好のお祭り日和となった。香取神宮の境内は、朝から裃《かみしも》や甲冑《かっちゅう》などの時代衣裳に身を包んだ人々や、母親に手を引かれた稚児《ちご》、獅子舞やお囃子を奉納する人たちなどで溢れていた。あちこちに氏子地区の名を書いた幟《のぼり》が見える。彼らは地区ごとに参拝を済ませると、所定の位置に待機。神社裏手の広場から拝殿脇にかけて、ぎっしりと人で埋まっていく。広場にある厩《うまや》には神職や供奉者《ぐぶしゃ》の乗る馬が何頭もつながれ、馬丁さんたちが世話を焼いている。

午前八時半、発輿祭《はっよさい》があり、閉じられた拝殿の内側で、**神輿**《しんよ》に御神霊がお遷しされると、拝殿の扉が開かれた。その後、行列の召立《めしたて》が始まった。前衛、露払い、太鼓、猿田彦、真榊《まさかき》、大鏡餅などなど、行列に供奉する諸役と氏名が読み上げられ、供奉者は拝殿前に列しては社頭を出発していく。三五〇〇人を超える供奉者の行列は延々とのびていく。

楼門の石段下も、見物客でいっぱいだ。紅白の餅が撒かれ、人々が群がる。名残の桜の花びら舞う参道に、にぎやかな笛や太鼓の音が響く。伝来のお囃子を奏しながら供奉する地区のなかでも、色鮮やかな装束に身を包んだ扇島地区の「おらんだ楽隊」は、利根川一帯が「香取が浦」であった昔、神幸祭の船渡航の引舟隊《ひきふねたい》として神楽を演奏したことに始まるという。

先頭が出発してから、一時間ばかり経っただろうか。ようやく神輿が拝殿から担ぎ出され、行列に加わった。境内を出た神輿は、約二キロ先にある利根川岸の**津宮**《つのみや》に向かって、のどかな

津宮を出港する御座船

津宮鳥居前での御旅所祭

御座船の鷁首

田園風景のなかを進む。田植え前の水鏡の田んぼでは蛙が鳴き、沿道の家々では椅子を持ち出して神様ご一行のお通りを眺めている。

午前十一時すぎ、神輿は津宮の鳥居河岸に到着した。津宮の河岸には利根川に面して香取神宮の浜鳥居が立っており、ここはかつて利根川の水運が盛んだった時代には、香取神宮への表参道口であった。

真夏のような日射しが降り注ぐなか、河岸は黒山の人だかり。船着き場周辺には、極彩色の鷁首《げきしゅ》を取り付けた**御座船**《ござせん》や供奉船《ぐぶせん》が停泊し、幟や五色の吹き流しが川風にそよいでいる。

駐輦所に奉安された神輿の前で**御旅所祭**《おたびしょさい》があり、昼休みをとった後は、いよいよ乗船である。約六〇〇人が九艘の供奉船に分乗し、その他の供奉者は陸路で移動する。神輿は輿丁《よちょう》たちに担がれて御座船に乗船、薄縁《うすべり》が敷かれた船尾側に奉安された。

宮司以下神職と輿丁も乗り込み、御座船が津宮を出港すると、進発水上祭《しんぱつすいじょうさい》が始まった。神輿に供えられた御神酒《おみき》の盞が開けられ、宮司が祝詞を奏上。長い裳裾《もすそ》を引いた二名の巫女が進み出て、神楽歌にのせて「浦安の舞」を舞う。玉串拝礼の後、宮司が一拝して神事は終了した。

高橋昭二宮司によれば、「十二年に一度のお祭りということで、少し緊張気味に今日を迎えました。先代宮司の代行としての奉仕を含め、式年神幸祭にはこれで三回目の奉仕です。こんなに何度もお仕えできて光栄です」とのこと。また、式年神幸祭への奉仕は同じく三回目だという神職の一人は、「天候に恵まれて、こんなに穏やかな船渡御《ふなとぎょ》は初めてです。前回は朝方大雨が降りましたし、前々回は強風で薄縁が飛んでしまい、大変でした」と話してくれた。

御座船は上流に向かってゆっくりと進んでいく。頭上では幟がはためき、吹き流しがたなび

御迎祭の献饌

佐原・小野川沿いを進む

く。前後には何艘もの供奉船、川岸を徒歩で供奉する行列からは、お囃子が風にのって聞こえてくる。なんとも晴れ晴れとした光景だが、「昔はもっとすごかった。小舟が利根川を埋め尽くしたよ」と、地元の人たちは口をそろえる。利根川周辺にたくさんの細い水路が巡り、近隣住民にとって船が主たる交通手段だった時代のことだという。

やがて、進行方向に「鹿島神宮」の幟を立てた船が見えてきた。鹿島神宮のお迎えの船である。牛ヶ鼻《うしがはな》沖で停泊した二艘は横づけにつながれ、鹿島神宮の宮司以下神職らが御座船へ乗り移ってきた。神輿に向かって薄縁の右に鹿島、左に香取の神職たちが着座し、鹿島神宮による**御迎祭**《おむかえさい》が始まった。お迎え船から神饌が伝供《でんく》され、鹿島神宮の鹿島則良宮司が祝詞を奏上。神事の様子を、お迎え船から武者装束姿の鹿島神宮の氏子たちが見守る。

神事が終わると、鹿島神宮の神職らは元の船に戻り、船上の人々は互いに笑顔で手を振って、二艘は別れてゆく。御座船は、すぐ近くの桟橋へ滑るように進んでいった。

こうして佐原《さわら》河川敷に上陸したのは、午後二時半ごろ。こちらもすごい人出である。ヒバリが鳴く河川敷に設けられた祭場で、今度は小御門《こみかど》神社による御迎祭が行われる。千葉県成田市の小御門神社は明治時代に創建された当初、宮司職を香取神宮宮司が兼務していた縁で、式年神幸祭で御迎祭を行っていた。その古例が、今回復活したものだという。

水路・陸路でやってきた供奉者たちは佐原の町で合流し、神幸行列は再びスタートした。佐原の市役所通りを佐原駅方面へ進み、ゆるやかにカーブする小野川沿いの道に入った。川辺には柳が揺れ、江戸風情漂う古い町並みが続く。水郷の町・佐原は、江戸時代に水運を利用して栄えた商都であった。その面影が、この小野川沿いや佐原街道沿いに今も残されている。

馬上の人が続く行列

香取街道を進む神輿

佐原での御旅所祭

町中の御旅所へ向かう行列を、国の無形文化財に指定されている「佐原の大祭」の山車《だし》二基が出迎えた。毎年夏と秋に行われる佐原の大祭は、大人形を載せた山車の勇壮な曳き回しと軽妙な佐原囃子で知られている。

午後五時、御旅所に神輿が着輿し、御旅所祭が行われた。神輿は今宵ひと晩をここで過ごされる。美しい満月が昇ったその夜、小野川沿いには、香取神宮の神を迎えたことを祝して山車を曳き回す男衆のかけ声と、佐原囃子がいつまでも響いていた。

*

明けて十六日も晴天。御旅所を出発した神輿は、供奉行列を従えて、新宿地区の諏訪神社、本宿地区の八坂神社に立ち寄り、陸路で香取神宮へ還御《かんぎょ》する。

今日も午前中から気温は上昇。暑いさなか、昔ながらの油屋や荒物屋、レトロな洋風建築の建物が軒を並べる香取街道沿いには、たくさんの見物客が待ち構えている。お待ちかねの行列がやってきた。道幅いっぱいに装束姿の人、人、人、そして馬。男衆の目はみな厚ぼったく、昨夜はおおいに酒宴に興じたのだろう。大榊や大鏡餅を担いで「わっしょい！」と練る若い衆。猿のお面とユーモラスな動きで観客に愛嬌をふりまく道化役。各区趣向を凝らした供奉行列で、見飽きることがない。

長い長い行列が通り過ぎるのに、先頭から神輿まで半時ほど。さらにその後にも行列は続く。この後、街道をまっすぐ進んでいく後ろ姿を見送って、佐原の町を後にした。

鹿島神宮（かしまじんぐう）

式年大祭に際してのご社殿などの修復

利根川下流に広がる水郷地帯に鎮座する鹿島神宮。古来、香取神宮と並んで国家鎮護の軍神として信仰され、東国経営の拠点とされました。

両神宮では十二年に一度、午《うま》の年に連携して行われる式年大祭があります。この大祭を前に、ご社殿などの保存修理事業が進められ、平成二十六年四月には、遷座祭および勅使を迎えての奉幣祭が行われました。平成二十六年九月の式年大祭「御船祭《みふねまつり》」とあわせて紹介します。

平成26年春に修理を終えた鹿島神宮の御本殿

■香取神宮と並ぶ東国の勅祭社

利根川を挟んで北に鎮座する鹿島神宮（茨城県鹿嶋市）と、南に鎮座する香取神宮（千葉県香取市）。「鹿島・香取」と並び称される両神宮は、国家鎮護の軍神として古くから信仰されてきました（神社検定公式テキスト①『神社のいろは』76ページ参照）。また、**六年に一度、午の年と子《ね》の年の例祭に勅使が参向する勅祭社**でもあります。

鹿島神宮のご祭神である**武甕槌大神《たけみかづちのおおかみ》**は、香取神宮のご祭神である経津主大神《ふつぬしの》とともに「国譲り神話」で活躍された神として知られています（237ページ参照）。

鹿島・香取の両地は、大和朝廷の時代から東国開拓・経営の拠点とされ、武家政権の時代になると、両神宮は武神として篤い崇敬を集めました。

■ご造営と遷座祭

社伝によれば、鹿島神宮の創祀は神武天皇即位の年（約二六七〇年前）。そのご造営については、約一三〇〇年前の『**常陸国風土記**』に記されており、大宝元年（七〇一）から二十年に一度の式年造営が定められましたが、鎌倉時代以降に途絶えます。その後、江戸時代の元和五年（一六一九）には、二代将軍・徳川秀忠により社殿一式が造営されています。

現在の鹿島神宮では、香取神宮と同じく十二年に一度の午の年に式年大祭を行っています。平成二十六年がその年にあたり、これに合わせて御社殿の保存修理事業が行われました。

拝殿(左)と仮殿の間に設けられた雨儀廊

鹿島神宮の本宮《ほんぐう》は、御本殿、御本殿と幣殿をつなぐ「石の間《ま》」、幣殿、拝殿と、一列に連なる四殿からなります。御本殿は三間社流造《さんげんしゃながれづくり》で屋根は檜皮葺《ひわだぶき》。柱は漆塗りで組物《くみもの》などに極彩色が施されています。通常、神社の社殿の多くは南面して建てられますが、鹿島神宮では**北面**しています。これは北方の蝦夷《えみし》を意識した配置ともいわれます。現在の本宮は四殿ともに元和期の造営によるもので、重要文化財に指定されており、時々に保存修理されています。元和期以前の御本殿は、摂社・**奥宮**《おくみや》の社殿として現存しています。また、拝殿の向かい側には、御本殿の造営・修理の際に御神体を奉安する常設の「**仮殿**《かりでん》」が建っています。

今回の保存修理事業は平成二十三年秋から開始され、御本殿と「石の間」の檜皮葺屋根の葺き替え、木部の漆の塗り替え、彩色の補修、錺《かざり》金具の取り替え、幣殿と拝殿の漆の塗り替え、傷んだ床材の取り替えが行われました。

修理にともない、平成二十四年二月十七日には、御神体を御本殿から仮殿へお遷しする「**下**《げ》**遷宮**《せんぐう》」が行われ、平成二十六年三月には修理工事が竣工。御神体を仮殿から御本殿へお戻しする「**上**《じょう》**遷宮**」のお祭りとして、勅使参向のもと、四月七日に「**遷座の儀**」、翌八日に「**奉幣の儀**」が執り行われました。その様子を、式年大祭とあわせて以下に紹介します。

上遷宮

暮れなずむ境内に名残の桜がはらはらと舞う。鹿島神宮の拝殿と仮殿の間には、「雨儀廊《うぎろう》」と呼ばれる屋根つきの素木《しらき》の渡り廊がめぐらされている。祭場に焚かれた庭燎《ていりょう》が明るさを増

雨儀廊を進む遷御の列

大鏡餅の特殊神饌

すにつれ、雨儀廊脇の参列者席が埋まってゆき、みな祭儀の始まりを静かに待っている。平成二十六年四月七日の今宵、「上遷宮」の「遷座の儀」が行われるのだ。

午後八時、神職の列が楼門をくぐって参進してきた。鹿島則良宮司をはじめ上位の神職は、装束の上に白い巾明衣《はばみょうえ》と木綿《ゆう》襷《だすき》、烏帽子《えぼし》に木綿《ゆう》鬘《かずら》を着けている。

神職の列はまず、本宮向かいの仮殿前にある摂社・**高房社**《たかふさしゃ》に参拝した。高房社は、鹿島神宮のご祭神である武甕槌大神の葦原中国《あしはらのなかつくに》平定に最後まで服従しなかった**天香香背男**《あめのかがせお》を抑えるのに貢献した**建葉槌神**《たけはづちのかみ》を祀る。鹿島神宮のお祭りでは、神職は本宮に先んじて同社を参拝する古例である。続いて、勅使の一行が参進し、神職が並ぶ仮殿下へ進んだ。

楽《がく》の音と「おー」という警蹕《けいひつ》とともに、仮殿の扉が開けられる軋んだ音が響く。その方向に目を凝らすと、暗がりのなか、白い巾明衣が木階《もっかい》を上がってゆくのが見えた。遷座の儀では、仮殿の御神前に一つ三〇キロもある**大鏡餅**の特殊神饌が三つ供えられる。特殊神饌は、三方《さんぽう》の上に大鏡餅二つと剣形の餅三つを重ね、裏白《うらじろ》、昆布、熨斗《のし》、串柿、栗、山葵《わさび》、鰹節をのせたものだ。これを神職が二人がかりで運ぶ。

献饌が終わると、勅使が仮殿の木階を上がり、御祭文《ごさいもん》を微音で奏上した。その後、大幣《おおべい》、金《きん》幣《べい》、御楯《おんたて》、御鉾《おんほこ》、御胡簶《おんやなぐい》、御弓、御太刀、紫翳《むらさきのさしは》、菅翳《すげのさしは》などの威儀物のほか、楽を奏する伶人《れいじん》や松明《たいまつ》、警蹕などの所役が次々に召し立てられ、御神体に付き従う五十余名の御列《ぎょれつ》が整えられていく。

松明と庭燎を除くすべての灯りが消され、楽が流れだした。白い布で囲われた御神体が仮殿の木階を下り、そのまま雨儀廊をゆっくりと進んでいく。御神体を囲う白布は前後が行障《こうじょう》、

奉幣の儀で参進する勅使と御幣物の唐櫃

両側が絹垣《きぬがき》と呼ばれるもので、浄闇《じょうあん》にそこのみ明るく浮かんで見える。やがて御神体が御本殿に入御《にゅうぎょ》されると、明かりが灯され、威儀物が次々と拝殿の欄干に立てかけられてゆく。勅使が御本殿手前の「石の間」に進んで、再び御祭文を奏上した。玉串拝礼の後、御本殿の御扉が閉じられて、遷座の儀は終了した。

翌八日の午前十時からは、「奉幣の儀」が斎行された。天皇陛下よりの御幣物《ごへいもつ》が御神前に捧げられ、勅使の筑波和俊掌典《しょうてん》が御祭文を奏上した。こうして、上遷宮はつつがなく終了した。

■式年大祭「御船祭」

上遷宮からおよそ半年後、平成二十六年九月一日からの三日間にわたり、鹿島神宮では十二年に一度の式年大祭「御船祭」が斎行された。

初日の一日は、鹿島神宮の例祭日である。平年の例祭は神社本庁の**献幣使**《けんぺいし》を迎えて行われるが、六年ごとの子年と午年には勅使が参向して奉幣を行う**勅祭**となる。この日、御幣物が御神前に捧げられ、勅使が御祭文を奏上した。

例祭日の夜には、鹿島の人々が「**ご神幸**《じんこう》」と呼ぶ神幸祭がある。これに先立って行われるのが、鹿島神宮の参道から楼門前にかけて繰り広げられる「**提灯まち**《ちょうちん》」で、これは神幸の道筋を照らす灯りを奉納する神事である。

夕刻の参道には、いくつもの提灯を大きな竹竿に葡萄の房状に取りつけた「大提灯」が引き立てられている。その周囲では、派手な法被《はっぴ》姿の若衆が、大提灯に取りつけた縄や支え棒を手

銚場で曳き回され、奉焼される大提灯

楼門を出て参道を進む御神輿

に取り巻いている。彼らは太鼓に合わせて、「エートホ、ヤトサ、アアヤレソラ」と口々に**祭頭囃子**《さいとうばやし》を囃したてる。これは鹿島神宮の春の大祭として有名な「**祭頭祭**《さいとうさい》」で披露されるお囃子だ。そして、大提灯を傾けたままぐるぐる回し、大提灯の根元に巻きつけた縄に両足をかけて揺さぶり、大提灯を持ち上げては地面に打ちつける、といった荒技を繰り返す。このような大提灯が十六基、長さ五〇〇メートルほどの参道に並べ立てられているのだから、それはもう大騒ぎだ。傾けた大提灯がうっかり倒れてしまうと、近くいた人々が我先にと提灯をもぎ取っていく。

「この提灯は縁起物だから、家に持って帰るんだ。昔は提灯を奪おうとする者と、奪われてなるものかという若衆との間で激しい攻防があって、喧嘩や流血沙汰がつきものだった。今はだいぶ大人しくなったもんだよ」と、地元の人が教えてくれた。

大提灯は若衆に持ち上げられ、どすんどすんと地面に打ちつけられながら、少しずつ参道を進む。大鳥居に差しかかると、大提灯を大きく傾けてくぐり、楼門前の「銚場《ちょうば》」と呼ばれる広場へ。銚場には麦藁《むぎわら》の火が焚かれており、大提灯は火の周りを曳き回されると、最後に火《ひ》中に引き倒されて燃やされた。火の粉が舞い、もうもうと白煙が上がって、見守る人々から拍手が起こる。若衆は大提灯の残骸を引きずって銚場から退場していった。

こうして大提灯が次々に奉焼され、夜の帳《とばり》が降りてゆく。そして午後八時、神幸祭が始まった。本宮から御分霊をお遷しした御神輿《おみこし》が出御《しゅつぎょ》。さまざまな威儀物を奉じた供奉員《ぐぶいん》を引き連れて参道を進み、町内を神幸する。にぎやかな町内をひと回りした御神輿は、楼門脇に設けられた**行宮**《あんぐう》に着御《ちゃくぎょ》し、一夜を過ごされた。

氏子に担がれた「御舟木」

手子后神社の御神輿

郷土芸能「ささら」

*

明けて二日は、御神輿の**船渡御**《ふなとぎょ》が行われた。例祭、提灯まち神事、神幸祭および還幸祭《かんこうさい》は毎年行われているが、船渡御は十二年に一度のみである。この日は朝から澄んだ青空が広がるお祭り日和となり、境内にはお囃子の音が響き、浮き浮きとした空気に包まれている。

午前八時、行宮御発輿祭《ごはつよさい》が始まった。楼門前の参道や駐車場にまで溢れかえった約三〇〇名の供奉員が次々に召し立てられていく。さまざまな装束に身を包んだ供奉者のなかには、鹿島神宮ゆかりの近隣地域からやってきた「ささら」と呼ばれる郷土芸能の一団や、鹿島の神后神を祀るともいわれる手子后《てごさき》神社の御神輿も見える。また、平成になって地元有志により奉納された「大直刀《だいちょくとう》」や、鹿島神宮の特殊神宝である「韴霊剣《ふつのみたまのつるぎ》」、刳船《くりぶね》の模型である三艘の「御舟木《おふなぎ》」など、特色ある神宝や奉納物も担ぎ出される。

御神輿は、戦国時代に塚原卜伝《ぼくでん》が興した剣術の流派・鹿島新当流一門と鹿島流鏑馬《やぶさめ》隊に警護され、行宮を出御した。その前後に供奉員が長蛇の列をなし、大行列は北浦東岸の大船津《おおふなつ》まで約二キロの道のりを進む。町を抜け、早稲《わせ》の実る田を過ぎ、坂道に差しかかると、眼下に北浦の青い水面が見えてきた。

古来、西の一之鳥居の建つ大船津は、水運による経済や文化の要衝であると同時に、水路での鹿島神宮参拝の玄関口でもあった。鳥居の下に設けられた栈橋には、舳先に龍頭《りゅうとう》を取りつけ、屋形を載せた御座船《ござぶね》が御神輿を奉載するために待機している。その周囲には夥しい数の供奉船が集結し、船を飾る**忌竹**《いみたけ》や**五色の吹き流し**が風にそよいでいる。

鳥居をくぐった御神輿はいったん栈橋上に安置され、続いて賑やかに練り込んできた手子后

あばれ太鼓と纏振り

大船津に集結した供奉船

御座船の龍頭

神社の御神輿と並んで安置された。御発船祭《ごはっせんさい》の後、鹿島神宮の御神輿は御座船に奉載された。手子后神社ゆかりの威勢のよいあばれ太鼓と纏《まとい》振りがお見送りするなか、御座船は花火の音を合図にゆっくりと桟橋を離れ、水上を進んでゆく。御座船の前後に付き従う供奉船約一二〇隻の大船団を先導するのは、息栖《いきす》神社の船だ。神栖《かみす》市の息栖神社は鹿島神宮の摂社で、鹿島神宮、香取神宮とともに東国三社《とうごくさんしゃ》に数えられる古社である。息栖神社のご祭神である**天**《あめの》**鳥船神**《とりふねのかみ》は、『古事記』の国譲りの段で武甕槌大神と一緒に出雲へ遣わされた神で、船の神とされる（公式テキスト②『神話のおへそ』94ページ参照）。

大船団は常陸利根川の加藤洲まで片道十三キロほどを渡御する。壮観な船渡御は、鹿島の歴史を伝えるものだ。外海の太平洋と西の内海の間に位置する鹿島の地は、かつて船団の航行によって栄えた東国の要衝であった。およそ一七〇〇年前の応神天皇の御代《みよ》に始まるという御船祭は、神功皇后《じんぐうこうごう》の三韓遠征の際、鹿島の大神が皇后の船を守護した故事に基づくと伝えられる。

大船津を出港して約二時間後、御座船は千葉県香取市加藤洲に到着し、忌竹で囲まれた川中の**御斎杭**《おんいみぐい》に係留された。正午ごろ、川上から香取神宮の御迎船《おむかえぶね》が御座船に近づいてきた。二艘は横づけにつながれ、御迎船から香取神宮の宮司以下神職が御座船に乗り込んでくる。御座船の屋形内に安置された御神輿を前に、右に鹿島神宮、左に香取神宮の神職が向かい合って列座し、**御迎祭**《おむかえさい》が始まった。御迎船では、香取神宮の氏子たちがその様子を見守る。

香取神宮の御迎船から運び込まれた神饌が御神輿の前に献じられると、香取神宮の高橋昭二宮司が祝詞を奏上。その後、鹿島神宮の巫女により「浦安の舞」が舞われた。四名の巫女は十二年前の午年生まれの少女たちだ。御迎祭を終え、香取神宮の神職らが御迎船に戻る

午年生まれの少女による巫女舞

香取神宮による御迎祭

御座船に奉安された御神輿

と、二艘の船はゆっくりと離れていく。船上の両者は笑顔で手を振り、いつまでも互いを見送っていた。

御座船の船団はしばしの休憩の後、帰途についた。昼下がりの陽射しを浴び、きらめく水面に逆波を立てて、船団が還ってゆく。大船津に着岸した一行は大行列をなして鹿島神宮へ。夕刻には行宮に御神輿が着御し、**着輿《ちゃくよ》祭《さい》**が行われた。

翌三日には御神輿が本宮に還御《かんぎょ》する**還幸祭**が行われ、三日間にわたって華々しく繰り広げられた祭典の幕が閉じられた。

賀茂社（かもしゃ）

式年遷宮

古来、皇城鎮護の社として崇敬され、葵祭《あおいまつり》で有名な賀茂社《かも》。上賀茂《かみがも》神社の通称で知られる賀茂別雷《かもわけいかづち》神社と、下鴨《しもがも》神社の通称で知られる賀茂御祖《かもみおや》神社の両社を指します。

古い由緒をもつ賀茂社では、平安時代から二十一年ごとの式年遷宮が定められており、平成27年春には下鴨神社で第三十四回式年遷宮、同年の秋には上賀茂神社で第四十二回式年遷宮の正遷宮《しょうせんぐう》が斎行されました。

御本殿（右奥）と権殿が並び建つ賀茂別雷神社（上賀茂神社）

御本殿の斜め後ろに権殿が建てられる賀茂御祖神社（下鴨神社）

賀茂御祖神社楼門

賀茂別雷神社楼門

■賀茂川のほとりに鎮座する二つの賀茂社

京都市内を北から南へと流れる鴨川は、古来この地を潤し、人びとの生活を支えてきた水源であり、山紫水明の京の都の象徴でもあります。高野川との合流点より上流は通例「賀茂川」または「加茂川」とも表記されますが、そのほとりに鎮座するのが賀茂《かも》別雷《わけいかづち》神社と賀茂御祖《みおや》神社です。両社をあわせて「賀茂社」と呼びます（神社検定公式テキスト①『神社のいろは』92ページ参照）。その位置関係から、両社をそれぞれ「上賀茂《かみがも》神社」「下鴨《しもがも》神社」の通称で呼びます。賀茂御祖神社（下鴨神社）は賀茂川と高野川の合流点の北に鎮座し、その合流点から賀茂川を北に四キロメートルほど遡《さかのぼ》った東側の山麓に賀茂別雷神社（上賀茂神社）が鎮座しています。

賀茂社の創祀は神代の昔に遡るといわれ、ご祭神はいずれもこの地の古代氏族であった賀茂氏の氏神《うじがみ》です。賀茂別雷神社には**賀茂別雷大神**《わけいかづちのおおかみ》が、賀茂御祖神社にはその母神にあたる**玉依媛命**《たまよりひめのみこと》と外祖父神にあたる**賀茂建角身命**《たけつぬみのみこと》がお祀りされています。

古《いにしえ》より崇敬を受けていた賀茂社ですが、第五十代桓武天皇の平安遷都（七九四年）後は皇城鎮護の神社として格別に崇められ、第五十二代嵯峨天皇の御代には、「斎王《さいおう》」と呼ばれる未婚の皇女による特別な祭儀への奉仕が始まり、約四〇〇年間続きました（公式テキスト③『神社のいろは 続《つづき》』62ページ参照）。現在も勅祭社に数えられる賀茂社では、毎年五月に賀茂祭が勅使の参向のもと行われており、「葵祭」として全国的に有名です。

また、平成六年には上賀茂神社、下鴨神社ともに世界文化遺産に登録されています。

賀茂社の遷宮の歴史

賀茂社の式年遷宮は二十一年ごとに行われており、その制は平安時代の第六十八代後一条天皇の御代《みよ》、長元九年（一〇三六）に定められたものです。鎌倉後期の編纂といわれる歴史書『百錬抄《ひゃくれんしょう》』の中に、平安中期の記録として賀茂社の遷宮が定例で行われたことが記されています。

しかし、歴史を振り返ると、戦乱や飢饉、災害のあったときなどには遷宮の延期をやむなくされ、財政上の理由などから、必ずしも二十一年ごとに遷宮が行われたわけではありませんでした。また、遷宮が行われても、すべての建物を新たにするとは限らず、その規模や建て替えの範囲は遷宮ごとに異なりました。

なかでも、天正十九年（一五九一）の豊臣秀吉による遷宮は、賀茂社のほとんどのご社殿を建て替える大規模なものでした。また、江戸初期の寛永五年（一六二八）には、第一〇八代後《ご》水尾《みずのお》天皇の勅願により、大御所・徳川秀忠が大規模な造営を行っています。江戸末期の文久三年（一八六三）には、攘夷《じょうい》祈願のため賀茂社を行幸された第一二一代孝明天皇が、改めて賀茂社の二十一年ごとの式年遷宮の勅を出され、両賀茂社の現在の御本殿などが造替されています。

昭和二十八年、賀茂社のご社殿の多くが国宝や重要文化財に指定され、文化財保護法が適用されることになりました。以降は、殿舎の修復をもって遷宮とされ、事前に文化庁の調査を経て、その規模や範囲などの計画が立てられています。現在の賀茂社の式年遷宮は、二十一年ごとに修理のために**宮遷《うつ》し**を行うものです。

賀茂御祖神社の東西本殿

下鴨神社の遷宮

下鴨神社では、式年遷宮の制が定められた長元九年（一〇三六）から二十年後の天喜四年（一〇五六）を第一回式年遷宮としており、**平成二十七年に第三十四回式年遷宮が斎行**されました。

下鴨神社の**御本殿は東西に二つ並び建っている**のが特徴で、いずれも**流造**《ながれづくり》の様式です。向かって左の**西本殿には賀茂建角身命**が、向かって右の**東本殿には玉依媛命**が祀られています。御本殿の斜め後ろには、それぞれ約四メートル四方の**権地**《ごんち》と呼ばれる敷地があり、遷宮の際にはここに**仮殿**《かりでん》が建てられます。

このような御本殿や権地の配置は、平安時代から変わっていないと考えられています。下鴨神社の遷宮は、まず仮殿に神様をお遷しする**仮**《かり》**遷宮**を行い、その後に御本殿を建て替え、それが完了すると、再び神様に御本殿にお遷りいただく**正遷宮**を行うというものでした。現在の遷宮は建て替えではなく修理ではありますが、このような神遷しの順序は同じです。

同社には御本殿を含めて摂末社など八十五棟の殿舎があり、二つの御本殿が国宝に、五十三棟の社殿が重要文化財に指定されています。現在の下鴨神社の御本殿は文久期の遷宮で造替されたもので、そのほかの殿舎の多くは寛永期の遷宮で造替されたものです。

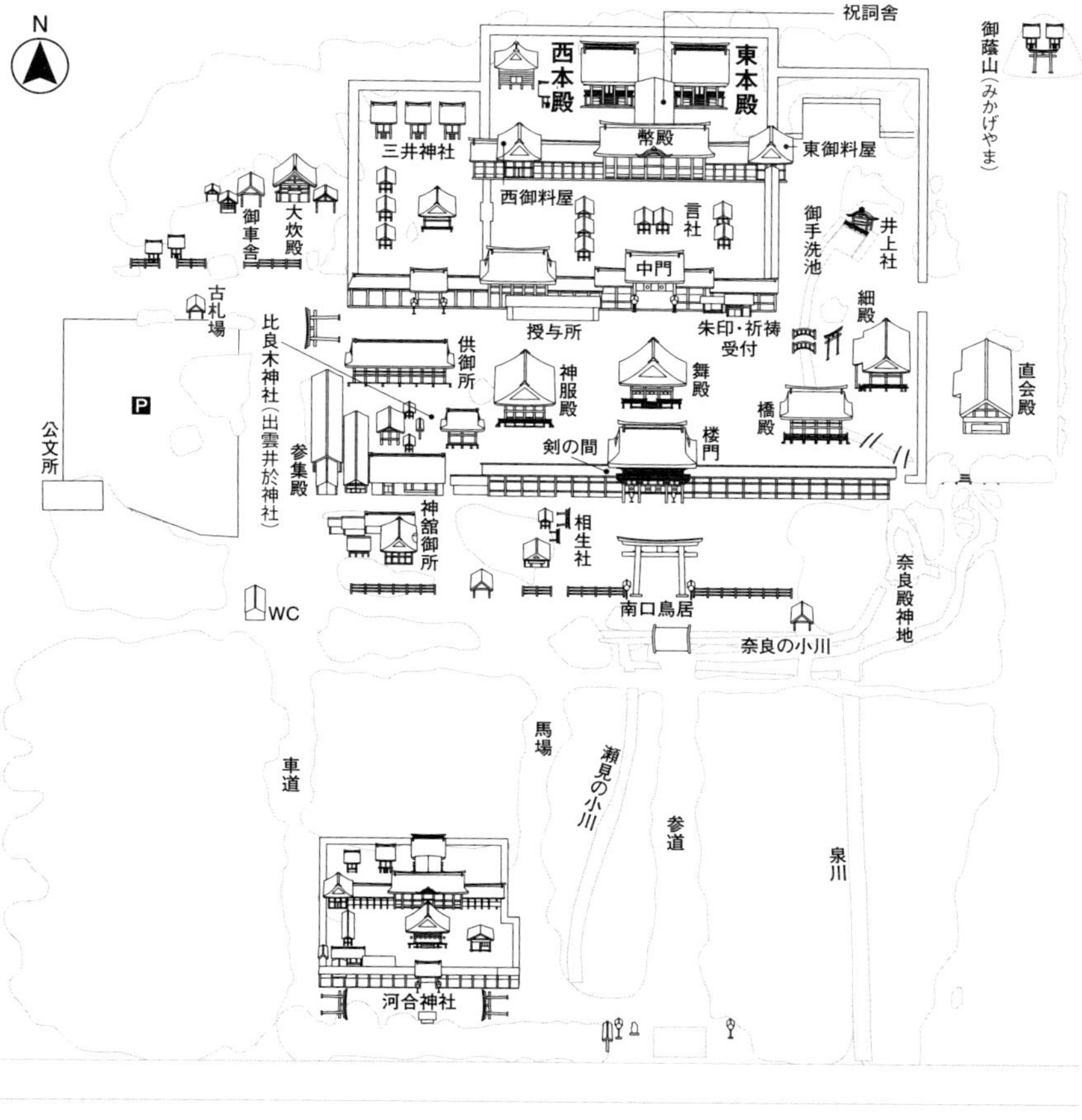

賀茂御祖神社（下鴨神社）境内図

仮殿上棟祭

仮殿木造始祭

仮殿地鎮祭

■下鴨神社の第三十四回式年遷宮

第三十四回式年遷宮の諸祭・行事および工事は、平成十九年三月に開始されました。平成二十五年三月二十日には、御本殿から仮殿に神様をお遷しする仮遷宮が斎行されました。そして平成二十七年四月二十七日には、仮殿から御本殿に神様をお遷しする正遷宮を斎行。正遷宮は、その日時について天皇陛下のご了承をいただき、勅使の参向のもと行われました。

今回の遷宮では、御本殿を含め摂末社などの建物について修理を行いました。御本殿の修理では、檜皮葺《ひわだぶき》屋根の葺き替え、金具の補修、塗装部の塗り替えなどが行われました。また、神様の調度品や衣装・装束である「**御神服**《ごしんぷく》・**御神宝**《ごしんぽう》」の一部が修理あるいは新調されました。御本殿の神前を護る金色の獅子と銀色の狛犬も色鮮やかな姿に修理されました。

遷宮の諸祭としては、平成二十四年六月には、御垣内《みかきうち》に敷き詰められた石を拾い、洗い清める**仮殿石拾**《いしひろい》**神事**が行われました。同年九月に行われた**仮殿地鎮祭**《じちんさい》では、権地の四隅に御幣《ごへい》を立て、土器《かわらけ》にお神酒《みき》を注いで大地の神をお祀りしました。神事は東西本殿の二つの権地で同時に進められ、祭員は東西に分かれてそれぞれ祭儀を執り行いました。翌十月には仮殿の工事開始に際して作業の安全を祈る**仮殿木造始祭**《こづくりはじめさい》、引き続いて仮殿の棟木を打ち固める**仮殿上棟祭**《じょうとうさい》が行われました。

平成二十五年以降に行われた仮遷宮および正遷宮については、以下に紹介します。

＊

平成二十五年三月八日、新しく完成した仮殿をお祓いする**仮殿解除**《げじょ》**神事**が行われた。下鴨神

仮殿に神饌を供える

仮遷宮の遷御

仮殿解除神事

社では修祓《しゅばつ》を「解除」ともいう。東西本殿の斜め後ろに建つ仮殿は、真新しい柿葺《こけらぶき》屋根と素木《しらき》が目にも清々しい。東西本殿からそれぞれの仮殿までは白砂が敷かれた道が出来ている。午後一時から始まった神事では、仮殿の御扉《みとびら》が開けられ、**中臣祓《なかとみのはらえ》**を唱えた後、仮殿のお祓いをして、最後に新木直人《あらきなおと》宮司以下神職が**乱舞《りゃんまい》**と称される慶びの作法をして終了した。

同月二十日夜には、仮遷宮が行われた。東西本殿とそれぞれの仮殿の間には、筵道《えんどう》（むしろ）と布単《ふたん》（白布）が敷かれ、屋根のついた雨儀廊《うぎろう》となっている。仮殿の御扉の両側には、新しい獅子狛犬が安置されている。

午後七時、庭燎《ていりょう》が焚かれた祭場で、多くの参列者が見守るなか、西本殿から祭儀が始まった。御本殿の御扉が開かれ、宮司がこれより遷御《せんぎょ》が行われることを奉告する祝詞を奉上。その後、調度品や御神宝を捧持した神職が雨儀廊に並んだ。仮殿の御扉が開かれ、雨儀廊の側面が浅葱《あさぎ》幕ですっぽりと覆われると、庭燎をはじめ灯火が一斉に消された。

夜闇に楽《がく》の音《ね》が流れ出し、「オー」という警蹕《けいひつ》とともに、御本殿から御船代《みふなしろ》に納められた御神体が出御《しゅつぎょ》、雨儀廊を仮殿へと渡られていく。もちろん、幕で覆われているので目にすることはできないのだが、闇のなかをほのかな灯りとともに気配が動いていくのが分かる。御神体が仮殿に入御《にゅうぎょ》されると、調度品や御神宝が一点ずつ召し立てられ、殿内に納められた。その後、同様に東本殿の御神体も仮殿へと渡御《とぎょ》された。

遷御の後、仮殿の神前に神饌が供えられ、宮司が祝詞を奏上。神饌が撤せられると、宮司はじめ祭員たちはひとりずつ拝礼し、白衣の袖を広げて乱舞しながら神前を退いていった。参列者も順次拝礼を終え、仮殿の御扉が静かに閉じられた。

忌串で自らを祓う祭員

御本殿の御扉を開扉

＊

平成二十七年四月、下鴨神社では、仮殿に鎮まられていた神様に再び御本殿にお遷りいただく遷座祭（正遷宮）が斎行された。

遷座祭に先立つ四月二十四日には、新たになった御本殿をお祓いする**新殿解除神事**が行われた。午後一時、神舘御所《かんだちごしょ》（斎館／257ページ図参照）から宮司以下神職の祭員の列が出立、楼門を入って右手の御手洗川《みたらしがわ》にかかる橋を渡り、御手洗池南庭の座に着いた。祭員一同は「雑《ぞう》仕女《しめ》」と呼ばれる女性神職から祓具《はらえぐ》の一種である**忌串**《いぐし》を受け取った。所役の神職が御手洗池のほとりに鎮座する井上《いのうえ》神社前に進んで祓詞《はらえことば》を唱える。大麻《おおぬさ》で祭員を祓うと、さらに各自が忌串を身体に当ててお祓いをした。

祭員一同は再び橋を渡り、幣殿手前にある中門《ちゅうもん》を入り、幣殿の東西に分かれて着座した。宮司、神職は順に東西本殿の間にある祭祀を行うための**祝詞舎**《のりとや》に進んで拝礼。一同が復座すると、二名の神職が東西の御本殿に進んだ。御本殿前の階段は丹塗りや錺《かざり》金具の輝きも新しく、御扉の左右に鎮座する獅子狛犬もぴかぴかだ。昇殿した神職が御扉を封印している白紙を外して開錠し、「ギギギギー」と長く音を引いて開扉した後、くるくると御簾《みす》を巻き上げた。

次に、上役の神職が東西本殿に昇殿して御殿の解除を行った。御幣《ごへい》を手に大祓詞《おおはらえことば》を唱え、御簾の内側に下りた幕の裾を持ち上げて、殿内を切麻《きりぬさ》と散米《さんまい》でお祓いする。その後、御扉が閉じられ、神事は終了した。

新殿解除神事を終えた祭員は、中門の外にある舞殿《ぶでん》に昇殿し、そのまま**御服《おんぷく》御神宝《おんしんぽう》読合《とくごう》の儀**へと移った。これは、遷座祭で御本殿に納められる神様の御料である御服や御神宝の内容を読

御服御神宝読合の儀

み合わせ、確かめる儀式である。

舞殿の前方には白黒縞の鯨幕《くじらまく》が張られ、東西に置かれた背の高い案《あん》（物を載せる机）の上には、御服や御神宝が納められた大小の蒔絵箱や柳筥《やないばこ》（柳の細枝を編んだ蓋つきの箱）、錦の袋や弓矢などが並べられている。その手前には低い丹塗りの案が置かれ、床に敷かれた筵《むしろ》の上には、東西の案の前に、それぞれ小さな獅子狛犬がちょこんと鎮座している。

宮司以下神職は舞殿の西側に着座し、相対して東側には御服御神宝の制作に携わった式年遷宮奉賛会の所役が着座した。しばらくすると二基の唐櫃《からひつ》が運ばれてきて、舞殿後方の東西に置かれた。唐櫃には今回新調された玉纏御太刀《たままきのおんたち》などの御神宝が納められている。

式年遷宮奉賛会の所役の一人が、まず西の唐櫃から奉書を取り出して懐に納めると、次々に御神宝を納めた錦袋や柳筥を取り出し、西の丹塗りの案上に奉安していった。その後、東の唐櫃の御神宝も同様に東の案上に奉安された。

次に、先の所役が懐から先ほどの奉書を取り出し、上役の式年遷宮奉賛会所役に進めた。この式年遷宮奉賛会所役と宮司とが中央へ進み出て向かい合い、式年遷宮奉賛会所役が御神宝の内容や数が書かれた奉書を開いて読み上げていく。その後、宮司は西、東の順に案上の御神宝を確かめて復座した。

次に、権宮司が東西の案の中央に進んで、御幣を手に大祓詞を唱えた後、切麻と散米で御服御神宝をお祓いした。先ほど奉安された御神宝が再び唐櫃に納められると、唐櫃は舞殿から下げられ、中門内へと運ばれていった。

それから三日後、遷座祭は四月二十七日に行われた。午後七時前、参道に庭燎が灯ると、神

宮司以下神職の参進

館御所を出た宮司以下神職が南口鳥居内解除所《かいじょしょ》へ列をなして進んできた。「忌子女《いんこのめ》」と呼ばれる女性神職を先頭にした祭員たちは、純白の斎服《さいふく》に木綿襷《ゆうだすき》をかけ、額に木綿蔓《ゆうかずら》を着けている。一同は大麻でお祓いした後、さらに各自が忌串でもってお祓いを済ませると、再び列をなして参進。楼門をくぐって中門を入り、幣殿の所定の座に着いた。

これにやや遅れて、権《ごん》宮司に伴われた勅使の堤公長掌典《つつみきみながしょうてん》と随員らの一行が南口鳥居内へ姿を現した。このころにはすでに陽は落ち、空に月星が明るく輝きだしていた。松明《たいまつ》を手にした「刀禰《とね》」と呼ばれる警護役が一行を先導する。勅使は「主水幄《もんどあく》」と呼ばれる幄舎で手水をとり、特別な**贖物《あがもの》**を用いての厳重な修祓の後、参進して幣殿の座に着いた。

仮殿から御本殿へ続く雨儀廊は、外側をぐるりと絹垣《きぬがき》（白布）で覆われており、中の様子は見えない。幣殿やその両端にある御料屋《ごりょうや》には、たくさんの参列者が着席している。しばらく待機していると、楽の音が流れだした。「オー」という警蹕とともに、「ギギギギー」と軋んだ音を立てて東西仮殿の御扉が開かれる。続いて、東西本殿の御扉も開かれた。絹垣に遮られてその様子を見ることはできないが、勅使が祝詞舎に進み、これから神様に御本殿にお遷りいただく旨の御祭文《ごさいもん》が奏上された。

やがて、西仮殿前の絹垣の内側に人影が集まってきた。宮司と権宮司が仮殿内に参入し、出御の準備をしているようだ。御神体をお納めする御船代を捧持する所役、御装束神宝を捧持する所役などが、仮殿の前に座して控えている様子である。しばらくすると笏《しゃく》拍子（笏を打つ音）の合図があり、明かりが消えた。

ゆったりとした節回しの神楽歌と奏楽が流れてくる。「御服」「御宝剣」「御扇」「獅子」

乱舞する神職

御祭文奏上を終えた勅使

正遷宮の遷御

「狛犬《こま》」と、渡御列に加わる御装束神宝の召立《めしたて》をする声も聞こえてきた。楽に「オー」という警蹕が混じると、絹垣の内側でぼんやりと明かりがゆらめいて、仮殿前から人影がゆっくりと移動し、御本殿へと進んでいく。祭儀の次第によると、渡御の列次は、御船代に納められた「御《ぎょ》」（御神体）の前に、御神鏡を奉じた権宮司と勅使、後ろに宮司がお供し、その後に御装束神宝が続く。こうして西本殿への入御が済むと、続いて東仮殿から東本殿への遷御も同様に行われた。

次に、中門外にある**神服殿《しんぷくでん》**から、先とは別の御神宝を奉じた列が、楽人とともに西本殿へ進んできた。御神宝は宮司と権宮司の手で殿内に納められ、続いて東本殿にも同様に御神宝が納められた。その後、宮司が西本殿と西仮殿を、権宮司が東本殿と東仮殿を巡検し終えると、明かりが灯され、楽の音が止んだ。

仮殿の扉が閉じられる音が響くと、にわかに絹垣が外され、目の前に並び建つ御本殿が姿を現した。復座していた勅使が再び祝詞舎に進み、遷御が滞りなく済んだ旨の御祭文《ごさいもん》を奏上する。その料紙は遠目からも鮮やかな紅色だ。ちなみに、御祭文の料紙に用いられる鳥子紙《とりのこがみ》の色は神社によって異なり、**神宮は縹色《はなだ》（青）、賀茂社は紅色、その他の神社は黄色**と定められている。

その後、勅使の玉串拝礼、勅使随員の拝礼、宮司の玉串拝礼、権宮司以下神職、参列代表者の拝礼が順に行われた。勅使の玉串は紅白の絹、宮司の玉串は紙垂《しで》がついたものである。拝礼が済むと御本殿の御扉が閉じられ、勅使以下は御祭文が西本殿階下の案上に奉じられるのを見届けて退下《たいげ》していく。宮司以下神職は一人ずつ御神前で乱舞をしつつ退下していった。

翌二十八日には、奉幣祭《ほうべいさい》が行われた。午前十時前、衣冠《いかん》に身を包んだ宮司以下神職、長い裳《も》

御幣物を捧げ持つ勅使随員

唐櫃を前に参進する勅使

修祓のため解除幄に入る勅使

裾《すそ》を引く束帯《そくたい》姿の陪従《べいじゅう》（楽人）と舞人《まいびと》の列が、南口鳥居内解除所に列立した。一同は大麻と各自の忌串による修祓を済ませ、参進。神職は中門下の左右の円座に、陪従と舞人は舞殿南側の東西に分かれて着座した。

その後、唐櫃二基と随員を従えた勅使が南口鳥居内へ進んだ。黒袍《ほう》の衣冠姿の勅使は、主水幄で手水をとり、隣の解除幄に入った。解除幄の御簾が下ろされ、その中で勅使は贖物を用いての厳重な修祓を行い、随員と唐櫃もお祓いを受ける。しばらくして解除幄の御簾が上げられると、勅使一行は列を整え、ゆっくりとした足取りで参進していった。唐櫃は中門手前東側に並べ置かれ、傍らに勅使随員と唐櫃奉舁《ほうよ》役が着座。勅使は楼門を入って左手の回廊の**剣《けん》の間**に着座した。

御本殿の御扉が開かれ、神饌が供えられて、宮司が祝詞を奏上する。その後、宮司と権宮司は中門外の西側に並んだ。唐櫃から勅使随員が天皇陛下からの御幣物《ごへいもつ》を取り出して恭しく捧げ持ち、宮司に手渡す。宮司はこれを中門手前に並べ置かれた西側の案上に奉安した。次に、もう一つの御幣物が同様に権宮司に手渡され、東側の案上に奉安された。続いて、宮司と権宮司はそれぞれ御幣物を手にして中門内へ進み、東西の御神前にお供えした。

次に、勅使が剣の間を出て舞殿へ進んだ。随員から御祭文を受け、舞殿南側から昇殿して着座すると、勅使は最も丁寧な拝礼作法である**起拝《きはい》**を行った。右膝から立ち、左足から進め、両足を踏み整えて姿勢を正し、畳んだ御祭文を沿わせた笏を両手でまっすぐ構えて目の前にあげ、左膝を伏せ、次いで右膝を伏せて拝礼する。勅使は御祭文がしたためられた紅色の料紙を両手で広げ、拝礼すると、御祭文を広げて微音で奏上した。奏上が終わると、再び起拝を行った。

饗膳の儀に
臨む勅使

饗膳の儀で供された素木の御膳

東游の楽を奏する陪従

その後、中門内から出てきた宮司が舞殿北側から昇殿し、勅使の斜め前に控えた。勅使から御祭文を授かった宮司は、舞殿を下りて御本殿へこれを納めると、戻ってきて再び舞殿に昇殿。勅使に御祭文をお納めした旨を奉告した。勅使と宮司は順に玉串拝礼を行い、当初の位置に復座した。

次に、陪従と舞人による**東游**《あずまあそび》があった。陪従の奏する楽に合わせ、六人の舞人が舞殿に進み、「駿河舞《するがまい》」「求子《もとめご》」の二曲を優雅に舞った。その後、参列者の拝礼があり、御幣物と神饌が撤せられ、御扉が閉じられて、祭儀は終了した。

奉幣祭の後、宮司と権宮司、勅使と随員は直会殿《なおらいでん》へ移り、**饗膳**《きょうぜん》**の儀**を行った。ちなみに、下鴨神社では平安時代より、歴代天皇の即位礼の大嘗祭《だいじょうさい》後に下賜されていた饗応殿《きょうおうでん》を移築し、直会殿として式年遷宮ごとに造替してきた。ところが、昭和度の殿舎が老朽化し、昭和二十三年ごろに撤去された。その後、直会殿は再建されていなかったが、平成五年の第六十一回神宮式年遷宮で伊勢の神宮より内宮《ないくう》・五丈殿《ごじょうでん》の撤下《てっか》を受け、平成十九年に再興された。

饗膳の儀では、勅使と随員には御箸、御飯、盃などが並んだ塗りの御膳が、その他の者には同じ内容の素木の御膳が供された。一同は盃を頂き、御箸を立てて御膳に添える所作を行った後、御膳が撤せられ、祭儀は終了した。

上賀茂神社の遷宮

上賀茂神社では式年遷宮の制が定められた長元九年（一〇三六）より以前の延暦三年（七八四）の遷宮を第一回と数えており、**平成二十七年には第四十二回式年遷宮が斎行**されました。

上賀茂神社の楼門を潜って石段を上がると中門があり、参拝者はその手前で参拝します。中門の正面には御殿はなく、神社から約二キロメートル北に位置する**神山**《こうやま》を遙拝するかたちになります。神山は、ご祭神である賀茂別雷大神が降臨された山です。

同社のご祭神は一柱ですが、中門の内側には**流造**《ながれづくり》の御殿が二つ並び建っています（267ページ図参照）。そのうち、向かって右の**東側が本殿、西側が権殿**《ごんでん》です。権殿は、遷宮で御本殿の建て替えをする際に神様をお遷しするための建物ですが、**同社の権殿は遷宮のときに限らず常設されている**のが特徴です。この珍しい社殿配置は、室町時代に制作された鎌倉時代の境内を描いた絵図にも見ることができ、平安時代中～後期にはすでに確立されていたと考えられています。また、権殿には神様をお迎えする「饗応《きょうおう》の場」としての機能もあり、日供祭《にっくさい》をはじめとした恒例の祭典では、権殿にも神饌《しんせん》がお供えされます。

往時の上賀茂神社の遷宮は、**賀茂の一夜遷宮**と呼ばれるものでした。つまり、遷宮が一夜で済んでしまうという意味ですが、その理由は社殿の独特な構造にありました。**御本殿や権殿が、井桁に組んだ土台の上に載っている構造になっていて、動かすことができた**のです。そのため遷宮の際には、古い御本殿を梃子《てこ》で移動させ、あらかじめ造っておいた新しい御本殿と交換すればよかったのです。しかし、修復をもって遷宮とされる現在では、もちろんこのような方法はとっていません。

上賀茂神社には御本殿・権殿を含めて摂末社などおよそ六十棟の殿舎があり、御本殿・権殿は国宝に、ほか四十一棟の殿舎が重要文化財に指定されています。現在の御本殿および権殿は、文久期の遷宮で造替されたもので、その他の殿舎の多くは寛永期の遷宮で造替されたものです。

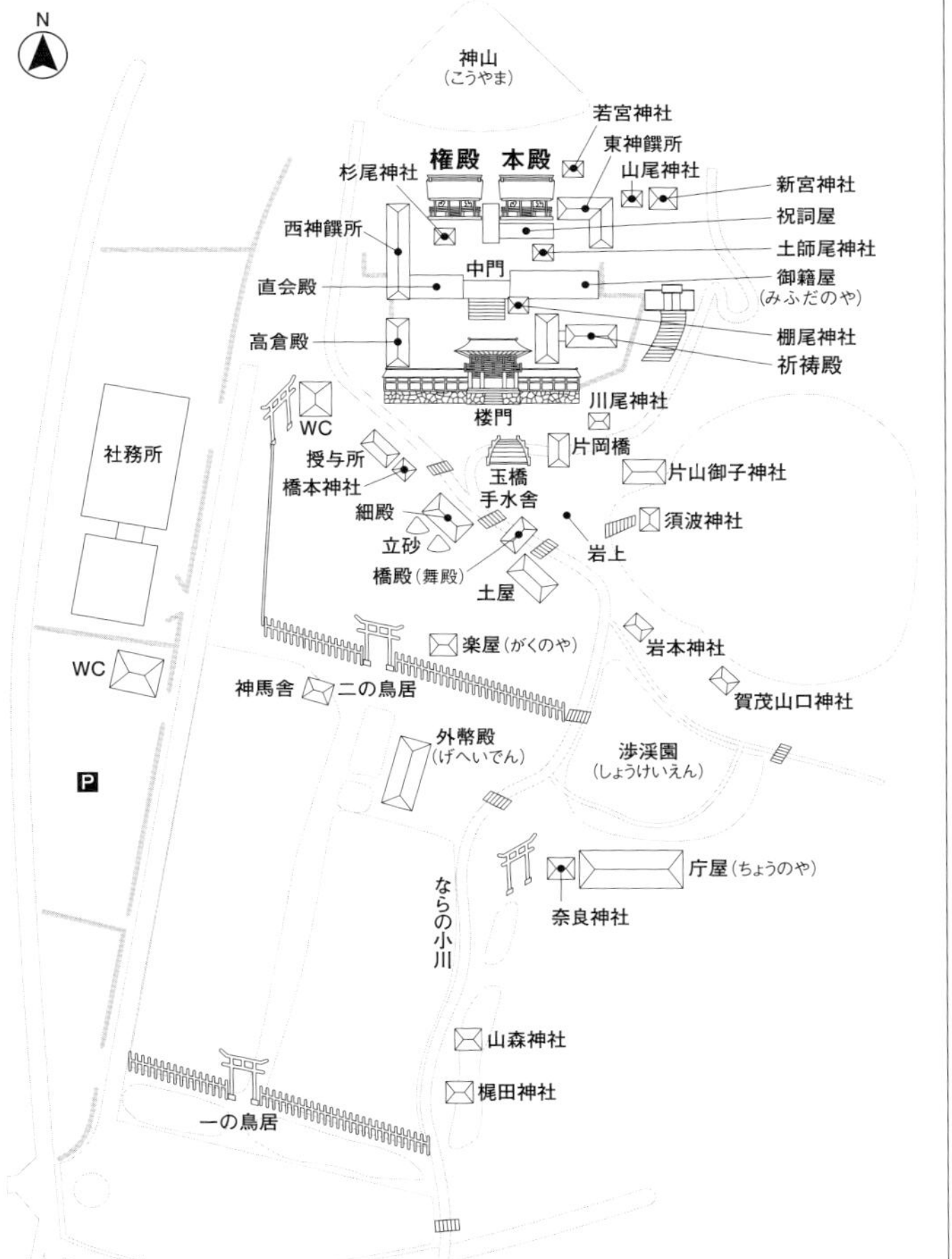

賀茂別雷神社（上賀茂神社）境内図

権殿前に設けられた片半屋

忌子殿代

上賀茂神社の第四十二回式年遷宮

第四十二回式年遷宮の諸祭・行事および工事は、平成二十年四月に開始されました。平成二十六年六月十六日には、御本殿から権殿に神様をお遷しする仮遷宮が斎行されました。そして平成二十七年十月十五日には、権殿から御本殿に神様をお遷しする正遷宮を斎行。正遷宮は、その日時について天皇陛下のご了承をいただき、勅使の参向のもと行われました。

今回の修復工事は、御本殿の檜皮葺屋根の葺き替え、木部や漆喰の修理、錺金具の取り替えなどが行われる比較的大規模なものでした。権殿の修理は御本殿に先立って行われ、仮遷宮では、権殿内の御神宝が権殿西の**権地**に仮設された**忌子殿代**《いごでんだい》という建物に遷されました。また、権殿に神様が鎮まられている間、権殿前に祭典を行うための**片半屋**《かたはんや》が仮設されました。平成六年に斎行された第四十一回式年遷宮では、御神宝の新調のみで神様のご動座がなかったため、忌子殿代や片半屋は設けられませんでした。これらの仮設は昭和四十八年の第四十回式年遷宮以来、約四十年ぶりのこととなりました。

仮遷宮および正遷宮の様子については、以下に紹介します。

*

京都は梅雨の晴れ間となった平成二十六年六月十六日夜。これから始まる仮遷宮を前に、中門内に建つ社殿の前には白幕《はくまく》が掛け回されていた。東西に本殿と権殿が並び建ち、権殿西の渡廊《わたろう》の奥に忌子殿代が建てられているのだが、すべては白幕の向こうである。

午後八時、参列者が見守るなか、田中安比呂《やすひろ》宮司以下神職と伶人《れいじん》が、中門《ちゅうもん》をくぐって参進

退下する宮司以下神職

遷御後の祝詞奏上

仮遷宮の遷御

してきた。一同が所定の座に着いて一拝すると、御扉が開かれた。宮司が御本殿前にある祭祀を行うための**祝詞屋**《のりとのや》へ進み、これから権殿にお遷りいただく旨、神様に祝詞を奏上した。

宮司以下神職が白幕の奥へ姿を消すと、ほどなくしてすべての灯りが消された。月明かりのなか、地面の白砂と目の前の白幕がほのかに浮かび上がる。「オー」と警蹕が聴こえて、遷御の時を迎えたことが知れた。白幕の内部の様子はまったく見えないが、ぼんやりと手燭らしき光が社殿の軒裏に映り、御本殿から権殿までの数メートルを、御神霊がゆっくりとお渡りになっていく。ふわりと青白い光が動くと見えたのは、蛍である。御神霊を先導するかのように、権殿の前で舞っている。

御神霊が権殿に入御されると、続いて権殿の御神宝が忌子殿代に遷され、遷御が終了。灯火が点され、明るい世界へ引き戻された。宮司が古儀にならい、御本殿の内部を改める「巡検」をしてから、御扉を閉じた。

白幕が外され、目の前に並び建つ本殿と権殿が現れた。大きさも造りも同じ建物ではあるが、修理を済ませた権殿は、これから修理を控える御本殿と比べ、檜皮屋根や金具の色も新しい。権殿の手前に設けられた片半屋と権殿の西隣に建つ忌子殿代は、清々しい素木造《しらきづくり》である。

楽が奏されるなか、権殿に遷られた神様のために、内陣に次々に神饌が上げられた。その後、宮司が権殿前の片半屋に進み出て、遷御が終わった旨の祝詞を奏上。参列者代表の玉串拝礼の後、神饌が下げられると、宮司の手で御扉が閉じられた。このとき、御鎖紙《おふうし》と呼ばれる白い奉書紙を御錠《みじょう》に巻いて封印するのが上賀茂神社の作法である。宮司一拝の後、祭儀は終了した。

*

絹垣を準備する神職

権殿の御扉を開く宮司

正遷宮で着座した勅使と随員

正遷宮が行われたのは、平成二十七年十月十五日。澄んだ空気が漂う穏やかな秋の宵であった。祭儀を控え、並び建つ御本殿と権殿は、錺金具も獅子狛犬の扉絵（影狛《かげこま》）や像も新しく、雪洞《ぼんぼり》や蝋燭に照らし出されて光彩を放っている。御本殿前の祝詞屋の手前に設けられた席では、衿を正した参列者たちが静かに祭儀の始まりを待っている。

十九時半すぎ、御本殿前に修祓を終えた宮司以下神職の列が参進、所定の座に着いた。一同は衣冠に白い小忌衣《おみごろも》を重ねて木綿襷を掛け、額に木綿鬘を着けている。その半時後、権宮司に先導された勅使の羽倉信夫掌典《はくらのぶおしょうてん》と随員一行の列が参進してきた。勅使はすでに厳重な修祓を済ませている。勅使一行は中門を入って西側の回廊内に着座した。

伶人が奏する楽の音が流れ、「オー」という神職の警蹕とともに、宮司の手で権殿の御扉がゆっくりと開かれた。勅使が随員から御祭文を受け、権殿の階下へ進み出る。座に着いた勅使は、まず最も丁寧な拝礼作法である起拝を行う。拝礼の後、勅使は鮮やかな紅色の料紙にしたためられた御祭文を開いて姿勢を正し、これから神様に御本殿にお遷りいただく旨を微音で奏上し、再び起拝を行った。

宮司が権殿内へ参入し、遷御の準備が整えられると、明かりがふっつりと消された。しばしの静寂ののち、警蹕が発せられ、権殿の御扉が白い布の絹垣《きんがい》で囲われて、御神霊《ごしんれい》が出御した。宮司に奉じられた御神霊は、勅使の先導により、遷御の道筋に敷き延べられた白布の布単《ふたん》の上を、絹垣に囲われたまま進む。浄闇《じょうあん》にぼんやり浮かぶ絹垣が、御本殿のほうへゆっくりと移動していく。長いような短いような時を経て、御神霊が御本殿の木階を上がり、やがて入御した。

続いて、権殿から御本殿へ御神宝・御神服が遷された。権殿の階下で御太刀、御鉾などが順

奉幣祭で参進する勅使列

陰陽串での修祓

細殿と立砂

に召し立てられ、御神宝・御神服を奉じた祭員たちが並んでいく。楽が奏されるなか、御神宝・御神服の列が御本殿へと進み、次々に殿内に納められた。

こうして遷御が終わり、再び明かりが灯された。勅使が御本殿の階下に進み、今度は遷御が滞りなく済んだ旨の御祭文を奏上した。

次に、勅使が随員を伴って御神前に進み、玉串を捧げて深々と拝礼した。続いて、宮司が玉串拝礼し、権宮司以下神職も列拝した。参列者代表の拝礼が済むと、権宮司が権殿の御扉を閉じ、御錠に御鎖紙《おふうし》を巻いて封印した。続いて、宮司の手で同様に御本殿の御扉が閉じられた。その後、宮司以下神職と勅使は幣殿に移り、宮司が勅使より御祭文を預かって、遷座祭は終了した。

翌十六日の午前十時からは、奉幣祭が行われた。二の鳥居内を入って正面に建つ細殿《ほそどの》の前には、左右に並んで二つ、白砂を円錐形に盛った**立砂**《たてずな》がある。これは上賀茂神社の御祭神が最初に降臨された神山の美しい山容にちなんだもので、一種の神籬《ひもろぎ》（神様が降りられる依り代《よりしろ》）とされる。細殿に向かって右には、境内を流れる**ならの小川**をまたいで建つ舞殿《まいどの》（橋殿《はしどの》）、さらに右手に土屋《つちのや》がある。細殿と土屋を前に設けられた席には正装した大勢の参列者が控えている。日本晴れの青空のもと、立砂や地面の白砂が目に眩しい。

そこへ、宮司以下神職が二の鳥居をくぐって参進してきた。一同は土屋へ入り、各自が**陰**《おん》**陽串**《ようぐし》という祓具を用いてお祓いする。陰陽串をならの小川に流した後、一同は所定の座に着いた。続いて権宮司の先導で、御幣物を納めた唐櫃を奉じた勅使の列が、舞人・伶人の列を従えて土屋へ進み、同様に陰陽串で修祓を行った。勅使とその随員は土屋西側の席に着座した。

東游で列立する舞人

勅使に反命する宮司

御幣物を奉じた権宮司

御幣物の唐櫃は、ならの小川の向こう岸、舞殿の北側に仮置きされた。

御本殿では宮司により御扉が開かれ、祝詞が奏上される。その後、勅使随員が唐櫃から御幣物を取り出し、恭しく捧げ持って、ならの小川に架かる**玉橋**《たまばし》へ歩を進めた。玉橋の反対側からは権宮司が渡ってきて、御幣物は勅使随員から権宮司へと手渡された。踵を返した権宮司は玉橋を渡って御本殿へ進み、御幣物は御神前に奉じられた。その様子を見届けると、勅使は席を立ち、細殿へ昇殿した。修理を終えたばかりの細殿は、檜皮葺の屋根も錺金具も新しく美しい。御本殿のほうに向かって座した勅使は、微音で御祭文を奏上した。その後、楼門内から出てきた宮司が細殿に昇殿して勅使から御祭文を受け、再び楼門内へ戻っていった。宮司は御幣物と御祭文を御本殿内陣に納めると、再び戻ってきて細殿に昇殿、勅使に一礼してこれを反命した。

続いて、細殿で遷座祭と同様、玉串拝礼が行われた。その後、ご神慮を和める東游が奏された。古式装束を身に着けた舞人と伶人とが、土屋と細殿の間に相対して列立する。しばし奏楽の後、六名の舞人が朱色の裳裾を引いて舞殿へ進んだ。東国の風俗の歌舞に起源をもつ神事舞である東游は、かつては宮中より諸社に舞人・伶人を遣わし奉納されていたもの。奉幣祭で舞人・伶人が勅使列として参進したのも、これに倣ってのことだ。「駿河歌」の後、舞人がいったん舞殿を下りて片肩脱ぎの姿になり、再び舞殿へ進み「求子歌《もとめごのうた》」に移った。ゆったりした調べに合わせ、舞人の袖がくるり、くるりと回る。

やがて東游が終わると、御本殿の御扉が閉じられ、祭儀は終了した。

宇佐神宮（うさじんぐう）

十年に一度の勅祭に際しての御本殿改修

宇佐神宮は大分県宇佐市に鎮座し、八幡信仰の本源（発祥の地）として伝えられる神社です。平成二十七年十月六日、同神宮では十年に一度の勅祭（臨時奉幣祭《ほうべいさい》）が斎行されました。

宇佐神宮ではこの臨時奉幣祭に向け、平成二十四年から御本殿の修理をはじめとする境内整備を行い、平成二十七年五月に本殿遷座祭が斎行されました。七十四年ぶりとなった本殿遷座祭の模様を紹介します。

上宮（じょうぐう）の一之御殿（手前）

■「宇佐和気使《わけづかい》」と造宮の歴史

宇佐神宮は八幡信仰の本源として伝えられ、一之御殿に**八幡大神《はちまんおおかみ》**（第十五代応神《おうじん》天皇）、二之御殿に比売《ひめ》大神（宇佐の地主神）、三之御殿に神功《じんぐう》皇后（応神天皇の母、仲哀《ちゅうあい》天皇の皇后）をお祀りしています（神社検定公式テキスト①『神社のいろは』60ページ参照）。社伝によれば、八幡大神は第二十九代欽明《きんめい》天皇（在位・宣化《せんか》天皇四年〜欽明天皇三十二年／五三九〜五七一）の御世《みよ》に初めて宇佐の地に示現されたといいます。神亀《じんぎ》二年（七二五）、現在の地に御殿が造立され、その後、天平五年（七三三）に二之御殿、弘仁十四年（八二三）に三之御殿が造営されました。

古くより皇室の崇敬が篤く、養老四年（七二〇）以降、たびたび勅使の参向がありました。宇佐に参向する勅使は「**宇佐使《うさづかい》**」と称され、なかでも平安時代以降の即位に際しての勅使は「**宇佐和気《わけ》使**」と呼ばれました。これには次のような謂れがあります。

神護景雲《じんごけいうん》三年（七六九）、時の称徳《しょうとく》天皇の寵愛を受けていた僧の弓削道鏡《ゆげのどうきょう》が皇位を狙った話はよく知られていますが、その際に道鏡が用いたのが、宇佐の八幡大神からの「道鏡を皇位に就かせたならば、国は安泰である」というお告げでした。天皇が真相を確認するため、和気《わけの》清麻呂《きよまろ》を宇佐に遣わしたところ、清麻呂が持ち帰ったのは先のお告げとは異なる神託でした。翌年、称徳天皇が崩御《ほうぎょ》して光仁《こうにん》天皇が即位されると、神託を巡って遠方に流されていた清麻呂は召し戻され、道鏡は官位を剥奪されました。以来、即位に際しての勅使は「宇佐和気使」と呼ばれることとなり、清麻呂の子孫で五位以上の者が選ばれました。現在、清麻呂は宇佐神宮の末社、護皇《ごおう》神社に祀られています。

その後、南北朝分裂の混乱により宇佐使は中断しましたが、延享《えんきょう》元年（一七四四）に再興されます。勅使差遣の制は近代にも引き継がれ、宇佐神宮では**十年に一度**の勅使参向という制度が大正十四年に確立し、現在も天皇陛下御聴許《ごちょうきょ》の日に勅祭が斎行されています。

宇佐神宮では平成二十七年の臨時奉幣祭に向け、二十四年四月より境内整備を行いました。その中核となったのは御本殿三殿の全面的な同時改修です。現在の御本殿は江戸時代末期の建築で、独特の構造をもつ「**八幡造**《はちまんづくり》」の貴重な例として、昭和二十七年に国宝に指定されました。御本殿は、三殿それぞれが二棟の切妻造平入《きりづまづくりひらいり》の建物を前後に接続したもので、両棟の接する位置に大きな金の雨樋《あまどい》が渡されています。奥の棟の「内院」には神様の夜の御座所として御《み》帳台《ちょうだい》が、前の棟の「外院《げいん》」には神様の昼の御座所として御椅子が置かれ、神様は昼は外院、夜は内院へと移動されるといいます。

御本殿の檜皮葺《ひわだぶき》屋根は約三十年ごとに修理する必要があり、以前は三十三年ごとに遷座祭を行っていましたが、現在は期間を定めていません。大正六年から平成五年までに計六回の解体修理や部分修理が行われています。また、宇佐神宮では御本殿三殿を同時に修理し、三殿が鎮座する**上宮**《じょうぐう》から、御神体を**下宮**《げぐう》へ遷す場合にのみ本殿遷座祭を行うため、今回の本殿遷座祭は昭和十六年以来の七十四年ぶりのものとなりました。

平成二十四年十月二十六日には下宮への仮殿遷座祭が執り行われ、平成二十七年春には見目麗しい御本殿が甦り、本殿遷座祭が斎行されました。以下、その様子を紹介します。

下宮と三基の神輿

御輿掛に向かう一之神輿

■三基の神輿が上宮御本殿へ

平成二十七年五月二十七日、勅使が参向して、本殿遷座祭「遷座の儀」が斎行された。仮殿となっていた下宮の前には三基の神輿が用意され、夕刻の四時ごろには下宮から上宮へと至る石段前の広場「御輿掛《おこしかけ》」に多くの人々が詰めかけていた。下宮は、嵯峨《さが》天皇の弘仁《こうにん》年間（八一〇～八二四年）に勅願によって創建され、御祭神の御分神が祀られており、上宮と同じように三つの御本殿がある。また、宇佐神宮では参拝の作法が一般の「二拝二拍手一拝」とは異なり、「**二拝四拍手一拝**」で、**神輿発祥**の地としても知られている。

下宮での祭典は七時十五分ごろより始まった。伶人《れいじん》が楽を奏でるなか、宮司が御殿の御扉《みとびら》を開き、勅使が御祭文《ごさいもん》を奏上。その後、境内の明かりがすべて消されると、八幡大神、比売大神、神功皇后の御神霊が三基の神輿に奉戴され、約四〇〇メートルの参道を上宮に向けて出発した。神輿行列に参列したのは宮司と県内外の神職が五十五人、神輿の担ぎ手が一基あたり五十四人で計一六二人、小学三年から中学一年までの宇佐文化財愛護少年団員二十八人、修理・新調された弓や楯などの神宝を捧持する供奉員五十二人の計約三〇〇人である。月明かりのなか、一之神輿が上宮へと続く石段前の御輿掛へ現れたのは八時過ぎ。広場で陣容を整えるとゆっくり石段へと向かった。見守る人々の拍手のなか、二之神輿、三之神輿も続き、上宮までの約三十分の道のりを進んだ。

上宮に到着した神輿は九時前から順にそれぞれの御殿へと入られた。上宮では一般の参拝客を規制したため、聞こえてくるのは通奏低音のように微かに響く警蹕《けいひつ》のみ。祭典は参列者が見

呉橋

返祝詞

守るなか厳かに進められ、九時四十分に勅使が御祭文を奏上。続いて勅使、宮司はじめ参列者らによる拝礼が行われ、本殿遷座祭「遷座の儀」は無事に終了となった。

翌二十八日には約二〇〇人が参列し、天皇陛下よりの幣帛《へいはく》を奉る本殿遷座祭「奉幣《ほうべい》の儀」が行われた。初夏の陽射しのもと、神様が戻られた御本殿は檜皮葺屋根が輝き、漆塗りの赤と錺《かざり》金具の金色、蔀《しとみ》の黒、漆喰壁の白が見事なコントラストを描いている。

明るく清澄な空気のなか、午前十時二十分より奉幣の儀が始まった。宮司以下神職に続き、御幣物《ごへいもつ》を納めた辛櫃を先頭に勅使が参進。楽が奏されるなか、一之御殿、二之御殿、三之御殿の順で御扉が開けられると、献饌の後、宮司が御本殿の前にある**申殿**《もうしでん》で祝詞を奏上。次に御幣物が各殿に順に奉られた。続いて勅使が申殿で天皇陛下よりの御祭文を微音《びおん》で奏上した。御祭文の記された鳥子紙《とりのこがみ》は黄色である。御祭文を宮司が一之御殿に納めた後、申殿で宮司と勅使が御幣物と御祭文の奉献を反命・確認する「**返祝詞**《かえしのりと》」が行われた。返祝詞とは、最初に宮司が一人で、次に宮司と勅使が二人で、最後に勅使が拍手するもので、この一連の動作で「確かに神様にお渡ししました」「了解しました」という意を表すのだ。続いて勅使、宮司が玉串拝礼。参列者も玉串を奉って拝礼し、「奉幣の儀」は終了した。

なお、宇佐神宮の境内には皇族と勅使のみ渡ることができる特別な橋「呉橋《くれはし》」がある。檜皮葺の唐破風《からはふ》屋根をもち、朱と緑に彩色されたこの美しい橋は、勅使が滞在している間のみ一般開放され、本殿遷座祭と臨時奉幣祭では多くの人々が呉橋を渡って境内へと向かった。

香椎宮（かしいぐう）

十年に一度の勅祭に際しての楼門屋根の葺き替え

香椎宮は福岡市に鎮座し、九州では国家の大事のときに宇佐神宮とともに奉幣使《ほうへいし》が派遣されてきた神社です。平成二十七年十月九日、同宮では十年に一度の勅祭（臨時奉幣祭《ほうへいさい》）が斎行されました。

香椎宮ではこの臨時奉幣祭に向け、楼門の屋根の葺き替えを行いました。御本殿の修復ではないため、本殿遷座祭は行われませんでしたが、十年ぶりの臨時奉幣祭の模様を紹介します。

香椎宮の御本殿

参進する宮司

拝殿

屋根が葺き替えられた楼門

■「本朝四所《ほんちょうししょ》」の伝統のままに

香椎宮では、主祭神として**仲哀《ちゅうあい》天皇**と**神功《じんぐう》皇后**がお祀りされています。また、御子《みこ》である応神《おうじん》天皇と住吉大神が配祀《はいし》されています。

『古事記』『日本書紀』によれば、神功皇后は仲哀天皇の急な崩御《ほうぎょ》後、天照大神《あまてらすおおみかみ》や住吉大神たちの神託《しんたく》により、お腹に御子（応神天皇）を宿したまま朝鮮半島に遠征されました。香椎宮は、仲哀天皇と神功皇后が熊襲《くまそ》征伐のために九州に赴かれた際の筑紫《ちくし》の行宮《あんぐう》であり、その際、仲哀天皇が、（熊襲ではなく）新羅《しらぎ》を討てとの神託を受けながら、それを信じなかったために崩御された場所でもあります。社伝によれば、皇后が凱旋後にこの地で仲哀天皇をお祀りしたのが同社の起源です。さらに養老七年（七二三）には皇后ご自身の神託により、新たにその傍らに大廟が造営されることになり、翌年に完成したのが「橿日廟《かしひびょう》」です。以後、ほとんどの記録には「香椎廟」として、その名が現れています。

朝廷からの崇敬は篤く、平安時代以降、伊勢の神宮、気比《けひ》神宮（福井県）、石清水八幡宮（京都府）とともに**「本朝四所」**の一つとされました。九州では宇佐神宮に準じ、即位および国家の大事に際して**奉幣使《ほうへいし》**が派遣され、その遣使を**「香椎使《づかい》」**と称しました。香椎使は南北朝時代以降に中絶しましたが、延享《えんきょう》元年（一七四四）に復興。明治十八年（一八八五）には正式に「香椎宮」と称され、大正十四年に勅祭社の一つに加えられ、十年に一度の勅祭が斎行されるようになりました。以下は平成二十七年十月九日に行われた十年に一度の臨時奉幣祭の様子です。

獅子楽

幣殿での勅使

勅使館

*

十月九日午前九時、すでに大勢の参列者が中門《ちゅうもん》内の拝殿を囲んでいた。御本殿近くには棕《しゅ》櫚《ろ》の木が茂っている。九時四十分過ぎ、祓詞《はらえことば》が聞こえてきた。中門に至る石段下の祓所《はらえじょ》で、修祓《しゅばつ》が行われているのだ。しばらくして、太鼓の音が響き、お祓いを済ませた足立憲一宮司以下祭員が参進、御本殿に連なる幣殿の所定の座に着いた。十時、雅楽《ががく》が聞こえてきた。御幣物《ごへいもつ》を奉じての勅使の山田蓉掌典《たかししょうてん》次長と随員の参進が始まったのだ。勅使一行は境内の**勅使館**を出て楼門脇に設けられた勅使参進所に向かい、そこで御幣物を納めた唐櫃《からひつ》に御拵《おんこしらえ》を施した。そして多くの参拝者が迎えるなか、中門下まで参進。修祓の後、中門内に入り、幣殿内の所定の位置に神職たちと相対して着座した。

その後、宮司により御扉《みとびら》が開かれ、献饌《けんせん》が行われた。宮司が祝詞を奏上し、勅使随員より御幣物《ごへいもつ》が宮司に進められた。御幣物は宮司によって神様に奉られ、勅使が御祭文《ごさいもん》を奏上。そして、勅使より黄色の鳥子紙《とりのこがみ》に書かれた御祭文を宮司が受け、神前に納めて勅使に反命した。

勅使が所定の位置に戻ると、幣殿脇では獅子楽《しがく》保存会により軽快な獅子楽が奏で始められた。大太鼓、小太鼓に笛と鉦《かね》拍子。幣殿前に置かれていた二つの獅子頭が神職から渡され、幣殿横での獅子舞となった。この獅子楽は春秋の大祭に奉納されており、江戸時代中期以降からの存在が分かっているという。十五分ほどの奉納が終わると、獅子頭は再び幣殿前に戻された。

次に、勅使、宮司、参列員の順で玉串拝礼が行われた。御幣物と神饌が下げられ、御扉が閉じられて、勅使以下が退下、臨時奉幣祭は十一時四十分ごろに終了した。

春日大社（かすがたいしゃ）

第六十次式年造替

奈良に都が置かれた時代に創建、御《み》蓋山《かさやま》の中腹に四柱の神々を祀り、国家鎮護の社として崇敬された春日大社。

同社では一二〇〇年以上にわたり、二十年に一度の「式年造替《しきねんぞうたい》」が連綿と続いています。平成二十七年三月には第六十次式年造替の外遷宮《げせんぐう》を、翌二十八年十一月に正遷宮《しょうせんぐう》を斎行。その諸祭儀は、近年に再興された旧儀により執り行われました。

春日造の御本殿。東（写真奥）から第一殿、第二殿、第三殿、第四殿（正遷宮前に特別に撮影）

正面から見た御本殿（第一殿）

創祀と式年造替

奈良盆地を見下ろし、古くから神のおわす神奈備山《かんなびやま》とされてきた**御蓋山**（春日山）。その山頂の**浮雲峰**《うきぐものみね》に、はるばる鹿島神宮（現・茨城県）から**武甕槌命**《たけみかづちのみこと》をお迎えしたのは、奈良に都ができた今からおよそ一三〇〇年前のこと。神護景雲《じんごけいうん》二年（七六八）には、第四十八代称徳《しょうとく》天皇の勅命で、左大臣・藤原永手《ながて》によって御蓋山中腹の現在地に社殿が造営され、香取神宮（現・千葉県）から**経津主命**《ふつぬしのみこと》、枚岡《ひらおか》神社（現・大阪府）から**天児屋根命**《あめのこやねのみこと》と**比売神**《ひめがみ》が勧請《かんじょう》され、四柱の神々をあわせてお祀りしたのが春日大社の創祀です。四柱のご祭神はいずれも藤原氏の氏神《うじがみ》であり、あわせて「春日四所明神《ししょみょうじん》」「春日大明神」とも称されます（神社検定公式テキスト①『神社のいろは』78ページ参照）。

平城京の守護神であった春日大社は、朝廷からの特別の崇敬を受けました。現在も毎年三月十三日に行われる例祭・**春日祭**《かすがさい》は、賀茂社の葵祭、石清水八幡宮の石清水祭とともに、勅使が参向する**三勅祭**の一つとされています。春日大社の御本殿は、**春日造**《づくり》と呼ばれる本殿が四殿並び建つもの。東から、第一殿には武甕槌命、第二殿には経津主命、第三殿には天児屋根命、第四殿には比売神をお祀りしています。御本殿の壮麗な建築様式は古式を忠実に守り伝えるもので、二十年に一度の**式年造替**の制により受け継がれてきました。

春日大社の式年造替は神護景雲四年（七七〇）を第一次とし、一二〇〇年以上にわたって連綿と続けられています。現在、式年での遷宮や造替を行っている神社のなかでも、政権の交代や戦乱などの諸事情のなか、ほぼ中断なく行われてきた春日大社の例は稀有なものです。同社

移殿（内侍殿）

の御本殿は明治三十四年に国宝に指定されたため、以降は保存修理をもって式年造替とされています。御本殿の完全な建て替えは文久三年（一八六三）の第五十三次が最後です。

式年造替の諸祭儀は、鎌倉期より幕末の文久年間まで故実が厳格に相伝されていました。しかし、明治維新を迎えて世襲の社家《しゃけ》制度が廃止され、古式は途絶えてしまいました。昭和期より旧儀へと戻され、第五十九次式年造替においても前・後儀の一部が旧儀に戻され、第六十次式年造替の諸祭儀も旧儀にのっとって行われました。

春日大社では、神様に御本殿から仮の御殿にお遷りいただく**仮殿遷座祭《かりでんせんざさい》**は**外遷宮**ともいいます。仮殿となるのは**移殿《うつしどの》**と呼ばれる建物。内侍殿《ないしでん》ともいい、御本殿の西に常設されています。御本殿の修理後、神様に御本殿にお還りいただく**本殿遷座祭《ほんでんせんざさい》**は**正遷宮**ともいいます。なお、「外遷宮」「正遷宮」という場合、広義には遷座祭とその前後の諸祭儀が含まれます。

第六十次式年造替の事業は平成十九年より開始され、多くの摂社・末社や建造物の修理を行い、**御神宝《ごじんぼう》**や**殿内御調度品《でんないごちょうどひん》**などが新調されました。国宝の御本殿四棟の修理では、檜皮《ひわだ》屋根の葺き替え、塗装の塗り直し、部材の修理などが行われています。

今次造替では、平成二十七年三月二十七日には外遷宮が、平成二十八年十一月六日に正遷宮が斎行されました。その諸祭儀について紹介していきます。

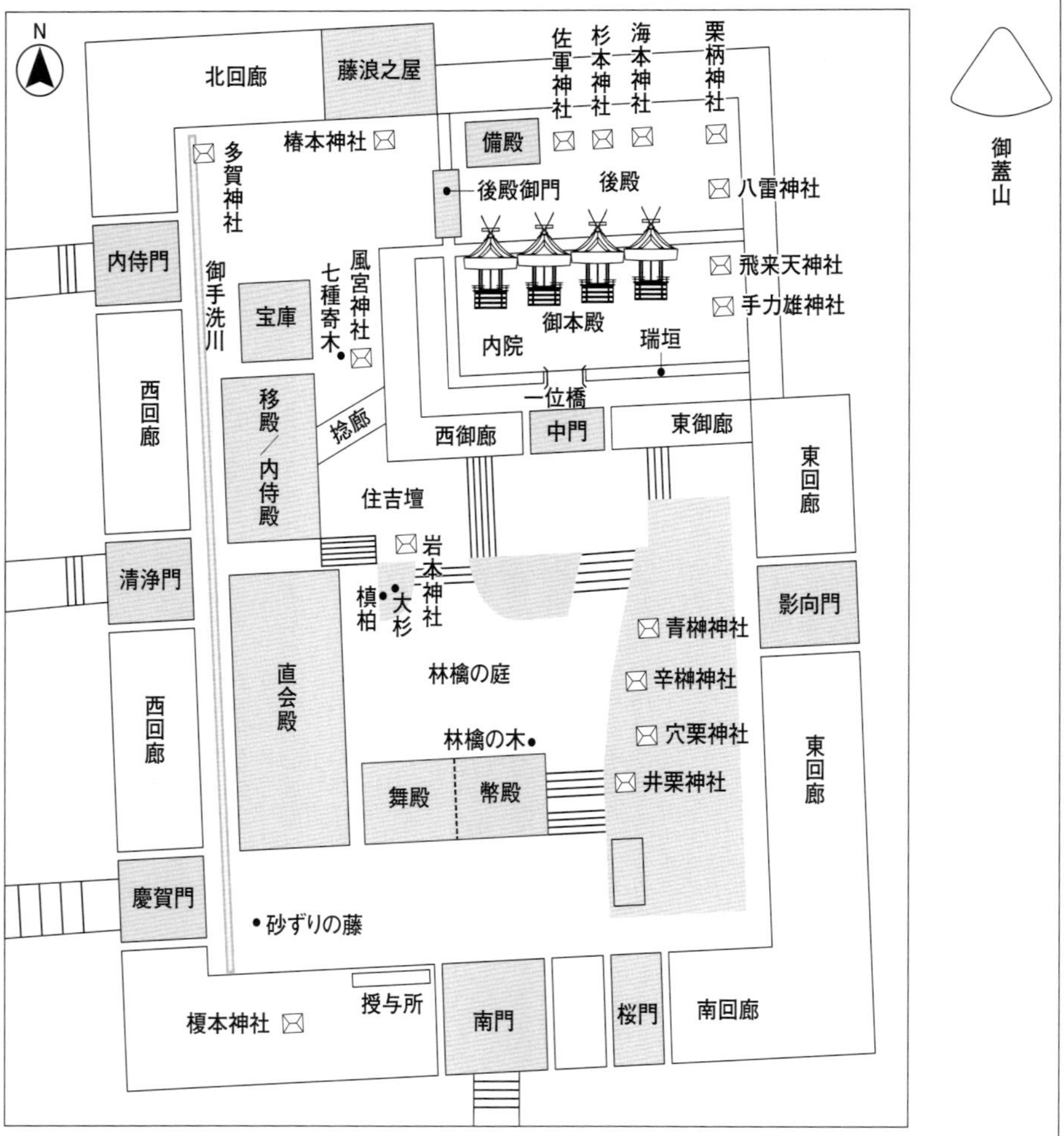

春日大社境内図（御本殿付近）

荒神祓之儀で、石荒神社前で中臣祓を唱える陰陽師代

■外遷宮の諸祭儀――平成二十七年春

❖木作始式（こづくりはじめしき）

平成二十七年三月一日には、造替の事始《ことはじめ》の儀式である**木作始式**が行われた。木作始式は、お祓いにあたる「**荒神祓《こうじんばらい》之《の》儀《ぎ》**」と、新殿の木造りを開始する「**釿《ちょうな》始《はじめ》之《の》儀《ぎ》**」の総称で、かつて春日社と興福寺の造営を一手に手がけた「春日番匠座《ばんじょうざ》」と呼ばれる大工組織に伝承された儀式である（神仏習合《しんぶつしゅうごう》の時代、春日大社と同社に隣接する藤原氏の氏寺・興福寺とは一体性をもっていた）。現在の木作始式には、神職のほか、実際に造替に関わる県の関係者や大工、屋根の葺師《ふきし》などが「番匠方」として奉仕している。

荒神祓之儀が行われるのは、若草山の西南麓に鎮座する春日大社末社・**石荒《いしこう》神社**前。**火産霊《ほむすびの》神《かみ》**をご祭神とする石荒神社は、社殿をもたず、**磐座《いわくら》**を祀っている。この日は朝からの雨で、ひと月ほど前に山焼きを終えた若草山が、水を含んでいっそう黒々と見える。

午前十時、総勢二十五名の奉仕員が山麓に列立《れつりつ》。「荒神祓、ご出仕あるべく候《そうろ》う」の声に、「受け給う」と声が返されると、和傘の列が石荒神社前へ進んだ。荒神は陰陽道《おんみょうどう》とつながりの深い神で、古儀では陰陽師が祭文《さいもん》を唱えて荒神祓を行った。明治維新までは奈良を根拠地とした陰陽師の幸徳井《こうとくい》家があり、南都（奈良）の社寺が行う諸事について適切な日時を上申したという。儀式では神職が「陰陽師代」と称して**中臣祓《なかとみのはらえ》**を奏上、大麻《おおぬさ》で奉仕員をお祓いした。

同日午後の釿始之儀は、春日大社幣殿に祭場を移して行われた。儀式に先立ち、幣殿には薦《こも》の上に「料木《さめぎ》」と呼ばれる立派な素木《しらき》のヒノキ材が四本奉安されている。料木とは春日大社独

料木に檜皮を置く葺師

料木を釿で打つ大工

古式の番匠道具

特の呼称で、棟木《むなぎ》の御用材のことである。御本殿に相対するように、料木は東から第一殿、第二殿、第三殿、第四殿の順に並べられている。

午後二時、宮司以下神職が中門《ちゅうもん》下に着座した。奉仕員のうち、かつて興福寺が務めた造替の監督役は直会殿《なおらいでん》前、番匠方は幣殿内の所定の位置に着き、幣殿東の案上に長方形の箱が置かれた。箱に納められているのは、墨壺《すみつぼ》、墨芯《すみさし》、曲尺《かねじゃく》、釿といった古式の番匠道具だ。春日大社に伝わる江戸時代初期のものとみられる道具で、釿始之儀に用いられてきたものだ。

神職が「作法御始め候え」と申し渡し、監督役が番匠方に向かって「始めす」と伝えると、番匠方が「受け給う」と応じ、儀式が始まった。まず、番匠方の大工が料木を加工する目安の線を引く「墨打ち」を行う。大工一名が墨壺から引いた糸を料木の端から端まで渡し、料木の両端に着座した大工二名が同時に糸をピンと垂直にはじき上げる所作を行った。次に、大工が曲尺を木口に当て、墨芯で垂直になぞり上げる所作を行った。この墨打ちの所作は第一殿から第四殿の料木まで順に行われた。その後、大工が東西南北を拝する四方拝《しほうはい》を行い、料木の両端で三回ずつコツ、コツ、コツと釿を打った。この所作も第一殿から第四殿まで順に行われた。

次に、葺師が料木の前に進み、四方拝の後、料木の本《もと》（北端）、末《すえ》（南端）、中の順に檜皮《ひわだ》を置いていき、縄で料木にくくりつけた。これも四本の料木に同様に行われた。最後に、左官が第二殿と第三殿の料木の間に進み出て一拝。これを見届けた神職と監督役が、儀式が滞りなく済んだ旨の文言を述べ合って、儀式は終了した。その後、第一殿の料木には神職の筆により「一之御殿料木」の文字が黒々と墨書された。

斎館での斎食

朝の宮廻り

❖精進入り

外遷宮、正遷宮ともに、春日大社の遷座祭に奉仕する者は、自宅での「前精進」、参籠しての「正精進」と、二つの段階に分かれた厳しい**精進潔斎**を経て祭儀に臨むことが定められている。

前精進入りは遷座祭の一か月前で、いくつかの制約が課せられる。すなわち、「市中徘徊・寺や墓への立ち寄り」「匂いの強い葱《ねぎ》・韮《にら》・大蒜《にんにく》や、鶏・牛・豚等の肉類、キノコ類を食べること」「同居者を含め、葬儀への参列や病院等の見舞い」が禁じられる。

そして、遷座祭で殿内に参入して奉仕する上役の神職は七日前から、それ以外の下役は五日前から正精進入りし、境内の斎館に籠もって外界との一切の交流を絶つ。この間は、さらに魚食や喫煙・飲茶も禁じられる。食事や睡眠については、外遷宮ではすべて真薦《まこも》の上で行われ、正遷宮に際しては斎館の畳が張り替えられ、真新しい畳の上で行われた。

「**斎食**《さいしょく》」つまり参籠中の食事は、毎日火鑽具《ひきりぐ》でおこした浄火で調理される。献立は一汁三菜にご飯、漬物の精進料理。お茶は、京都・高山寺《こうざんじ》で産する栂尾《とがのお》茶だけは許されている。決まった時間に全員がそろい、一同で中臣祓を唱えたのち、食事を始める決まりである。

参籠中の日課のひとつが「宮廻《めぐ》り」である。毎朝七時前、外遷宮では御廊《おろう》、正遷宮では移殿に宮司以下神職・奉仕員がそろい、一同で中臣祓を奏上。その後、摂社・若宮をはじめ境内の摂社・末社を巡拝して、中臣祓を繰り返し奏上する。

❖御湯之儀（みゆのぎ）

三月二十一日午後二時からは、正精進入りする神職と参籠所となる斎館《さいかん》をお祓いする「**御湯**

釜の湯に浸した笹を振り上げる湯立巫女

之儀」が行われた。斎館の玄関前には、煮えたぎった湯を満々とたたえた大釜が置かれている。玄関と湯釜の間には、榊や紙垂《しで》、和紙で作った**人形**《ひとがた》、**青苧**《あおそ》（麻の茎の皮をはいで白くさらし、細く裂いたもの）の束が付された注連縄《しめなわ》を渡した二本の忌竹《いみたけ》が立てられ、その間に注連縄を載せた案（台）が置かれている。

　定刻となり、宮司以下神職が玄関先の胡床《こしょう》に着くと、白衣に緋袴《ひばかま》姿の「**湯立**《ゆたて》**巫女**」が湯釜の前に進み出た。湯立巫女は地元では「ソノイチ」「ソネッタン」とも呼ばれる民間の世襲による巫女である。湯立巫女は腰に「サンバイコ」と呼ばれる藁縄を縛りつけ、竹に紙垂をつけた御幣《ごへい》を手にして湯釜の前に座る。**散紙**《さんし》を撒き、祝詞《のりと》を唱えると、立ち上がって酒、粢《しとぎ》（米粉を丸めたもの）、米を順に湯釜に入れていく。シャンシャンと鈴を鳴らして詞《ことば》を唱えながら、御幣で釜の湯をかき回す。そして、両手に取った笹を湯に浸し、「伊勢は神明天照皇太神宮《しんめいてんしょうこうたいじんぐう》様の花の御湯《おんみゆ》な〜り。サヨーサ（左右左）、サヨーサ、サヨーサ」と、独特の節回しで湯を褒《ほ》め、両腕を大きく開いて湯を振り上げる。飛沫がきらきらと放物線を描き、湯煙が立ちのぼる。湯立巫女は神職一人ひとりの頭上で鈴を振り、笹の湯のしずくを振りかけていく。

　こうして御湯立が終わると、注連縄に結びつけられていた青苧が解かれ、一本ずつ神職一人ひとりに配られた。青苧を首にかけた神職は、御神酒《おみき》を頂くと斎館内へ戻っていく。案上に置かれていた注連縄はこの後、斎館の参籠所に張り巡らされた。

❖密記拝見（みっきはいけん）

御湯之儀に続き、午後三時からは、式年造替の神事について記録した「**密記**」の拝見があっ

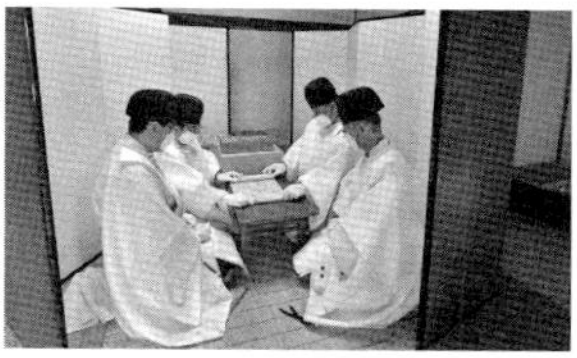

密記を拝見する神職

た。春日大社には社家が記した記録や図面など、鎌倉時代以降の密記が残り、ふだんは厳重に封がされて保管されている。造替を前に、上役の神職のみこれを目にすることが許され、内容を検《あらた》めて儀式の確認を行うのである。

斎館の注連縄を巡らせた部屋に屏風を立て回し、その中に花山院弘匡《かさんのいんひろただ》宮司をはじめ数名の神職が着座。白い覆面と手袋をつけ、机の両側に待機している。しばらくすると、密記を納めた筥《はこ》を一つずつ捧持した神職が二名、廊下を進んできた。屏風の中の神職が筥を受け、宮司が筥を封印している麻苧《あさお》を鋏で切り、巻物を取り出して、墨書された文字を一同で検める。神職らは時おり何かを囁き合ったり、頷き合ったりして、再び巻物を筥に納めた。すべての巻物を検め終わると、宮司が筥に新しい麻苧をかけ、麻苧の端に紙縒《こより》をかけ、さらに紙縒の結び目を墨で緘《と》じで、厳重に封印した。

❖移殿御装束並清祓之儀（うつしどのごしょうぞくならびにきよはらいのぎ）

外遷宮で神様にお遷りいただく仮殿となるのは、御本殿西側の移殿である。三月二十五日午前十時からは、神様をお迎えするにあたり、移殿の装いを整え、お祓いをする「**移殿御装束並清祓之儀**」が行われた。

移殿は神様をお祀りする北側の**内陣**《ないじん》と、祭祀を行う南側の**外陣**《げじん》とに分かれており、出入口も別である。外陣は南側に土間のついた畳の間で、内陣と外陣を隔てる壁の外陣側には、神饌《しんせん》をお供えする御供棚《ごくだな》がしつらえてある。外陣に入った宮司以下神職は、御供棚に向かって右に「**正役**《しょうやく》」の宮司の列、左に「**副役**《そえやく》」の権《ごん》宮司の列が向かい合って着座した。春日大社の祭儀では、

六面神鏡を取り外す神職

移殿外陣の清祓

移殿内陣で中臣祓を唱える正役

最も神様の傍近くで奉仕をする主席の神職を正役、次席の神職を副役と称する。修祓《しゅばつ》の後、副役の「御鎰《みかぎ》相進め候う」の声がかかった。正役と御鎰を捧げ持った神職が内陣へ向かい、正役の手で内陣の妻戸が二十年ぶりに開かれた。神職が殿内の装束を行い、外陣の御供棚の上方には真新しい御翠簾《ごすいれん》が掲げられた。

殿内の装束が終わると、正役と副役が内陣へ参入した。内陣内へ榊に木綿《ゆう》と紙垂を付した**大麻**《おおぬさ》と、沈香《じんこう》と炭の入った香桶《こうおけ》が進められた。妻戸の内側に座した正役の冠に木綿鬘《ゆうかずら》が付された。他の神職たちが内陣前で蹲踞《そんきょ》して控えるなか、大麻を手にした正役が中臣祓を唱える。その声と同時に、内陣からは副役が手にする香桶で焚かれる沈香の香りが漂ってくる。この香りによる清めを「**薫**《くん》」と呼ぶ。こうして内陣の清祓が済むと、外陣でも大麻と薫による清祓が行われた。

❖六面神鏡奉遷之儀（ろくめんしんきょうほうせんのぎ）

仮殿遷座祭を翌日に控えた三月二十六日、午前十時から御本殿の「**六面神鏡**」を移殿にお遷しする「**六面神鏡奉遷之儀**」が行われた。六面神鏡は「**六面之御**《み》**正体**《しょうたい》」ともいわれる直径二〇センチほどの六枚の御鏡で、各御本殿の大前にかかる御翠簾の上に奉掲されている。古来、御神体に準ずるものとされ、この鏡に異常があると国難があると畏れられた。御神体の遷御に先立ち、まずこの六面神鏡が御本殿から移殿へと遷されるのだ。

新調の斎服《さいふく》や浄衣《じょうえ》を身に着けた正役以下神職が斎館より参進し、修祓の後、副役の「神鏡下し奉らしめ給え」との下知で、神職は御本殿を囲む瑞垣《みずがき》の内側「**内院**《ないいん》」へ進んだ。再拝拍手

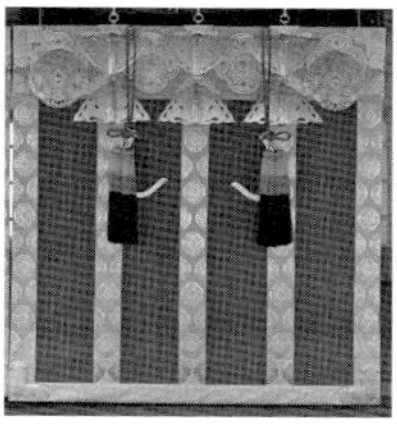

御本殿の御翠簾

の後、御鏡の奉下役の神職が御本殿に昇殿して御鏡を取り外す。その作法は口伝で秘儀である。また故実により、神職たちは白い手袋の掌《てのひら》側と足袋《たび》の裏に一寸（約三センチ）角ほどの白紙を貼り、祭儀に臨む。取り外された御鏡は階下で神鏡桶に納められた。

次に、神鏡が奉掲されていた**御翠簾**が取り外された。この御本殿の御扉《みとびら》にかかる御翠簾は、岩絵具で彩色された竹籤《たけひご》で編み上げられ、九十八個もの錺《かざり》金具と刺繍で装飾された豪華な御簾《みす》である。かつては**歴代皇后により奉納**されたもので、多くの皇后が藤原氏の出自であり、藤原氏ゆかりの春日大社と皇室との深いつながりを物語っている。現在は造替のたびに新調されているが、錺金具は貞明皇后ご奉納の大正期のものを修理して用いている。御翠簾は相当な重量があり、各殿三人がかりで取り外された。その後、六面神鏡は移殿外陣の御供棚の上の御翠簾に、秘儀の作法で取りつけられた。

❖**具足洗 薫**（ぐそくあらい くん）

三月二十六日の夕方の斎食後には、明くる日の遷座祭に奉仕する神職・奉仕員が身に着ける装束を清める「**具足洗 薫**」が行われた。斎館の広間、上座中央に宮司と権宮司が座り、広間の中央には「**別火**《べっか》」の札が置かれた火鉢が据えられている。そこへ水桶が二つと布、榊が運び込まれた。桶に入った水は、神山・春日山（御蓋山とその一帯の山々）から流れる聖流「水谷《みずや》川《がわ》」で汲まれた水である。この水は潔斎の風呂にも入れられている。

神職・奉仕員は畳の上に各自の冠、笏《しゃく》、檜扇《ひおうぎ》、装束など一式を並べていく。そして、宮司をはじめ各自が水谷川の水に浸して絞った布で、冠、笏、檜扇を丹念に拭き清め、次いで斎館

水谷川の水を装束に振り撒く

香で装束を清める

舗設された大幕と筵道

の玄関にそろえられた浅沓《あさぐつ》を拭き清める。それが終わると、所役の神職が桶を手にし、榊を水谷川の水に浸し、全員の装束の上に振り撒いていく。

次は、香を焚きつめて清める。「具足洗薫」は「**薫をする**」ともいう。床の間に置かれていた香桶から火鉢に沈香がくべられると、とたんに煙と芳香が部屋中に充満した。火鉢からのぼる煙で各自が装束を清め、部屋に持ち帰っていった。

❖舗設

仮殿遷座祭当日の三月二十七日、午前中から神職・奉仕員が社頭の舗設《ほせつ》を行った。中門《ちゅうもん》から左手の石段にかけては、真っ白な「**大幕**《おおまく》」が張り巡らされた。大幕は移殿内陣から御本殿まで、遷御《せんぎょ》の道筋の両側にずっと巡らされる。そして、御本殿の大前には濃紺色の「**雲形幕**《うんぎょうまく》」が掛け回された。

大幕の内側には、稲藁で編まれた**清薦**《きよごも》一七〇余枚が敷き詰められ、神様がお通りになる「**筵道**《えんどう》」が舗設された。用いられる清薦は、江戸時代までは朝廷で調製されていたが、現在は春日大社旧神領の農家の人たちにより調製されている。

筵道の舗設は地道な手作業で、全員が足袋跣《はだし》になって行う。清薦二枚を横に並べ敷き、縦二枚の清薦を二センチほど重ね、左右二箇所を糸で結んでつなげていく。さらに、二枚並べた清薦の中央に清薦を一枚重ねる。この中央の清薦こそが神様が通られる道であるため、決して踏まないよう避けて歩かねばならないのである。

祓戸神社へ参進する神職

祓戸神社でのお祓い

❖外遷宮／仮殿遷座祭（げせんぐう／かりでんせんざさい）

三月二十七日、夜の帳《とばり》もすっかり下りた午後七時。威儀を正した宮司以下神職・奉仕員が斎館玄関前に並んだ。上役は衣冠《いかん》に白い生絹《すずし》の明衣《みょうえ》を重ね、下役は衣冠に襷襌《ちはや》と呼ばれる細長い白布を着けている。神職・奉仕員の後に楽人が続き、総勢五十数名の列が祓戸《はらえど》神社前へ進む。祓戸神社でお祓いを受けると、一同は表参道を上がり、南門《なんもん》を入っていく。

直会殿や幣殿後方で多くの奉拝者が見守るなか、神職・奉仕員は幣殿東側に着座した。中門下にある白砂敷きの「林檎の庭」で庭燎《ていりょう》が焚かれている。ちなみに「林檎の庭」の名は、東南隅に約八〇〇年前に高倉天皇が献木されたと伝わる林檎の木があることに由来する。澄んだ南の空には半月がかかり、どこからかムササビの鳴く声が聞こえてくる。

一同再拝拍手の後、神職一名が宝庫から御本殿の御鎰を納めた筥を奉出して戻ってきた。正役以下上役の神職が大幕の内側へ入っていく。内院で正役が秘文の祝詞《のりと》を奏上した後、「告《こう》！」という合図の声で楽が始まった。「おー」と神職が口々に発する警蹕《けいひつ》が重なり、御本殿の御扉が開かれた。

やがて大幕内より「御燈籠《おんとうろう》退け給え」と声がかかり、庭燎が消された。一切の灯りのない浄闇《じょうあん》のなか、幣殿に残っていた神職・奉仕員も大幕の内側へ姿を消した。準備が整うと、まずは御本殿第一殿の御神宝が移殿に納められる。ちなみに、昭和五年の第五十六次式年造替にて御本殿から撤下された御神宝はすべて国宝に指定され、現在は国宝殿に収蔵されている。春日大社の宝物は「**平安の正倉院**」とも呼ばれ、王朝文化の華やかさを今に伝えるものだ。

大幕の向こうに提灯の明かりがゆらめき、いよいよ第一殿の遷御である。雅楽「萬歳楽《まんざいらく》」が

移殿で祝詞を奏上する正役

大幕から覗く御差几帳の上部

仮殿遷座祭の遷御の様子

奏されるなか、沈香の香りと警蹕に守られ、御差几帳《おさしきちょう》（菅笠《すげがさ》の周囲に白布を垂らしたもの）に入られた御《ぎょ》（御神霊）が、ゆっくりと移殿へと進んでいく。すべては大幕の内側のことゆえ目の当たりにすることは叶わないが、大幕から透ける明かりや影、警蹕から、神聖なお渡りの気配が伝わってくる。しばしの後、警蹕と楽が止み、第一殿が移殿に入御《じゅぎょ》されたことが知れた。続いて、第二殿以下の遷御も同様に進んでいく。大幕の中で明かりが行きつ戻りつし、春日山からゆるゆると吹き渡ってくる風とともに、沈香の芳しい香りが運ばれてくる。

どのくらい時間が経っただろうか。ついに第四殿が入御し、移殿の妻戸が閉じられ、楽が止んだ。「御燈籠進め奉らしめ給え」の声で庭燎が灯された。赤々と照らし出された林檎の庭に、遷御を寿ぐようにパチパチと薪のはぜる音が響く。

その後、神職・奉仕員は移殿外陣に入った。雪洞《ぼんぼり》と手燭《てしょく》がぼんやりと灯った殿内は幻想的な雰囲気だ。再拝拍手の後、楽が奏されて、御供棚に神饌が供えられた。正役が神前に進んで奉幣を行う。御幣を左、右、左と振りながら歩を進めた後、向かって右の第一殿から順に御供棚に奉じた。次に、正役は無事に遷御が済んだ旨の祝詞を奏上した。奉拝者の玉串拝礼の後、神饌が撤せられると、四時間に及ぶ神事は終了した。

❖**御慶之舞楽**（ぎょけいのぶがく）

仮殿遷座祭から一夜明けた三月二十八日午後には、「林檎の庭」を舞台に遷御を祝う「**御慶之舞楽**」が行われた。この日、社頭の大幕や筵道はすでに取り払われている。

午後一時、宮司以下検知の神職が、末社・岩本神社が鎮座する中門石段下の石畳「住吉壇《すみよしのだん》」

口上を交わす神職と楽人

御慶之舞楽「振鉾三節」

鹿島立神影図と鹿島立御鉾

の席に着いた。故実に倣い、直会殿に**「鹿島立神影図《かしまだちしんえいず》」**が掲げられ、鹿島より春日の地へご祭神を奉遷した際に従者が捧持してきたと伝わる**「鹿島立御鉾《おんほこ》」**が奉安されている。神職一同はいったん直会殿に入り、神影図に御供《ごく》を進めて復座した。

舞楽は南都伝統の雅楽を継承する南都楽所《なんとがくそ》による奉奏である。神事の前に奏される「集会《しゅうえの》乱声《らんじょう》」が始まった。その後、「振鉾三節《えんぶさんせつ》」に始まり「萬歳楽《まんざいらく》」「延喜楽《えんぎらく》」などの舞楽七曲が次々に奉納された。舞人《まいびと》は南門から幣殿中央の間を通り、小さな石橋を渡って林檎の庭へ進むことが、遷座祭での舞楽奉納の故実とされる。春の光のなか、林檎の庭で舞う姿は絵のようで、じつに晴れやかだ。「納曽利《なそり》」が終わると、古式にのっとって神職と楽人との間で祝儀の口上が交わされた。最後の曲「長慶子《ちょうげいし》」が始まると、検知の神職は席を離れ、移殿と直会殿で拝礼して退下した。

こうして、一週間余にわたる外遷宮は美しい余韻をもって幕を閉じた。

■正遷宮の諸祭儀 ―― 平成二十八年秋

❖立柱上棟祭（りっちゅうじょうとうさい）

秋も深まり、爽やかな青空が広がった十月二十九日。正遷宮の幕開けの祭儀となる**立柱上棟祭**が行われた（予定されていた二十八日が雨天のため、翌二十九日に斎行）。立柱祭や上棟祭といえば、普通は建物を建てる前や途中で行うものだが、春日大社の式年造替におけるそれは、一般でいう竣工祭にあたる。今次造替では本殿遷座祭のおよそ一週間前の斎行となった。

立柱上棟祭での御本殿の屋根のしつらい

棟木に御神酒を注ぐ

修理を終えた御本殿は、優美な曲線を描く檜皮屋根も新しく、貴重な本朱《ほんしゅ》（水銀朱）が一〇〇パーセント用いられた本朱塗りの柱や御扉、漆喰《しっくい》塗りの白壁、金箔の錺金具のコントラストも鮮やかだ。この日、御本殿の周囲には足場が組まれ、各殿の屋根にさまざまな祭器具がしつらえられている。屋根の南北の妻部分を飾るのは、白布と素木で作られた魔除けの弓矢だ。南側の妻には**鏑矢《かぶらや》**が東向きに地に向けて、北側の妻には**鉾矢《ほこや》**が西向きに天に向けて立てられている。屋根の南北二か所には、棟木を挟んで二本ずつ計四本、五色絹を付した御幣が立てられている。棟木の上には、沓形《くつがた》（扁平な楕円形）の餅を三枚重ねて載せた折敷《おしき》が南・北・中央の三か所に置かれ、その間に木槌が三つと、御神酒を入れた曲物《まげもの》の提子《ひさげ》が一つ置かれている。

午後二時前、古式装束姿の奉仕員二十数名が斎館から御本殿へと参進してきた。その顔ぶれは、「上《かみ》奉行」「下《しも》奉行」「承仕《じょうじ》」「社頭承仕」「木守《こもり》」などの造替の工事の差配役と、「大工」「葺師」「鍛冶」「左官」などの職方で、主に今次造替の工事関係者が奉仕している。奉仕員一同はこの日午前中、若草山山麓の石荒神社でお祓いの儀式「**荒神祓之儀**」を済ませている（次第は285ページと同様）。奉仕員は中門下や内院の所定の位置に着き、続いて参進してきた宮司以下神職は中門下に着座した。

「御上棟《おんじょうとう》始め候え」の声で祭儀が始まった。まず、筆頭大工である大工一臈《いちろう》が第一殿前に進み、五色絹の御幣を手に四方拝を行った。次に、大工一臈と入れ替わるように大工二臈が第一殿の前に進み、別の五色絹の御幣を手に四方拝を行った。この大工一臈・二臈が奉じた二本の御幣が屋根中央の棟木の両側に立てられると、棟木の南・北・中央に御神酒が注がれた。

次に、再び大工一臈が第一殿前に進んだ。今度は「**下振《したふり》之幣《のへい》**」と呼ばれる五色絹の御幣を左、

白土を塗る所作をする左官

上棟ノ槌

足堅ノ槌

右、左と振ったのち、着座して一拝した。このとき、大工一﨟は手にした御幣を足元の当木《あてぎ》に打ちつける。その音を合図に、御本殿の木階《もっかい》裏に待機していた二名の大工が、御本殿の土台にあたる部材の左右を、木槌でコツ、コツ、コツと三度打った。これは「**足堅《あしがため》ノ槌**」と呼ばれ、地を鎮め、陰を治める意味があるという。

次に、大工二﨟が第一殿前で下振之幣を振り、着座して一拝すると、木守が屋根の向拝《こうはい》に立つ「声ノ役」の大工に向かって、手にした中啓《ちゅうけい》（扇）をさっと上げた。これを合図に、声ノ役が「**陰哉棟《いんざいとう》！**」と高らかに声をあげ、それを聴くやいなや、屋根の上で待機していた三名の「槌ノ役」の大工が、手にした木槌で棟木をコツ、コツ、コツと三度打ちつけた。これは「**上棟ノ槌**」と呼ばれ、天を鎮め、陽を治める意味があるという。上棟ノ槌は三度繰り返される。声ノ役の発声は「アツミ」と呼ばれ、二度目は「**陽哉棟《ようざいとう》！**」、三度目は「**永々棟《えいえいとう》！**」とアツミする。

第二殿以下も同様に、屋根に御幣を立て、足堅ノ槌、上棟ノ槌を打ちあげていく。屋根上の所作は、第一殿から第三殿までは棟木の東側に立ち西面して行い、第四殿のみ屋根の西側に立ち東面して行われた。御本殿の東に仰ぐ神山・御蓋山に祝儀を納め奉る意の故実だという。

次に、葺師が檜皮を手に第一殿前で四方拝を行った後、屋根へ上がり、棟木の南・北・中に立てられた御幣の根本に、檜皮を一束ずつ縄で結びつけた。第二殿以下も同様の所作が行われ、第一殿から第三殿までは東側の御幣に、第四殿のみ西側の御幣に檜皮が結びつけられた。次に、左官が第一殿前へ進む。一拝ののち、漆喰の塗られた御本殿の階下に、鏝《こて》で白土を塗る所作をする。左官もまた、第四殿まで同様の所作を行った。

こうして職方の作法が終わると、一同は中門下の庭上に移動。褒美《ほうび》の「被物《ひもつ》」と呼ばれる白

御馬牽廻

散供散銭

布が職方一人ひとりに手渡された。

その後、南門から馬方に牽かれた白馬が参入し、「**御馬牽廻**《みうまけんかい》」が行われた。馬は中門へ至る石段を昇降し庭上を通って、時計回りに三周牽き廻される。その間、正役は移殿で祝詞を奏上する。奏上を終えた正役が住吉壇上で馬を迎え入れると、馬は裏手へと退出していった。続いて、二頭目の馬が同様に社頭を三周した。今度は副役が同様に祝詞を奏上したのち、住吉壇上で馬を迎え入れ、馬は同様に退出していった。

こうして滞りなく祭儀が済むと、造替の工事の差配役と神職らとの間で、祝儀の挨拶が交わされた。その後、神職・奉仕員一同は中門前に並び、集まった参拝客に散供散銭《さんくさんせん》が行われた。林檎の庭で待ち受ける人たちに餅や散銭が撒かれると、何本もの手が宙にのび、歓声があがる。撒き終わった後には自然に拍手と「おめでとうございました！」の声が起こった。

❖**立榊式**（たてさかきしき）

正遷宮でも外遷宮と同様の時期に、遷座祭に奉仕する者は自宅での「前精進」、斎館に参籠をしての「正精進」を行った（詳細は287ページ）。また、十月三十一日には「御湯之儀」（詳細は288ページ）と「密記拝見」（詳細は288ページ）が外遷宮と同様に行われた。

そして、十一月一日午前十時からは**立榊式**が行われた。春日山で榊打《さかきうち》（伐り出すこと）された大榊を一之鳥居に立てる祭儀である。二名の白丁《はくちょう》がそれぞれ大榊を肩に担いで社頭にやってきて、中門前の両脇に立てかけた。大榊は七メートルほどもあろうかという竹柏《なぎ》の木である。神職が大榊と白丁をお祓いした後、紙垂を載せた三方《さんぼう》を捧げ持った神職を先頭に、大榊を

神宝検知之儀に奉仕した職方たち

大榊が立てられた一之鳥居

担いだ白丁が左右に並び、一キロ以上先の一之鳥居まで参道を下っていく。三条通りに面した一之鳥居に到着すると、神職が白丁に榊を立てさせて見比べ、榊の向きや紙垂を取りつける位置を見定める。榊に紙垂をつけ、まず鳥居の北側、次いで南側に榊が立てられた。丹塗りの鳥居に青々とした大榊が映え、正遷宮を迎える準備が整えられた。

なお、立榊式は毎年、三月の例祭・春日祭と十二月の「若宮おん祭」に際しても行われる。

❖神宝検知之儀（じんぽうけんちのぎ）

十一月三日午後には、新調された御神宝と殿内御調度品を点検し、職方をねぎらう「**神宝検知之儀**」が行われた。中門内の西御廊の床には、「八足案《はっそくあん》」、「日の丸盆」、「四脚机《しきゃくき》」といった献饌に用いる祭器具や、鎌倉期以降初めて新調された御神前の「獅子・狛犬」、火袋《ひぶくろ》に青いガラス玉を連ねた「**瑠璃燈籠《るりどうろう》**」など、真新しい御神宝の数々が薦《こも》の上に並べられ、壁には御本殿四殿分の「御翠簾」が掛けられている。壁際の案には、今次造替で昭和五年の撤下以来八十六年ぶりに御本殿に納められる「**金地螺鈿毛抜形太刀《きんじらでんけぬきがたたち》**」が奉安されている。いずれも各工芸分野の匠たちが、神様の御用に適うよう丹精込めて調進した品々である。

午後二時、神社側の総監督である「神宝奉行」と、白丁に担がれた御神宝を納めた唐櫃《からひつ》一合、「久米職《くめしき》」「行事官《ぎょうじかん》」「諸職《しょしき》」と呼ばれる職方が、列をなして参進してきた。久米職と行事官は、かつて国が式年造替を取り仕切っていた時代の官側の役職名だが、現在はこれも職方が務めている。久米職以下は中門下に西御廊を向いて列立。続いて、正役以下神職が参進、西御廊の座に着いた。

御神宝を検知する神職

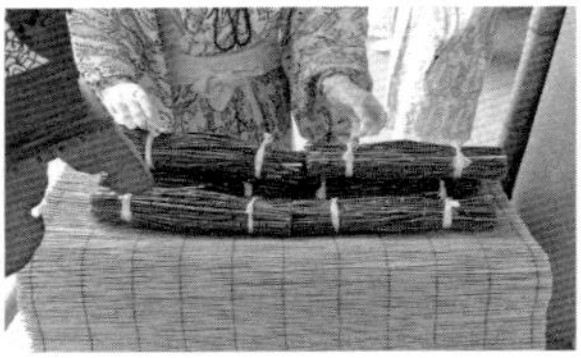
木賊の束

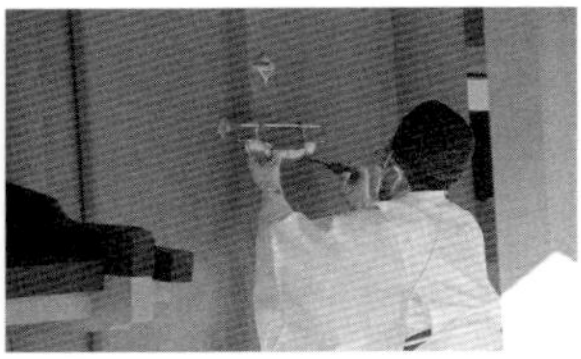
御扉を開ける南郷常住神殿守役

準備が整うと、正役以下六名の神職が御神宝の検知にとりかかった。可能なものは手に取り、裏返すなどして、一つひとつの御神宝を慎重に確認していく。その様子を、職方が緊張の面持ちでじっと窺っている。検知が済み、神職が自席に戻ると、神宝奉行が久米職を呼んだ。西御廊へ上がって平伏する久米職に、副役から「神宝先規《せんき》の如く調進珍重《ちんちょう》に候う」とねぎらいの言葉があり、久米職は深々と額ずいた。続いて行事官も同様に挨拶し、諸職は二名ずつ西御廊の傍まで進み、立ったまま挨拶した。全員の挨拶が済むと、一同は退下していった。

❖**御殿奉磨之儀**（ごてんほうまのぎ）

神宝検知之儀の同日午後三時からは、御本殿の御床《みゆか》を磨き清める「**御殿奉磨之儀**」が行われた。かつて春日大社の神職を代々務めた社家は、表参道（三条通り）を挟んで南北に分かれて社家町を形成し、それぞれ「南郷《なんごう》」「北郷《ほくごう》」と呼ばれた。御本殿の御床をお磨きする役には、各殿に北郷方、南郷方より各一名、計四名ずつの「神殿守《かんとのもり》」と呼ばれる神職があたり、御扉の開閉役は南郷方の「常住《じょうじゅう》神殿守」が務めた。この古儀にのっとり、御殿奉磨之儀では神職が北郷方と南郷方に分かれて祭儀を行う。

参進にあたり、斎館玄関前の南側に南郷方、北側に北郷方が相対して列立した。南郷常住神殿守役は御本殿の御鎰を手にしている。北郷方、南郷方は異なる道筋を通って社頭へ参進。中門下に相対して列立し、各自、白い覆面と手袋を身に着けた。従者の主典《しゅてん》役が奉じてきた薦包みを開けると、四〇センチ弱に切り揃えた**木賊《とくさ》**を直径七センチほどの束にし、麻苧で結わえてある。この木賊の束が神殿守役に二束ずつ手渡された。

中門下に並ぶ神殿守役

御神宝清祓之儀

準備が整うと、南郷常住神殿守役が内院へ進み、第一殿の御扉が開かれた。次に、南郷方、北郷方の神殿守役各一名が殿内に参入し、御床を木賊で磨き奉る所作を行った。神殿守役が殿内から退出すると、南郷常住神殿守役が新しい清薦《きよごも》を殿内に敷き、御扉が閉じられた。同様にして第四殿まで御床を清め終えると、一同は再び中門下に相対して列立、木賊が回収された。各自覆面・手袋を取り外すと、南郷方、北郷方はそれぞれの道筋で退下していった。

❖**御神宝清祓之儀**（ごじんぽうきよはらいのぎ）

十一月四日午前十時からは、新調された御神宝や殿内御調度品、祭器具をお祓いする「御神宝清祓之儀」が行われた。

正役以下神職は移殿で拝礼ののち、御本殿の内院へ進んだ。神職の手で御本殿各殿の間の所定の位置に御神宝が奉安されると、一同は内院に並んで着座した。冠に白い木綿鬘を付された正役が、大きな榊の大麻《おおぬさ》を手に中臣祓を奏上した。その間、両側の神職たちはじっと頭を低くして静かに目を伏せている。

次に、第二殿と第三殿の間の「獅子の間」の案上に奉安されていた金地螺鈿毛抜形太刀を、所役が正役より受けた大麻でお祓いした。続いて、第一殿と第二殿の間、第三殿と第四殿の間にそれぞれ奉安された御神宝・殿内御調度品がお祓いされた。

❖**殿内御錺之儀**（でんないおかざりのぎ）

御神宝清祓之儀に引き続いて、御本殿の内部のしつらいを整える「**殿内御錺之儀**」が行われ

御本殿の清祓

清祓に用いる大麻と香桶

移殿外陣の六面神鏡を奉下する

た。御本殿の御扉が開かれ、各殿につき神職四名が殿内に参入した。さらに別の四名が階下に控えて御装束を殿内の神職に伝え、お納めした。殿内のしつらいを整える作法は秘儀である。やがて御扉が閉じられ、祭儀は終了した。

❖六面神鏡奉下之儀（ろくめんしんきょうほうげのぎ）

殿内御錺之儀に続いて、神職一同は移殿へ移動して「**六面神鏡奉下之儀**」を行った。これは外遷宮の「六面神鏡奉遷之儀」（詳細は290ページ）で御本殿の御翠簾から外され、移殿外陣の御翠簾に奉掲された「六面神鏡」を奉下する祭儀である。なお、六面神鏡奉遷之儀と同様、この祭儀に臨む神職は白い手袋の掌側と足袋の裏に白紙を貼るのがしきたりだ。

奉下役の神職四名が御供棚の上に昇り、一斉に各殿の御鏡を一枚ずつ取り外し、御供棚の下にいる伝進役四名に渡していく。その作法は秘儀とされている。取り外された六面神鏡は四つの神鏡桶に納められ、御供棚の上に奉安された。

❖御殿清祓之儀（ごてんきよはらいのぎ）

本殿遷座祭前日の十一月五日午前十時からは、御本殿の内外をお祓いする「**御殿清祓之儀**」が行われた。正役以下神職は、西回廊北の内侍門《ないしもん》をくぐり、御本殿背後の後殿御門《うしろどのごもん》より参進、内院に着座した。この参進順路は現在の普段のお祭りでは見られないが、かつての春日大社の祭儀では常の順路で、古例に倣ったものだ。

一同は修祓を受けた後、中門を出て移殿で一拝し、再び中門を入り内院に着座。正役の冠に

初度の案内

勅使幄の内部

林檎の庭に設けられた勅使幄

木綿鬘が付され、正役と副役が殿内に参入した。殿内では大麻を手に正役が中臣祓を唱え、副役が香桶を手に沈香を焚きつめて「薫」をする。同様に第四殿までの清祓が済むと、正役の木綿鬘が外され、祭儀は終了した。

❖正遷宮／本殿遷座祭（しょうせんぐう／ほんでんせんざさい）

外遷宮と同様、十一月五日夕方の斎食後には、明くる日の本殿遷座祭に奉仕する者の装束を清める「具足洗 薫」（詳細は２９１ページ）が行われた。

本殿遷座祭当日の十一月六日午前には、社頭の舗設が行われた。外遷宮と同様に大幕や筵道が準備されたほか、本殿遷座祭では勅使一行が入られる「**勅使幄**《ちょくしあく》」も設けられた。これは幅四、奥行き三、高さ二メートルほどの大きさの幄舎で、幣殿北側の林檎の庭上に建てられた。また、本殿遷座祭で勅使がお通りになる道が盛砂で整えられた。本殿遷座祭の次第は仮殿遷座祭とほぼ同じものの、勅使が遣わされる点が異なる。勅使一行は本殿遷座祭前日に春日大社に到着、斎館に入っている。

十一月六日午後五時半、本殿遷座祭は勅使をお迎えにあがる「**三度**《さんど》**の案内**」から始まった。辺りが暮れなずむなか、提灯を手にした神職が斎館玄関前で「初度《しょど》の案内申す」と大声で呼ばわった。すると中から「おー」と返答があった。午後六時に第二度の案内があった後、正役以下神職・奉仕員約三十名と奏楽を務める南都楽所の楽人たちが、斎館玄関から参進した。一同は祓所神社で修祓の後、社頭へ進み、神職・奉仕員は移殿の座に着いた。

続いて、斎館玄関前から勅使の堤公長掌典《つつみきみながしょうてん》と随員らの一行が参進した。夜の帳はすでに下

釣燈籠が灯るご社殿

移殿での御祭文奏上

慶賀門への石段を上がる勅使

り、松明《たいまつ》で勅使の足元を照らしながら、一行はゆっくりと歩みを進める。二之鳥居の石段を上がったところで、待ち受けていた神職から「第三度の案内申す」と声がかかった。この度は黙してこれを受け、勅使一行は祓戸神社前での修祓に臨んだ。

修祓を終えた勅使一行は、祓戸神社前から「**剣先道**《けんさきみち》」を進み、西回廊南の慶賀門《けいがもん》へ続く石段を上がっていく。これは勅使が**藤原氏**の場合に通る道筋で、そうでない場合、勅使は表参道を通り南門から参入するしきたりだ。直会殿や幣殿後方に着席していた約三五〇名の参列者たちに起立低頭で迎えられ、勅使一行は林檎の庭を経て移殿に入った。

雪洞の灯った移殿外陣では、先着した神職・奉仕員が西側、勅使一行が東側に相対して着座。正役が秘文の祝詞を奏上したのち、勅使が御祭文《ごさいもん》を奏上した。その後、勅使は大幕を出て林檎の庭の勅使幄に着座した。

「御燈籠退け給え」の声で、すべての灯りが消された。いよいよ遷御の始まりである。神職の「告《こう》!」という合図の声で奏楽が始まった。しばらくして、「おー」と大勢による警蹕が沸き起こり、「御」の出御《しゅつぎょ》である。「第一殿御神幸《みゆき》の案内!」の声が高らかに響く。このとき、勅使は勅使幄内の円座に着いて拝礼される。神聖なお渡りの気配のなか、「おー」という声は御本殿の方へ移動していく。重なり合い、増幅されたその声は、勅使が候す斎庭《ゆにわ》に、月星が輝く空に満ちていく。やがて警蹕も楽も止み、入御が知れた。

第二殿以降も同様に還御し終えると、林檎の庭に庭燎が灯された。神職が摂社の榎本神社と若宮へ還御の奉告に向かい、大幕が東西御廊の外側に引き替えられていく。「御燈籠進め奉らしめ給え」の声で、御廊の外側に何十基と掛かる釣燈籠《つりどうろう》に火が灯され、ご社殿の姿が美しく浮

御神前に御幣物を奉安する

御幣物の唐櫃と勅使の修祓

祭文請渡之儀

かびあがった。神様のお還りなった御本殿の御扉には、御翠簾と六面神鏡が掲げられ、御扉の前には四脚机と獅子・狛犬が奉安されている。御本殿の向拝には瑠璃燈籠が釣られ、幻想的な青い光を放っている。

その後、勅使と随員が勅使幄から東御廊の座に移り、御神前に神饌が捧げられた。正役が第一殿前の祝詞座で祝詞を奏上した後、勅使が第二殿と第三殿の間の「獅子の間」前の座で御祭文を奏上した。奏上が終わると、正役が勅使から御祭文を受け御神前に納めたのち、勅使と交互に拍手をする「返祝詞《かえしのりと》」を行った。玉串拝礼の後、神饌が撤せられ、一同は退下していった。

その後、回廊外に建つ桂昌殿《けいしょうでん》で**「祭文請渡之儀《さいもんうけわたし》」**があった。勅使が移殿で奏上された御祭文を正役へ授けると、正役は御祭文を恭しく掲げ、斎館へ戻っていった。斎館玄関前で正役以下神職が列立するなか、戻ってきた勅使を迎えて一同一礼。本殿遷座祭はつつがなく終了した。

❖**奉幣祭**（ほうべいさい）

明けて十一月七日午前十時からは、勅使が天皇陛下よりのお供え物である御幣物《ごへいもつ》を御神前に献じる「奉幣祭」が斎行された。雲ひとつない青空のもと、大幕や莚道はすでに撤去され、晴れがましい社頭の風景である。

宮司以下神職が斎館から参進、祓戸神社で修祓の後、社頭へ進み、幣殿西の座に着いた。次いで、唐櫃二合を先頭に勅使一行が参進。祓戸神社で修祓を終えた一行は、社頭で神職や参列者に迎えられ、勅使は幣殿北東の座に着き、唐櫃はその前の薦の上に奉安された。

祭儀では、まず宮司が内院へ進み、御本殿の御扉をお開き申し上げた。次に、権宮司以下の

和舞「諸司舞」

馬道に牽き入れられる馬

返祝詞

神職も御本殿へ進み、神饌をお供えした。今日の良き日を祝う山海の幸が、御神前の四脚机の上に次々に供えられる。献饌の後、宮司が第一殿前の座で祝詞を奏上した。

その後、幣殿で勅使随員が唐櫃に納められていた御幣物を捧げ持ち、林檎の庭に設けられた仮案の上に奉奠《ほうてん》した。御幣物は各殿に一つずつあり、第一殿から順に東から西へ並べられた。仮案の前に宮司以下四名の神職が進み、御幣物を一つずつ捧げて御神前へ進んでいく。その様子を、勅使は背筋を伸ばし、微動だにせず見守っている。御幣物が御本殿前の案上に献じられると、勅使は幣殿の座より内院へと進んだ。昨夜の本殿遷座祭と同様、「獅子の間」前の座で御祭文を奏上した後、宮司に御祭文を授けた。勅使と宮司の間で返祝詞の作法を行い、勅使は幣殿に復座した。

その後、御馬牽廻が行われた。立柱上棟祭と同様に二頭の馬が出て、一頭ずつ庭上を三周牽き廻される（298ページ参照）。ただし、立柱上棟祭と異なり、馬が牽き廻される間に宮司（二頭目は権宮司）が祝詞を奏上する場所は、内院手前にかかる一位橋《いちいばし》（雲居橋）の上である。馬が中門前の石段をおそるおそる昇降するたび、見守る参列者からどよめきがあがった。三周し終えた馬は宮司と馬方に導かれ、中門の中へ入った。これも立柱上棟祭と異なる点である。馬は一位橋手前で御神前に向かって神妙に頭を下げると、内院を囲む瑞垣と西御廊の間を牽かれていく。「馬道《めどう》」と呼ばれるこの通路は幅が狭く、馬が通れるか懸念されたが、馬は落ち着いた様子で馬道を通り、御本殿の背後から退出していった。

次に、林檎の庭に舞人と陪従《べいじゅう》（楽人）が進み出て、春日大社で古来伝承される「**和舞**《やまとまい》」が奉納された。二名の舞人が榊を手にゆったりと舞う「神主舞《かんぬしまい》」、続いて六名の舞人による「諸《しょ》

後宴之舞楽「太平楽」

鹿島立神影図への拝礼

宝庫で御鎰筥を受け取る宮司

司舞《しまい》」が奏奏された。

その後、勅使、宮司、参列者総代による玉串拝礼が行われた。拝礼が済むと、御神前から御幣物と神饌が下げられ、御本殿の御扉が閉じられた。勅使一行は退下し、中門を出た宮司以下神職は「**御鎰納**《みかぎおさめ》」のため**宝庫**《ほうこ》へ向かった。御本殿西にある宝庫に到着すると、神職たちが蹲踞して見守るなか、宮司が宝庫に御本殿の御鎰筥《ばこ》を納め、宝庫の扉が封印された。

こうして奉幣祭のすべての儀式が終了し、宮司以下神職は退下していった。

❖後宴之舞楽（ごえんのぶがく）

奉幣祭の後、午後三時から夜にかけては、林檎の庭で正遷宮を奉祝する「**後宴之舞楽**」が、南都楽所の奉奏により行われた。外遷宮の「御慶之舞楽」と同様、直会殿に「鹿島立神影図」が奉掲され、御神宝の御鉾が飾られた（295ページ参照）。舞楽に先立ち、宮司以下検知の神職が鹿島立神影図に拝礼し、住吉壇上の席に着いた。大勢の参列者が詰めかけるなか、「集会乱声」が奏され、その後、「振鉾三節」から「納曽利」まで九曲が奏奏された。

なかでも、最も勇壮かつ華麗な舞の一つである「**太平楽**《たいへいらく》」は、天皇のご即位や春日大社の式年造替など格別の儀式に奏されてきた。陽が落ち、庭燎が焚かれた林檎の庭で、古代の武将姿の舞人が、太刀や鉾を手にダイナミックに舞う。それは、まさに晴れの日を祝うにふさわしい光景であった。

おわりに　遷宮のこころ

これまで、第1章では神宮と神宮式年遷宮について広く紹介し、第2章では、平成二十一年から平成二十八年にかけて、勅祭社で行われた遷座祭の模様を中心にとりあげてきました。ご理解いただけましたでしょうか。

遷宮・遷座は必ずしも定期的に行われるとは限りません。「はじめに」でふれたように、全国各地には必要に応じて遷宮（遷座）が行われている神社が数知れずあります。そして、その行われ方も、地域によって神社によって違いがあります。

しかし、遷宮の意義が、神様をお遷しして「神威の一層の高まりを願うこと」であることに変わりはありません。神様の「お蔭《かげ》」や恩恵を常にいただいていることを「みたまのふゆ」（「恩頼」と表記）といいますが、遷座祭は、神威の発現を願い、恩頼を最もいただく祭儀なのです。

そして遷宮には、ご本殿を新しくすることがともないます。これはご祭神がその神社に鎮座され、初めてお祀りされた「始原」のときと「祖型」を再現するという意義が込められているとも理解できます。こういった精神を神道的に表しているものに、「元元本本《げんげんぽんぽん》」という言葉があります（『倭姫命世記《やまとひめのみことせいき》』にみえます）。「元元」とは元初・本源に遡《さかのぼ》ることを意味し、「本本」とは本質や本義を意味しています。つまり、現在、ものごとが存在する根拠をかえりみて明らかにするという意味になります。「元《はじ》めを元《はじ》めとし、本《もと》を本《もと》とする」精神です。

こうして、遷宮のたびに遷座祭が執り行われて、神威の高まりが積み重ねられていきます。

いわば、原点に戻りながら神威が絶えず高められていく、「神威更新」の循環とさらなる発展がそこにはあり、恩頼と祈りとがスパイラル（螺旋《らせん》状）に続いていくのです。

一年というスパンのなかにも、これと同じことがいえます。神社の恒例祭祀のうち最も重要な祭祀は例祭です。例祭は、神社やご祭神にとって特別に由緒のある祭典で、神社の創建やゆかりの日などに、通常は年に一度、執り行われます。それによって、年ごとに、その神社で神様を初めてお祀りした始原のときを再現し、神威の新たな高まりを願って恩頼をいただくわけです。神宮の恒例祭祀のなかで一番の重儀は神嘗祭《かんなめさい》で、神宮式年遷宮が二十年に一度の「大神嘗祭」と呼ばれるのもそういう意味からです。つまり、遷宮と遷宮との間の大きなスパイラルと、一年というスパイラルとが循環・重層構造になっているのです。そしてそれは、朝夕にお祭りをする一日という小さなスパイラルにも重なっているように思われるのです。

また、式年遷宮に限らず神宮のお祭りでは、広く皇室・国家や国民のことをお祈りしています。地域の神社の遷宮や例祭などでも同じで、地域のことだけでなく広く日本全体のことを願っています。それは、遷宮にあたり棟木《むなぎ》へ掲げられる棟札《むなふだ》に記される祈りの文言に「氏子息災」「五穀豊穣」とともに「天下泰平」「四海安穏《しかいあんのん》」「宝祚無窮《ほうそむきゅう》」（天皇の御位がはてしなく続くこと）などとあることにも表れています。

このように遷宮とは、神社創建の原点に立ち返り、神威の一層の高まりを願い、地域全体がさらに力をあわせて社会を築いていく力を与えるものにほかなりません。また、その構造は恒例の神社のお祭りにもあてはまり、絶えず繰り返しながら祈られ、そして発展していくものなのです。それが、遷宮の「かたち」であり「こころ」です。

本書は神社検定公式テキスト④『遷宮のつぼ』の改訂版です。
掲載した記事は、扶桑社より刊行の季刊誌『皇室』および『フクハウチ伊勢』（平成20年刊）に掲載した記事に加筆、再編集したものです。初出は以下のとおりです。

第1章　神宮式年遷宮

神宮式年遷宮とは何か……『フクハウチ伊勢』
神宮のなりたちと祭り……『フクハウチ伊勢』
遷宮までの道のり
山口祭〜御樋代木奉曳式……『皇室』28号（平成17年秋）／御船代祭……『皇室』29号（平成17年冬）／木造始祭……『皇室』31号（平成18年夏）／御木曳行事……『皇室』36号（平成19年秋）／鎮地祭……『皇室』39号（平成20年夏）／宇治橋渡始式……『皇室』40号（平成20年秋）、42号（平成21年春）、46号（平成22年春）／立柱祭、上棟祭……『皇室』54号（平成24年春）／御白石持行事……『皇室』60号（平成25年秋）／杵築祭〜御神楽……『皇室』61号（平成26年冬）／別宮以下の遷宮……『皇室』65号（平成27年冬）

第2章　それぞれの遷宮

石清水八幡宮……『皇室』44号（平成21年秋）
熱田神宮……『皇室』46号（平成22年春）
出雲大社……『皇室』52号（平成23年秋）、59号（平成25年夏）
香取神宮……『皇室』62号（平成26年春）、63号（平成26年夏）
鹿島神宮……『皇室』62号（平成26年春）、64号（平成26年秋）
賀茂社……『皇室』58号（平成25年春）、63号（平成26年夏）、67号（平成27年夏）、69号（平成28年冬）
宇佐神宮、香椎宮……『皇室』69号（平成28年冬）
春日大社……『皇室』58号（平成25年春）、66号（平成27年春）、67号（平成27年夏）、73号（平成29年冬）

写真提供および撮影

神宮……神宮司庁、北野 謙、中野晴生
熱田神宮……中野晴生
出雲大社……出雲大社、中野晴生
香取神宮……北野 謙
鹿島神宮……北野 謙
賀茂社……賀茂別雷神社、賀茂御祖神社、中田 昭
宇佐神宮……北野 謙
春日大社……桑原英文、松井良浩

監　修　神社本庁
企　画　公益財団法人 日本文化興隆財団
編　集　扶桑社「皇室」編集部
編集長　伊豆野 誠
編集担当　中尾千穂
図版作成　ミューズグラフィック
校　閲　聚珍社

神社検定公式テキスト⑪　神社のいろは特別編

『伊勢神宮と、遷宮《せんぐう》の「かたち」』

平成29年（2017）12月22日　初版第一刷発行
令和7年（2025）4月20日　第三刷発行

企　画　公益財団法人 日本文化興隆財団
発行者　秋尾弘史
発行所　株式会社 扶桑社
〒105-8070 東京都港区海岸1-2-20 汐留ビルディング
電話 03-5843-8842（編集）
03-5843-8143（メールセンター）
ホームページ http://www.fusosha.co.jp/
印刷・製本　株式会社 DNP出版プロダクツ

Printed in Japan　ISBN978-4-594-07887-4